剖开这颗苹果核

中国企业家深锐解读乔布斯

朱献文 夏海钧 著

这是一本帮你最快最全面最深锐立体理解、学习、领悟苹果"教父"乔布斯的书!

阅读改变气质
知识改变命运

★★★★★
出版人的良知,五颗星的品质

企业管理出版社
ENTERPRISE MANAGEMENT PUBLISHING HOUSE

图书在版编目（CIP）数据

剖开这颗苹果核：中国企业家深锐解读乔布斯 / 朱献文, 夏海钧著. -- 北京：企业管理出版社, 2013.10
ISBN 978-7-5164-0520-8

Ⅰ. ①剖… Ⅱ. ①朱… ②夏… Ⅲ. ①乔布斯, S.（1955～2011）—人物研究 Ⅳ. ①K837.125.38

中国版本图书馆CIP数据核字(2013)第220992号

书　名：剖开这颗苹果核：中国企业家深锐解读乔布斯
作　者：朱献文　夏海钧
责任编辑：宋可力
书　号：ISBN 978-7-5164-0520-8
出版发行：企业管理出版社
地　址：北京市海淀区紫竹院南路17号　邮编：100048
网　址：http://www.emph.cn
电　话：编辑部（010）68701408　发行部（010）68701638
电子信箱：80147@sina.com　zbs@emph.cn
印　刷：北京博艺印刷包装有限公司
经　销：新华书店
规　格：710mm×1000mm　1/16　15.5 印张　278千字
版　次：2013年10月第1版　2013年10月第1次印刷
定　价：49.90元

版权所有　翻印必究·印装有误　负责调换

名人名家书评精选

简单·明了·创新的真谛
——读《剖开这颗苹果核：中国企业家深锐解读乔布斯》有感

乔布斯作为创新英雄，他的产品创新、营销创新、管理创新的实践，为全球企业家展示了创新的巨大能量。三一的实践证明，只有不断进行全方位创新，企业才能可持续发展，基业长青。两位中南大学材料系的同学——夏海钧、朱献文利用自己的知识和经验全面解剖了真实的乔布斯，为我国企业家提供了一部了解和学习乔布斯的简明读物——《剖开这颗苹果核：中国企业家深锐解读乔布斯》，值得推荐。

三一集团、三一重工（股票代码600031）董事长　梁稳根

还原一个真实的乔布斯
——读《剖开这颗苹果核：中国企业家深锐解读乔布斯》有感

写苹果、写乔布斯的书很多，但立足于中国市场环境，从中国企业的需要出发，条分缕析地解读乔布斯的书，仅此一本——《剖开这颗苹果核：中国企业家深锐解读乔布斯》；无数传记、图册将乔布斯捧上神坛，尊为"乔帮

主"，但本书两位作者选择将乔布斯还原为企业家，将他踏踏实实地安放在地面上。在本书中，乔布斯是一个叛逆的懵懂少年，一个热爱金钱和营销的创业者，一个为了掌控公司而挖空心思的大股东，一个挑剔苛刻的CEO。毕竟"神"只能被膜拜，而"人"是可以学习的。在本书两位作者的剖析下，乔布斯成为了中国企业家以资借鉴的案例。在中国的市场环境中，乔布斯的哪些成功可以模仿，又有哪些特点无法复制？《剖开这颗苹果核：中国企业家深锐解读乔布斯》做出了最好的解读。

三一集团董事、三一重工（股票代码600031）总裁　向文波

洞幽烛远·敢想敢干·梦想
——读《剖开这颗苹果核：中国企业家深锐解读乔布斯》有感

144则故事，生动流畅，勾勒出苹果"教主"的精彩传奇人生；430条短评，简练精当，汇聚了两位中国企业家洞幽烛远的大智慧。《剖开这颗苹果核：中国企业家深锐解读乔布斯》这本书中阐述的种种体会、感悟，来自乔布斯的故事，也来自我们这代人"那无数次的探索、迷途、失败和成功"。全书没有坐而论道，而是洋溢着我们这一代中国企业家敢想敢干的精气神韵。

我和献文一道为**真彩文具**打拼的那些年，成功地把快速消费品的营销方法引入文具行业，从而促进了行业发展。现在想来，这段难忘的奋斗历程势必给了献文不少灵感。如今，献文与夏海钧博士的这本从中国企业家视角解读乔布斯之佳作，亦向在实现梦想的**真彩文具**回馈了不少灵感。

中国人理当借鉴"苹果经验"，站在巨人的肩膀，追求更高的目标，描绘出更加壮美的"中国梦"。

真彩文具股份有限公司董事长、总裁　黄小喜

现实·中小企业·技术创新·营销创新
——读《剖开这颗苹果核：中国企业家深锐解读乔布斯》有感

《剖开这颗苹果核：中国企业家深锐解读乔布斯》一书的作者用通俗易懂的语言，生动地剖析了乔布斯成功的密钥——创新。这一点对于中小型企业的发展具有非常现实的指导意义。

技术创新和营销创新是**浙江金利华电气股份有限公司**能够站在行业前端的根基所在。作为代表行业发展方向的企业，10年以来，金利华始终没有停下创新的脚步，尤其是在目前整个经济的大环境之下，创新更是赋予了我们前进的动力。金利华会把创新的路坚定不移地继续走下去，走出国门、走向世界，思前沿技术、创一流品质，为电力行业提供优质的产品和服务。

金利华电（股票代码300069）董事长兼总经理　赵坚

朴实无华·独到·精彩
——读《剖开这颗苹果核：中国企业家深锐解读乔布斯》有感

作为一个白手起家的草根创业者，我深深被《剖开这颗苹果核：中国企业家深锐解读乔布斯》这本书朴实无华的叙述吸引、感动，两位作者对乔布斯独到的精彩点评、解读更引起了我极大的共鸣。乔布斯以创造性的"数字中枢"苹果战略，成功地颠覆了六大产业：个人电脑、动画电影、音乐、移动电话、平板电脑和数字出版。**奥飞**"文化产业化，产业文化化"战略和其有异曲同工之妙，**奥飞**以动漫为文化核心内容，整合儿童产业，得到市场认同，也充分证明了创新的巨大力量。乔布斯虽然不是神，但他的创新精神值得我们"膜拜"。

奥飞动漫（股票代码002292）董事长　蔡东青

全面·剖析·不可多得
——读《剖开这颗苹果核：中国企业家深锐解读乔布斯》有感

暨南大学MBA校友夏海钧同学、朱献文同学，以他们的理论基础和实践经验，用朴实无华的语言，全面剖析了乔布斯从创业到创新的一生。《剖开这颗苹果核：中国企业家深锐解读乔布斯》这本书不但对企业家有启示作用，而且对有意从事创业和管理的商学院学生，也是一本不可多得的参考读物。

暨南大学管理学院副院长　吴菁

纯粹·务实·互补·整合
——读《剖开这颗苹果核：中国企业家深锐解读乔布斯》有感

乔布斯距离中国，看上去实在太远了。不仅因为乔布斯生前从未来过中国，更在于他的灵魂，他的思维，他的创新精神，似乎离中国很远。以至于《乔布斯传》虽然在中国热销，却没有多少人相信中国未来会诞生乔布斯。

也许中国确实出不了乔布斯，准确地说是出不了能充分展示自己商业天分的乔布斯。但乔布斯对于中国，依然有着重大意义。因为乔布斯，中国人才第一次强烈意识到——整合各种科技创新的商业模式对于我们今天乃至未来是多么重要！这是以前比尔·盖茨、迈克尔·戴尔、杰克·韦尔奇乃至新锐扎克伯格都不曾带给中国的猛烈冲击。因此，解读乔布斯的意义，不在于我们能否克隆出一个乔布斯，而在于启发我们顺着乔布斯的成长路径和商业创新继续往前走，走出我们自己的创新道路。

其实，苹果的成功也不完全因为乔布斯一个人。或者说，如果仅是一个乔布斯，苹果也一样不能铸就今日的辉煌。30年前的苹果与乔布斯分合蛰伏已经证明了这一点。苹果今天的商业奇迹，更在于乔布斯与库克的绝配组合。乔布斯善于捕捉那些看似不可捉摸的灵感，而库克则善于将乔布斯的直觉从商业层面执行到极致。两人组合在一起的杀伤力令所有对手都不寒而栗，也无可奈何。没有库克的乔布斯，是飘忽不定的；没有乔布斯的库克，是无的放矢的。而这一点（也就

是寻找一种互补的企业家团队模式）对于中国企业的创新成长来说，或许比克隆一个天才乔布斯更有意义。

令人惊喜的是，我的朋友朱献文先生联袂恒大地产集团夏海钧博士，以纯粹务实的企业实践角度，联袂推出对乔布斯的中国式解读——《剖开这颗苹果核：中国企业家深锐解读乔布斯》，让乔布斯真正来到我们中国，来到我们中国企业家的身边！

《中外管理》杂志总编　杨光

推荐序

中国能否诞生乔布斯

三一集团董事、总裁　唐修国

不是每个人都能成为乔布斯。世界上有60亿活着的人，还有更多死了的人。古往今来7000年，也只有一个乔布斯。只有乔布斯用一次次的创新掀起电子产业的革命，也只有他用富有时代气息的设计将冰冷的电子产品转化为时尚风向标。

换一句话说，乔布斯的奇迹是不可复制的。但回头想想，拥有改变世界的3个苹果的人，其人生都是不可复制的。他们的成功不仅缘于他们自身的天赋，更缘于一系列"神奇"的巧合。或许，我们可以模仿牛顿的墓志铭，为乔布斯写下这样的话语——"起初，家用计算机和电子产业一片混沌。上帝说让乔布斯来吧。于是，天才的光明照亮了一切。"

那么，除了膜拜乔布斯的伟大和幸运，我们是否便没有别的角度去看他了呢？虽然我们不打算、也不可能去复制乔布斯，但我们可以解读他、剖析他；正如我们不奢望上帝再赐予人类一个牛顿，但一定要虚心学习《自然哲学的数学原理》。对待伟大的人物，盲目而不假思索的崇拜就等于蔑视。

说来也奇怪，这3位"苹果的主人"都是"失父的孩子"：亚当被上帝赶出伊甸园，牛顿出生前3个月父亲便过世了，乔布斯则与生父终身不相见。在成长中，父亲是孩子的标杆，是权力与秩序的代言人。

当父亲从生活中缺位时，孩子们会发现自己面对着一个野蛮而混乱的世界——这里没有安全，没有路标，没有依靠的屏障。要在没有父亲的世界生存下来，只有依靠自己，并相信运气。可能正是如此，乔布斯也和另外两位苹果的主人一样，自信、聪明、拥有不屈不挠的精神；同时，他也自私、无情、性格乖戾。他可以和沃兹尼亚克胼手胝足白手起家，也可以毫不关心沃兹尼亚克的离职；他可以和女友恩爱相加，也可以抛弃自己的亲生女儿；他可以拿着1美元的年薪为苹果工作，也可以霸占残疾人停车位。

对于乔布斯来说，规则是没有意义的。他不太看得起这个世界，更不太看得起这个世界的规则——归根结底，他是个没有父亲、无法无天的孩子。但若仅限于此，那20世纪60年代的美国不过多了一个嬉皮士；不，乔布斯不是一个被抛弃的同时也抛弃世界的人——他是一个超越了世界的人。虽然乔布斯也曾抽大麻、退学、彻夜狂欢，但他也在积累着自己对生活的理解。他学书法，学禅修，痴迷无线电和营销。不屑于规则但热爱生活的乔布斯最终改变了普罗大众的生活，也让自己从一个"弃儿"成为了众多果粉的"教父"。

所谓超越，正是在平凡的生活对你说"不"之后，找到另一条属于自己的路，再开创出属于自己的辉煌大道。

我们可以用千万种角度去解读乔布斯，但朱献文、夏海钧合著的这本《剖开这颗苹果核：中国企业家深锐解读乔布斯》选择将乔布斯降为凡人。它刨去他天才的判断力，忽视他出众的计算机天赋，忘记他硅谷出身的养父母。它将乔布斯赤裸裸地呈现在读者眼前：一个叙利亚男人和美国少女的私生子，成绩平平，养父母不过是普通工人的孩子，是如何一步步绕开命运为他布置下的陷阱，又如何将陷阱作为阶梯攀上生活的高峰。这其中的故事，饱含着眼泪和欢笑、倾心以待和尔虞我诈、失败和伟大，都是乔布斯之所以成为"独一无二的乔布斯"，而不是一个加利福尼亚海滩边的嬉皮士、一个硅谷里的IT专家或是一个华尔街西装革履的经纪人的原因。

乔布斯在斯坦福大学的演讲中说："只有当你回过头去，才知道过去的岁月连缀起来会给你带来什么。"现在，这本书正是将乔布斯的每一个选择、每一次犹疑、每一个思虑连缀起来，献给读者。

朱献文和夏海钧在叙述乔布斯的故事的同时，用自身的阅历和眼光强硬地将他身上的光环褪下。他们是中国最出色的当代企业家，同时，也是中国最出色的经理人。对他们来说，乔布斯更像是同行。这位同行是杰出的天才，但也绝非完美。当摘掉乔布斯身上的光环之后，审慎细读，朱献文和夏海钧读出了乔布斯成功的原因，也读出了他不完美的缺陷。两位作者用精到的点评书写了一本最接地气、最具启发性的乔布斯传。这不仅是一本传记，也是东方经理人对同时代最杰出的西方经理人的致敬和批判性思考。

在《剖开这颗苹果核：中国企业家深锐解读乔布斯》这本书中，朱献文、

夏海钧"逼迫"着乔布斯回答一系列的问题：如果你是在中国呢？如果你只是一个中国的普通创业者呢？如果没有这么一系列的因缘巧合，如果你没有被父母抛弃，你还会是今日伟大不朽的乔布斯吗？

在《剖开这颗苹果核：中国企业家深锐解读乔布斯》这本书中，朱献文、夏海钧两位作者对乔布斯的一生作出了东方式的解读，也间接地回答了一些广为流传的问题——中国能否诞生乔布斯呢？如果能，他将会是一个什么样的人？是刚创业的大学生，正在车库中奋斗的中小企业家，还是千千万万小白领中的一员？我们应该从乔布斯的经历中学习什么，又远离什么呢？

无论怎么解读乔布斯，他都值得我们仔细研究。或者最正确的态度，正是朱献文、夏海钧两位作者所做的这样：给乔布斯一个中国式的青春，把他放在放大镜下，用一字一句的点评拨开历史的迷雾；然后，让我们看看其光环的背后是什么，迷雾褪去之后又能学到什么。

唐修国

2013.9.9 写于长沙

前言

关于梦想、创新、管理、营销、领导力、价值观

2012年10月，乔布斯逝世一周年前夕，全球掀起了乔布斯传记的出版热潮，但各种版本的传记书籍多如牛毛，大部分读者，就算是苹果的粉丝也难以确保自己能用轻松的心情把它读完，更不用说从中是否能学习到乔布斯的管理思想和经验。

我和夏海钧为帮助读者，尤其是大学生、研究生、白领、创业者、中小企业家、高中层管理人员，在短时间内对乔布斯的生平、管理思想和创新道路有更深刻的理解，参考了众多的乔布斯的资料之后，通过故事的形成还原了一个真实的乔布斯，并根据我们的知识和经验对其进行相应的解读和点评，合作写了这本《剖开这颗苹果核：中国企业家深锐解读乔布斯》。

《剖开这颗苹果核：中国企业家深锐解读乔布斯》以我们中国企业家的眼光，剖析了一个富有创造力的企业家过山车一样大起大落的人生，还有他对科技创新狂热的个性。正是乔布斯的痴迷和狂热，加上他对完美的积极的追求，他才能带领团队彻底颠覆了六大产业：个人电脑、动画电影、音乐、移动电话、平板电脑和数字出版，甚至还影响了连锁商店。更难以想象的是，乔布斯还通过可控的开放模式开发应用程序，为数字内容创造了一个前所未有的市场。尤其令人惊讶的是，乔布斯除了不断地制造出引领市场需求的革命性的产品外，还打造了一家充满活力和激情的真正意义上的创新型科技公司——苹果公司。苹果公司融入了乔布斯的思想和基因，这支富有想象力和勇于创新的团队还帮助乔布斯实现了他的众多匪夷所思的梦想。更重要的是，本书着重描述了乔布斯的创新精神和实践过程。

进入21世纪以来，在美国企图寻找保持自身创新优势的办法，且全世界的科

技精英都在努力打造创造性的数字经济的时代，乔布斯幸运地成长为创造力、想象力以及持续创新的标志性人物。乔布斯不但清楚地意识到21世纪创造价值的最佳途径是将创造力和科技结合起来，而且，他更有能力把它们融为一体。乔布斯和他的同事打破了"满足消费者"的思维模式：他们关注的并非是为迎合消费者的产品改进，而是挖掘消费者潜在需求并满足他们的全新产品和服务，从而引领了市场的潮流。

乔布斯的成功绝对是个案，他不是众人皆可模仿的老板或职业经理人，更不是人们学习的楷模。他虽像恶魔一样，可以让身边的人狂怒和绝望，但乔布斯的个性、激情同样对周围的人充满魔力，让人被其深深吸引，哪怕受尽他的折磨。正因为如此，乔布斯的故事才会既有启发性，也有告诫意义，让读者从中可以领略到他的创新、品质、领导力和价值观方面的经验精华。

《剖开这颗苹果核：中国企业家深锐解读乔布斯》这本书不仅精简地转述了乔布斯的传奇故事，更重要的是以我们的知识底蕴和丰富的管理经验为基础，诠释、解读了乔布斯的人生，从中提炼出对读者有启迪和参考意义的成功经验和有效措施。

在乔布斯逝世两周年前夕，我们希望《剖开这颗苹果核：中国企业家深锐解读乔布斯》这本从中国企业家的角度解读乔布斯的小册子，能给予广大读者更多的启发和思考及感悟。本书既可以当作休闲读物，也可以作为企业管理、市场营销的学习辅助材料，甚至可作为中小企业家的工作参考手册。

谨以此书献给我们的母校中南大学和暨南大学。

朱献文、夏海钧

2013.6.6 写于广州

目录

名人名家书评精选

简单·明了·创新的真谛
　　　　——读《剖开这颗苹果核：中国企业家深锐解读乔布斯》有感
　　　　三一集团、三一重工（股票代码600031）董事长　梁稳根

还原一个真实的乔布斯
　　　　——读《剖开这颗苹果核：中国企业家深锐解读乔布斯》有感
　　　　三一集团董事、三一重工（股票代码600031）总裁　向文波

洞幽烛远·敢想敢干·梦想
　　　　——读《剖开这颗苹果核：中国企业家深锐解读乔布斯》有感
　　　　真彩文具股份有限公司董事长、总裁　黄小喜

现实·中小企业·技术创新·营销创新
　　　　——读《剖开这颗苹果核：中国企业家深锐解读乔布斯》有感
　　　　金利华电（股票代码300069）董事长兼总经理　赵坚

朴实无华·独到·精彩
　　　　——读《剖开这颗苹果核：中国企业家深锐解读乔布斯》有感
　　　　奥飞动漫（股票代码002292）董事长　蔡东青

全面·剖析·不可多得
　　　　——读《剖开这颗苹果核：中国企业家深锐解读乔布斯》有感
　　　　暨南大学管理学院副院长　吴菁

纯粹·务实·互补·整合
　　　　——读《剖开这颗苹果核：中国企业家深锐解读乔布斯》有感
　　　　《中外管理》杂志总编　杨光

推荐序

中国能否诞生乔布斯 .... 三一集团总裁　唐修国

前　言

关于梦想、创新、管理、营销、领导力、价值观.........朱献文、夏海钧

第一章　落幕，永远的2011年10月5日

第二章　矛盾，少年乔布斯之烦恼

可怜的身世 4
叛逆 5
成就史蒂夫的史蒂夫 6
朦胧的爱情 7
残缺的大学生涯 8
精神导师 9
求索 11

第三章　创业，从小蓝盒到苹果

引爆成功的导火索 14
创业环境 15
第一份职业 16
新产品的历练 18
俱乐部的能量 20
横空出世 22
孵化奇迹的车库 24

第四章　生存，那些年苹果也曾"山寨"过

真正的机器 ... 28
苹果之母 ... 29
苹果的吹鼓手 ... 31
约束乔布斯的缰绳 ... 33
停不了的快马 ... 34
苹果的山寨对象 ... 36
乔布斯的"山寨哲学" ... 37

第五章　成长，不走寻常路

飞跃的翅膀——Mac ... 42
不择手段选人才 ... 43
我行我素 ... 45
简约 ... 47
精益求精 ... 48
对手 ... 51
唯我独尊 ... 52
告捷 ... 53
海盗式团队 ... 54

第六章　成熟，第三个里程碑

钓鱼 ... 58
上钩 ... 59
有志者，事竟成 ... 61
改变世界的一天 ... 62
英雄见英雄 ... 64
名利之争 ... 66

第七章　衰败，大自然的规律无处不在

"六旺" 70
"三衰" 72
危机 73
散席 74
裂缝 76
不甘 77
不到黄河心不死 78
落魄 80
有心栽花 82
衰败 83
"浪子回头" 84

第八章　求生，逆袭的光阴

被逼出走 88
自力更生 90
断粮之险 92
命不该绝 93
盖茨眼中的NeXT 94
乔布斯的合作观 95
花不开 96
无心插柳 98
初战告捷 99
柳成荫 100
逆袭成功 101
该出手时就出手 102
让皮克斯多飞一会儿 104

第九章　重生，你好

人和 108

天时 110
地利 111
没有永远的敌人 112
进退自如 113
恢复"独裁" 114
设计为王 115
环境激发灵感 116
麦金塔二世：iMac 117

第十章　持续创新，苹果的本质

"仿生" 122
敢人所不敢 123
iPxxx 123
旧习VS替代 124
能人所不能 125
控制欲，从设计开始 126
改变生活方式的手机 127
从地狱到天堂 128
苹果本质 130
数字中枢之灵 131
无孔不入 132
iPad 2 133
最后的作品 134
匪夷所思 135

第十一章　营销，做到大众的心坎上

体验促进成交 138
样板打造形象 139
材料衬托内涵 140
轰动全球的广告 142

玩媒体于手掌之中 144
质感 145
疯狂大杂烩 146

第十二章　竞合，有人的地方就有"江湖"

防人之心不可无 150
乔布斯纪念碑 151
道不同 152
条条大路通罗马 155
苹果与Adobe的"江湖恩怨" 156
协作之力 157
遗留问题 159
微软的恐惧 160
强者未必恒强 161

第十三章　管理，一个系统的工程

接班人初现 164
团队打造 165
有条不紊 166
名正言顺 167
科学管理 168

第十四章　战略，只做3件事

整合 172
数字中枢之源 173
数字中枢之核 174
数字中枢之翼 175
得来全不费功夫 176
数字中枢之槛 177
各个击破 179

数字中枢之力 181
远见 182

第十五章 财迷？1美元年薪与2000万股期权

利益的纠缠 186
发财后的乔布斯 187
金钱观 188

第十六章 亲情，温馨曾经来过

学生时代的女友 190
歌手女友 191
生母和妹妹 191
生父 192
私生女 193
旧爱 194
妻子 195
奉子成婚 196
扎寨 196
回家 197
儿女们 198

第十七章 友情，纯粹的真挚

乔布斯的至爱 200
鲍勃·迪伦 201
披头士 202
波诺 203
马友友 204
奥巴马 205
温情 206

第十八章　病魔之战，直面生命的轮回

发病 210
真诚 211
老当益壮 212
决斗 214
品格 215
回归 216
别样家庭 217
力不从心 218
避无可避 219

第十九章　一生无憾，极致的精彩

创新之路 222
遗言 223

特别致谢

特别鸣谢

第一章

落幕，永远的 2011年10月5日

2011年10月5日,"改变世界"的苹果灵魂人物乔布斯当天在家人陪伴下"平静辞世",终年56岁。而就在前一天,苹果新品iPhone4S发布,这也成了他的绝唱。

他在离去之前,面孔坚定,仍旧俊朗。他看了看妹妹帕蒂,又看了自己的孩子很长时间。之后又注视了自己的妻子鲍威尔,然后眼光飘向上方。

乔布斯的最后几个字是临别时几个小时前说的,他说的是"噢",并且连说了三遍。

对于死亡,乔布斯认为,现世的死亡,可能并不意味着生命的完全终结,而会以某种方式得以延续。但他也说过:"有时我又认为,生命和死亡就好比开关一样。一旦你关上了开关,也就意味着生命的终结。"

远在大洋彼岸的乔布斯走了,新世纪传奇倏然谢幕。他说:"记住你即将死去。"只是谁也没料到这一天来得这么早。英雄故去,总令人唏嘘。记得乔布斯还说过:"我愿意将所有的科技去换取与苏格拉底的一个下午。"也许他真的只是去赴约而已。

⊙ 点评:开关

2011年10月5日,不管乔布斯喜不喜欢开关,"啪!"的一声,开关关了。

第二章

矛盾，少年乔布斯之烦恼

可怜的身世

　　1955年2月24日，在旧金山的一个小镇上有个婴儿呱呱坠地，他就是日后苹果帝国的开创者——史蒂夫·乔布斯。他的生母叫乔安妮·席贝尔，生于威斯康星乡村的一个德裔家庭。她怀乔布斯时刚23岁，大学还没毕业。乔布斯的父亲阿卜杜勒法塔·钱德里是一位叙利亚人。但由于乔安妮的父亲极力反对女儿同叙利亚人结婚，导致他们分开。那个年代在美国堕胎是违法的，所以，乔安妮只能将乔布斯生了下来，并将他送给了保罗·乔布斯和克拉克·哈戈皮安。

　　二战时期，保罗·乔布斯从事过机械师和锅炉工的工作。乔布斯的养母克拉克·哈戈皮安是位记账员，因宫外孕而无法生育。

　　乔布斯小的时候就知道自己被遗弃的事情，这重创了他的心灵。在成长的期间，他时常会失控般变得残酷并伤害别人。成人以后，又像其父母遗弃他一样，也遗弃了他和女友克里斯安·布伦南的女儿。

⊙ 点评：英雄莫问出处

　　乔布斯"被遗弃"的童年揭示了他后来一系列反叛行为的心理根源。将一个弃婴培养成一代科技伟人，乔布斯的养父母是何等地伟大！但是，当乔布斯从叛逆走到辉煌之时，他是否会想到自己的女儿——那位同样被抛弃的天真无邪的小姑娘呢？

⊙ 点评：幸福与贫富无关

　　幸福与贫富无关，与内心相连——这是范伟在一部电影中的台词。乔布斯的养父母、生父母的人生真的证实了这句话，同时也证实了中国一项关于"幸福感"的调查：学历越高，幸福感越低。

　　其实，幸福只是一种感觉，当你在现实中拥有的超过期望时，你便会感受到满意与幸福。物质享受较少的人，可以因一点儿的物质而感到快乐；而物质享受越丰富的人，就越是要有更多的物质享受才会满足。所以，幸福与贫富无关。它来自于甜蜜的爱情，来自于和睦的家庭，来自于身边的友爱，来自于我们真诚

的付出，来自于我们生活中的点点滴滴。幸福只是一种感觉，保持良好的人际关系，接受新鲜事物，挑战困难带来的高峰体验都是幸福的源泉。

叛逆

进入小学后，乔布斯时常感到学习的无趣。幸运的是，四年级时，乔布斯的老师伊莫金·希尔用一支超大的棒棒糖激发了他对学习的兴趣。四年级结束时，学校同意乔布斯连跳两级，但父母只让他跳了一级。身处于一群年龄都比自己大的孩子中，乔布斯经常被欺负。最终，忍无可忍的乔布斯向父母提出转学。为了给乔布斯提供一个良好的学习环境，他的父母又把家搬到了3英里以外。

1968年，乔布斯进入家园高中上学。他喜欢拿电子设备搞恶作剧，还参加了惠普探索者俱乐部。在一次聚会中，乔布斯第一次见到了台式计算机。

在进入新学校一个学期后，乔布斯有幸成了"硅谷传奇"约翰·麦科勒姆的学生。后来，乔布斯发现自己更喜欢研究激光，于是放弃了麦科勒姆的课程，和好友一起研究如何通过使用安装在扬声器上的镜面反射激光进行音乐表演。

值得一提的是，从15岁起，乔布斯尝试抽大麻，之后一发不可收拾。

⊙ 点评："问题"学生的教育

用中国的教育标准来衡量，乔布斯基本属于问题学生：调皮，捣蛋，吸大麻，搞恶作剧，更谈不上听话了。所幸他身处美国，还有一对包容他、爱护他的父母，才使这个时代英雄不至"夭折"。在他父母和女教师伊莫金·希尔的身上，我们都看到了不离不弃、因材施教的耐心和美德。也许这也是越来越多家长愿意把孩子送去留学的原因。

在乔布斯身上，我们可以看出调皮学生的行为习惯是后天养成的。孩子的经历、家庭的氛围、父母的教育方式将直接影响孩子的成长。这启示我们，面对调皮的学生，只要找出问题的症结所在，有的放矢地耐心教育，他们就能沿着正确的方向成长。

学生调皮有时候是为了引起别人的注意，有时候是由于自己缺乏自控力。女教师伊莫金·希尔面对乔布斯时，特别注意保护他的自尊心。她耐心的引导使乔布斯感受到"老师是爱我的，我应该听老师的话"，从而引起了他与老师的共鸣。这种正激励的方法使聪明、敏感、精力充沛的乔布斯能有所成就。

⊙ 点评：实践，教育的基石

平时，我们在招聘新毕业的学生时，总要求应聘者有工作经验，但又有多少企业为学生提供了实习机会呢？而在乔布斯的学生时代，不但有父亲提供的实践机会（接触汽车电子，后来提供激光装置），更有学校实验课、惠普俱乐部、暑期工作，甚至约翰·麦科勒姆的《电子学》课程等机会。这些实践机会为乔布斯打开了电子探秘之门。我们常听人说，很多科技巨人都从大学退学去创业。岂知退学的原因是大学的课程已不能满足他们的求知欲，而且他们已掌握了足够的技能去应对创业的要求，而不是他们不能应付学习。

我们的教育，尤其是高等教育的改革，是从纸上谈兵向理论联系实际的改革，是全社会都应重视和参与的改革。没有企业乃至全社会的积极参与，教育改革也只是纸上谈兵。

成就史蒂夫的史蒂夫

在麦克勒姆的班上，乔布斯结识了史蒂夫·沃兹尼亚克（昵称沃兹尼亚克）。他们是通过同是家园中学的学生比尔·费尔南德斯引荐的，他们的见面地点很有意思——在车库里。二人一见如故，并惊奇地发现他们有很多的共同点，比如，爱搞恶作剧，喜欢电子学、音乐等。

沃兹尼亚克的父亲是一名电子工程师。他崇尚工程学，鄙视商人和销售人员，厌恶野心，提倡"绝不撒谎"、甘于中庸的家风。四年级时，沃兹尼亚克就与父亲一起获得了业余无线电牌照，八年级时，他设计的台式计算机已获得了一项空军举办的赛事的最高奖。

高中四年级，沃兹尼亚克每周都去喜万年公司做一次兼职工作，在那里他学到了如何编写FORTRAN编程语言。他潜心研究微片芯的规格，17岁时，他设计的计算机只需要正常的一半芯片。

⊙ 点评："近朱者赤"

沃兹尼亚克根正苗红，出生于高级知识分子家庭。与乔布斯一样，他从小就浸泡在电子世界中，成为杰出电子专家乃顺理成章的事。与乔布斯不同的是，他家教中的"绝不撒谎"、"厌恶野心"使他热衷于成为工程师。在这两个科技奇才身上，我们很容易看到"近朱者赤"的哲理。就像大学里教授带硕士生、博士

生一样，通过言传身教，精心指导，可令他们学有所成。

社会上的"官二代"、"富二代"也有"近朱者赤"的优势。试想一下，研究生跟教授学习也就三五年时间，而"二代"们从小在长辈面前耳濡目染，或多或少都能从他们身上学习到各种技能和品质。在相同的社会条件下，他们当然赢在起跑线上了。当然，也有自强不息者，通过后天的努力，在跑的过程中超越同行者。我们这些"民二代"，对"官二代"、"富二代"的"幸运"也就没必要"羡慕嫉妒恨"了，只有比他们更努力，争取做到一分耕耘一分收获。

⊙ 点评："近墨者黑"

两个同样不合群，同样叫史蒂夫的电子天才走到一起，肯定令正常人不胜其扰。所谓"物以类聚，人以群分"，他们的电子天才还没有正常的"宣泄"渠道时，恶作剧成了他们实现自我的方式了。幸运的是，他们的家教使他们没有偏离道德方向，否则后果不堪设想。用广东话来说，就是"跟到好人学好人，跟到坏人会拜神"，学生时代的朋友将很大程度上决定你的未来。

⊙ 点评：志同道合

硅谷历史上最重大的车库会面后，乔布斯和沃兹尼亚克"英雄惜英雄"，不但对电子的热衷使他们无话不谈，对音乐的沉迷也令他们相见恨晚。从他们齐心合力整蛊同学的往事上看，他们已是志同道合者——真正意义的志同道合者，除远大目标一致外，做"坏事"的兴趣也一定相同，才能走得更远。

朦胧的爱情

1972年的春天，即将高中毕业的乔布斯恋爱了。一位名叫克里斯安·布伦南的女孩成了他的第一任女朋友。克里斯安·布伦南比乔布斯低一年级。那个学年结束的时候，他们搬到了洛斯阿尔托斯的一个山间小屋里同居了。他们在那里听音乐、画画、写诗和吃迷幻药。

⊙ 点评：爱的真谛——扁锅配扁灶

乔布斯孤僻、冷漠、邋遢、不修边幅；布伦南热情、奔放、美丽、脱俗可爱。这一对风马牛不相及的年轻人，就由于乔布斯的疯狂，便走到了一起。想起我大学毕业时，有位广西的同学考到哈工大，我们"嘲笑"他不高，一定找不到老婆。他乐观地说："放心，扁锅配扁灶。"结果他真的找到了好老婆，并一起到加拿大发展去了。所以，爱情的真谛其实很简单——感情上的"扁锅配扁灶"，更俗一点，就是动物性的互相吸引。

残缺的大学生涯

1972年夏天，乔布斯高中毕业了。大学临开学的暑假期间，乔布斯为了赚钱买新车，他让沃兹尼亚克从惠普请了假，和他一起在购物中心扮人偶逗小孩，以赚取外快。

乔布斯坚持要到全美最贵的大学之一——俄勒贝州的里德学院就读。父母多次跟他商量，乔布斯不改初衷，最后父母倾其所有让他如愿以偿。但当父母开车送他到学校时，乔布斯却做了一件让他感到羞愧一生的事——他拒绝父母送他进校园。

乔布斯在里德学院找到了思想上的依托——禅。他还认识了一些这方面的好友，也看了大量的相关图书。乔布斯和他最亲密的朋友丹尼尔·科特基发现了一本名为《此时此地》的书。这是一本介绍冥想及致幻剂的美妙之处的书。乔布斯还开辟了一间冥想室。此外，他还通过学习东方神秘主义以及节制饮食等方式来理解世界。

⊙ 点评：朋友的意义

为帮乔布斯赚钱买新车，沃兹尼亚克竟然请假和乔布斯在购物中心扮人偶逗小孩，这种为朋友两肋插刀的行为，试问多少人能做得到？一般而言，朋友就是可与你分享喜乐的人；朋友就是可成为你避风港的人；朋友就是能当你心情稳压器的人；朋友就是那个见面无话不谈的人；朋友就是那个当面损你还哈哈大笑的人；朋友就是那个当你落魄时，友好地伸出双手的人。但正事不做，和你一起"疯狂"的人，怎能用朋友两字就简单定义得了呢？

⊙ 点评：细微之处见精神

虽然扮演人偶是为了乔布斯，但沃兹尼亚克觉得与小朋友玩很有趣；可乔布斯自己却痛苦得恨不得揍小孩。人的性格决定人的行为。为人忠厚、诚实无私的沃兹尼亚克享受童真带来的欢乐，疯狂急躁的乔布斯则难以忍受这种"痛苦"，如果不是为两斗米，打死也不会折这个腰。因此，沃兹尼亚克最终成为技术专家，乔布斯成为科技型的营销专家也就顺理成章了。

⊙ 点评：父爱与子逆

任何人都经历过青少年时的叛逆期，这不奇怪。作为一代科技伟人的乔布斯，首先也是普通人，他在当年也做出如此叛逆的事：不顾家境要上最贵的大学，要充当流浪儿而拒让父母在同学中露面。目前的中国也存在很多这样的"逆子"：有少年博士逼穷爸爸在北京买房的，有小学生逼父母买苹果手机的，有赶年迈父母出门的。"逆子"们源自家庭教育的缺失。家长对孩子们过分的包容最终变成了纵容，以至自食苦果。要知道，绝非人人都能成为乔布斯，可以有机会去弥补过去的错误。

⊙ 点评：矛盾综合体

在大学时期，自我实现的风潮和对佛教禅宗的着迷，使素食主义与佛教禅宗、冥想与灵性、迷幻药与摇滚乐等种种事物以疯狂的方式集于乔布斯身上。这种与众不同的个性或许正是英雄人物的重要特质，抑或是创新的原始动力。总之，无论如何，集正邪于一身的乔布斯最终将这些事物与其电子极客的血液融为一体，创造了世界上最重要的第三个苹果。

精神导师

那个时候，有个人曾一度被乔布斯视为精神导师，他就是罗伯特·弗里德兰，里德学院的学生会主席。

罗伯特·弗里德兰和乔布斯、科特基两人一样，都痴迷于东方禅宗。罗伯特·弗里德兰曾听过《此时此地》的作者拉姆·达斯导师在波士顿的演讲，还虔诚地去印度请教过拉姆·达斯导师。回到美国后，他给自己起了一个宗教名，还一改往日的装扮，不管他出现在哪里都是身着印度长袍，脚踏一双凉鞋。

他的"自我启蒙状态"让乔布斯受益颇深，乔布斯的诸多性格特质都是受弗里德兰的影响，尤其是"现实扭曲力场"。"现实扭曲力场"就是利用人的眼神、表情、表述、意志力等，扭曲事实以实现自己所愿。这种强大到逆天的能力可以说是乔布斯改变世界的一个重要武器，他的非凡想象力、超强意志力、强大的气场，能让员工信服"那些看来遥不可及的惊人目标"是能够变为现实的。

乔布斯曾说过："从大学里退学是我这一生作出的最为明智的一个选择，因为它逼迫我学会了创新。"进入里德学院不久，乔布斯就厌倦了校园生活。他当时非常自责，有很深的负罪感，因为他的父母已经把所有的积蓄都花在了他的学费上。

事实上，乔布斯不想这么快就离开里德学院，只是不想付学费，更不想继续为那些枯燥的学科烦恼。幸运的是，他没有受学校的驱逐，他向教导主任提出了继续留在学校旁听的要求，教导主任同意了。

乔布斯说过，他真正的大学教育是从退学后开始的。退学之后，他住在了其他同学的宿舍。他有大量的时间选修自己喜欢的学科。他不再跟家人要生活费，节衣缩食，过上了素食的生活。有时他还会捡汽水瓶来卖。

一次在校园中散步的时候，乔布斯看到了海报上都是漂亮的手写体，忽然对书法产生了巨大的兴趣。于是，他到书法课做了一名旁听生。这门课使乔布斯置身于艺术和科技的交汇处。潜心书法学习的结果是，他的苹果公司的标志、广告、产品和包装的设计上的漂亮字体令人瞩目。

⊙ 点评：圈子决定命运

雄鹰在鸡窝里长大，就会失去飞翔的本领，野狼在羊群里成长，也会因爱上羊而丧失狼性。同理，和聪明的人在一起，你才会更加睿智；和优秀的人在一起，你才会出类拔萃。所以，你是谁并不重要，重要的是，你和谁在一起。

换言之，三人同行，必有我师。只要我们有足够的分辨能力，哪怕是跟魔鬼在一起，都能扬其法力，弃其歹心，就像乔布斯从弗里德兰处学会超强意志、机智、自信，形成"现实扭曲力场"一样。

⊙ 点评：退学=厌学吗

乔布斯充满激情的性格决定了他没有足够的耐心去按部就班地完成大学学业。但退学不等于厌恶学习，只是他求知的欲望过于强烈，以至要冲破规矩的束缚。幸运的是，在他所处的自由世界里，有更多的包容，更多的理解使这位天才不致于"夭折"。对于现实中的大多数人来说，要充分了解自己的能量，以合适的方式掌控自己的未来，毕竟世间只有一个乔布斯。

⊙ 点评：跨界学习

在现实中，文科学生疏于理科，理科学生不善文史，这也是正常现象。尤其是中国学生，在高考大棒的指挥下，很早就文理分科了，结果出现"理工男"不

解风情，"文科女"看似科盲的事情。而当今有成就的科学家、企业家，大多是上知天文，下知地理，左通文史，右精数理，前瞻科技，后靠资本，游离于学科交叉处的精英。对于学生而言，现在所学的、所经历的，谁知道会在什么时候，以什么形式影响你的人生呢？诚如有谁能想到，影响乔布斯产品设计理念的竟然是书法！

求索

从印度回来后，乔布斯恍若变了一个人。他不再热衷于搞恶作剧，每天清晨和傍晚他都会独处一隅，精心修禅。偶尔他也会旁听斯坦福大学的物理课。被父母抛弃一直是他心中挥之不去的阴影。他极其渴望了解他的亲生父母，并四处打探他们的消息。那时他很迷茫很压抑。为了治愈童年遗留的心理问题，乔布斯花了1000美元到俄勒冈州的情感中心进行"尖叫疗法"。但他感觉这个办法无济于事，并没有减少自己被抛弃带来的痛苦和愤怒。

你可能还记得那个经典的乒乓单机版本吧？诺兰·布什内尔利用乔布斯让沃兹尼亚克为他工作，而乔布斯独吞奖金一事，成为沃兹尼亚克心里始终解不开的结，令他难以释怀。事情还得从头说起。

1975年初，乔布斯回到了雅达利上班。当时沃兹尼亚克在离雅达利不远的惠普工作，晚上经常到乔布斯的办公室玩游戏。

1975年夏末，诺兰·布什内尔决定让乔布斯在4天内开发一种按比例缩小的乒乓球游戏（也称打砖块游戏），并希望他在设计上尽量少用芯片，如果芯片少于50个，每少一个将会得到一大笔奖金。奖金的数目相当诱人，乔布斯的激情被调动起来了。

乔布斯意识到这个任务超出了他的能力，于是邀请沃兹尼亚克帮忙。但是，乔布斯隐瞒了少一个片芯可得一份奖金的事实。

在二人的努力下，他们真的在4天内完成了任务，并少用了5块芯片。诺兰·布什内尔对这个设计很满意，因为所用的芯片越少，成本越低。他按照约定发给乔布斯一笔奖金，还邀请沃兹尼亚克到他们公司工作。但分奖金的事充满了悬疑。有人说乔布斯独吞了奖金；有人说乔布斯拿到1000美元，却给沃兹尼亚克350美元；乔布斯则说奖金一人一半。但沃兹尼亚克却不想再提及此事。

⊙ 点评：信仰的力量

尽管由于自己的独特个性，乔布斯选择了边工作边保持精神修行而非全身投入，但对东方精神、印度教、佛教禅宗以及探寻个人启蒙的浓厚兴趣还是伴随了他的一生。这些信仰使他变得更自信。

信仰，顾名思义就是因为信奉而敬仰。这种仰慕从最初的敬畏、膜拜，最终会上升为对一种理念的坚守——对某种理论、学说、某人、某物或某种空灵的东西产生相信和遵从，并将此奉为自己的行为准则和活动指南。乔布斯就是通过修行而信奉"我想怎样，就能怎样"！

⊙ 点评：成功者的原始特质

我曾说过，纵观成功的中小企业家，他们的身上都有一种成功者的原始特质：爱钱如命。话虽然难听，但事实的确如此。换句话来说，就是成功的创业者善于算计，甚至奸诈。这与企业家的慷慨不矛盾，他们可以为公益为慈善捐献巨款，但在生意上一定和你斤斤计较，分毫必争。相反，对名利无欲无求的好人，就只能是做技术精英了。乔布斯和沃兹尼亚克这对科技伟人的不同性格，反映了他们在不同角色上的成功特质。

第三章

创业，从小蓝盒到苹果

引爆成功的导火索

　　一天，沃兹尼亚克无意中在《君子》杂志上阅读了一篇名为《小蓝盒的秘密》的文章，其作者是罗恩·罗森鲍姆。该文介绍了黑客和电话飞客是怎样偷打长途电话的。文章还未读完，沃兹尼亚克就迫不及待地拨通了乔布斯的电话，与之兴奋地聊起了这件事。乔布斯听后也振奋不已。两人立刻行动起来。他们一起研究这篇文章，一起去图书馆查阅相关资料。最终，在感恩节来临之前，他们制作出了可以工作的蓝盒子。他们兴奋地给沃兹尼亚克的叔叔打电话，甚至还把电话打到了梵蒂冈教皇那里。

　　一开始，他们只想利用蓝盒子找乐子或搞恶作剧，后来乔布斯敏锐地发现可以靠销售自制蓝盒子赚钱。乔布斯收集所有的零件，组装成两副扑克牌大小的蓝盒子，以150美元的价格出售。让他们吃惊的是，蓝盒子大受欢迎。他们之后又制作了100个蓝盒子，全都卖完了。

　　盗打电话的人逐渐增多，使电话公司不断采取更严厉的措施来清查和惩治这些盗打电话和制作及贩卖这种电话装置的人。乔布斯和沃兹尼亚克有好几次险些被警察逮住。他们不想面临牢狱之灾，便决定见好就收。

⊙ **点评：一百个思想不如一个行动**

　　我们看很多成功的案例的时候都会有似曾相识的感觉，甚至当年自己可能也曾想干过；我们与朋友相聚时，也许探讨过无数个项目；我们上很多培训课，曾激起过无数次冲动；我们看着别人成功的时候，可能想这么简单的事我也能做成；我们也想过，如果我做了这个生意，明天可能会怎样怎样的美好。但我们只是在不断地探讨，不断地研究，就是迈不出决定性的一步——行动。成功与否的关键不是你拥有多少个好主意，而是你有没有实际行动！两个史蒂夫看到别人的一个好主意，就马上行动，把想法变成现实，这种行动的激情就是成功的基石。

◎ **点评：模式的成功契机**

现在很多高校在搞创业研究，并鼓励大学生创业，这从学术角度来看当然很有必要。我们可以在创业精神、商业模式、管理知识与技能等多方面培训我们的"创业家"，好让他们提高成功率，少走弯路。但即便如此，又有哪一个创业成功的人不是从无到有，边干边摸索的呢？两个伟大的史蒂夫也只是在游戏中形成了初步的合作模式，才有了苹果公司之后的发展。记住，创业失败是必然的，成功是偶然的。

◎ **点评：象可以随便摸**

我们从小就知道"盲人摸象"的故事，知道不可以偏概全。但每个人背景不同，接触的事物不同，所以体会不同，作出的决策不同，这是无可非议的。同样做出一个有用的蓝盒子，史蒂夫·沃兹尼亚克沉浸在成功的喜悦中，史蒂夫·乔布斯则从中发现了商机。所以，对于任何的实践活动，只要参与、行动，就会有收获。象是可以随便摸的，只要你愿意。

创业环境

乔布斯10岁那年，他们一家人搬到了南旧金山地区的芒延维尤的一个半岛上，那里是个电子新兴城市，附近有日后著名的电子产品圣地——硅谷。

乔布斯的养父保罗热衷于修汽车，他利用业余时间翻新、出售二手车，因而他对汽车的电器部分很在行，这也激发了乔布斯对汽车的内部工作原理的兴趣。更重要的是，保罗对工艺精致的完美追求的精神，影响了乔布斯的一生。

当地一个名叫埃奇勒的开发商的成功，让乔布斯深受启发。这个开发商建造的房子质高价廉，整洁漂亮。乔布斯从中领悟到为大众制造和设计精良产品的重要性。

◎ **点评：企业家的原始特征**

美国管理大师德鲁克认为，企业家是创新者，是风险喜爱者，他们永远有目的地追寻变革的动力，更善于在发展中创造机会和捕捉机会。但创业家有异于企业家。企业家无论创业或守业都能成功，而创业家的特质主要在于胸怀理想、勇于创新、勤奋务实、坚韧不拔。除了这些特征外，一个成功的创业者，其最原始的特征是对钱的无限热爱和追求。尽管提钱未免有点俗，接触其父亲的生意让乔布斯在童年时期便形成了赚钱的意识。就像我国的许多企业家，在学生时代就通过各种方式赚钱了。正是这种对钱的欲望，驱动他们披荆斩棘，不断前进。因此，创业团队的领袖也必须具有这个特质，才有可能成功。

◉ 点评：思想源于生活

我们说读万卷书，不如行千里路，就是强调见识的重要性。乔布斯对他新家所住房子"质高价廉，整洁漂亮"的欣赏，成为他日后"简洁、专业、专注"设计思想的萌芽。这说明，只要我们留意生活中的点点滴滴，学会观察，就能有意想不到的收获。

◉ 点评：时势造英雄

乔布斯是不幸的，一出生就被亲生父母所遗弃，同时他又是幸运的。他有一对竭尽全力去照顾他、培养他的养父母。更幸运的是，他的学生时代恰逢硅谷的建立与发展。正是硅谷时代电子业的增长与爆发的浪潮，给了深爱电子的乔布斯一个实现自我的机会。天时、地利、人和的时势，为打造一代科技英雄营造了前所未有的气氛。

第一份职业

雅达利最初的团队是由一群对电视游戏充满热情的工程师组成的，创始人是被尊称为"电脑游戏业之父"的疯狂玩家诺兰·布什内尔。他是当时的时代偶像。和弗里德兰一样，诺兰·布什内尔同样具有"现实扭曲力场"。雅达利公司的首席工程师阿尔·奥尔康研发成功了视频游戏《乒乓》，从此该公司进入飞速发展时期。

1974年2月，在里德学院待了18个月后，乔布斯开始找工作。他在报纸上看到雅达利公司急招一名电子机械师，于是，便不修边幅地前去应聘。招聘人员见他那邋邋遢遢直皱眉头，告诉乔布斯，他们招的人必须受过正规的大学教育，且有知名电子游戏开发作品，而乔布斯根本不符合要求。乔布斯才不管这些呢，他摆出一副要么让警察带我走，要么就聘用我的架势。招聘人员不知如何是好，只得给奥尔康打电话。奥尔康让人将乔布斯带到自己面前。经过短暂的交谈后，奥尔康发现乔布斯非常聪明，对技术很狂热，他决定录用乔布斯。

乔布斯由此正式成为雅达利公司第一批50名员工之一。在雅达利公司，乔布斯通过改造芯片完善游戏，还跟布什内尔学会了如何利用自己的影响力说服别人。重要的是，乔布斯认识到了开发游戏应简单的重要性。

乔布斯还与一位名叫罗恩·韦恩的人交了朋友。罗恩原来自己开公司，创业失败后来到雅达利公司做绘图员。那时乔布斯经常劝说罗恩与自己一起再次创业，但遭遇过打击的罗恩不愿再冒险了。

20世纪六七十年代印度的宗教、哲学、文化在西方刮起过一阵旋风，但人们多是出于猎奇和"生活在别处"的冲动，鲜有真正彻悟者。在里德学院时，乔布斯所崇拜的偶像罗伯特曾强烈推荐他去印度进行一趟精神之旅。1974年初乔布斯为了获得心灵的平静背包前往印度，他觉得理解印度佛教的最好方法就是去印度亲自体验一下。

乔布斯希望公司承担费用，公司于是派他去德国解决一些工作上的问题，再从德国前往印度，以便他从德国出发省些路费。于是，乔布斯决定和一个叫丹尼尔·科特基的人一起赤脚并衣衫褴褛地去印度朝圣。到了印度，他们立刻去拜见印度教圣徒尼姆·卡洛里。遗憾的是，尼姆·卡洛里大师已经去世。乔布斯干脆就在附近租了一间屋子，在那里吃素、冥想、沉思。

他在印度总共待了7个月。去印度前，乔布斯是一位玩世不恭的嬉皮士，吸大麻、当黑客，到印度后他却得到醍醐灌顶的顿悟。他发现印度落后的状况与它神圣的光辉之间所存在的差距简直触目惊心，怎样才能让人们不再挨饿受冻？如何才能改变世界？也许只有科技才能拥有这种力量。乔布斯因着佛性而反思、领悟，并像凤凰一样浴火重生。

⊙ 点评：职业生涯第一个导师

我们常说，职业生涯的第一个导师很重要，这句话在乔布斯身上反映得淋漓尽致。乔布斯的第一个老板不但力排众议收留他，还教会了他一些重要的企业家特质。刚走进职场的新一代，就像一张白纸，什么都可以往上画。由于新人对老板的崇拜，老板对其的影响自然很大。这时，如果新人首先接触的导师比常人高一招，他从中学到的东西就比人高一招，自然就赢在职场起跑线上了。

⊙ 点评：激情和狂热

乔布斯个性偏激孤独、生活邋遢，没有同事愿意与其为伍。但由于他的聪明、激情和对技术的狂热，老板依然器重他。对于男人来说，只要不笨、对生活有激情、对事业狂热，就算有很多其他难以容忍的缺点，都能受到老板的青睐。因为老板对人才都有一双与众不同的慧眼，能敏锐地分辨出璞玉，为己所用。

⊙ 点评：本性难移

乔布斯推崇东方精神，尤其是佛教禅宗。他想通过印度之旅寻找智慧的导师，但放荡不羁的本性使他做不到内心的平静，只能通过苦行体验、感官剥离和返璞归真寻求启蒙。这告诉我们，与其努力花精力补自己的短板，不如把自己的长处发挥到极致，更能产生意想不到的效果。

⊙ 点评：学习

尽管乔布斯经过多次的转学、退学，沉迷于禅宗和东方哲学，但他依然在冥想和禅修之余坚持去斯坦福大学旁听物理学或者工程学的课程。从他的个性来看，乔布斯是个聪明人：(1)比较独立、自律，有时敢挑战权威。(2)常捉弄别人，表现出小丑般的幽默，惹人开心。(3)适应环境的能力比较强。(4)喜欢冒险、挑战性的游戏。(5)对例行公事及令人厌烦的事物非常没有耐心。(6)扩散思考能力强，记忆力广且会注意细节。(7)喜欢阅读，有广泛的知识面。(8)常常需要较多时间思考。(9)对有兴趣的事非常专注。(10)敏感、好奇，有丰富的想象力，感觉特别灵敏。但重要的是乔布斯没有被聪明所误，坚持近乎狂热的学习电子学及相关课程。

⊙ 点评：创业的诱因

现在创业成了热门话题之一，高校成立创业学院鼓励大学生创业，各路咨询公司更为创业者提供各种服务，但我们的准创业家们，你们真准备好了吗？乔布斯这样伟大的人物，也是在相关行业积累了经验，从高人一招的上司处学到了技术，学到了商业模式，练就了坚强意志之后才萌发了创业的动机。即便如此，他还是没有冲动行事，在说服有生意经验的韦恩加盟之前，乔布斯十分谨慎。

新产品的历练

20世纪60年代末，微电子技术在旧金山和硅谷高速发展。很多反主流文化的嬉皮士认为电脑是冰冷的机器，是不祥的。但到了20世纪70年代初期，人们的

想法发生了翻天覆地的转变。计算机变成了个人表达与自由解放的象征而被人追捧。而此时，计算机也开启了一个截然不同的世界。

蒂莫西·利里甚至宣称个人电脑已成为新的迷幻药。为什么那些对摇滚乐和毒品如痴如醉的叛逆反主流文化分子却能创建起自己的电脑产业？这颇具讽刺意味的变革的背后到底隐藏着什么秘密呢？乔布斯的朋友——音乐人波诺对此解释说，20世纪60~70年代的美国充满喧嚣与激进，这恰恰有助于人在想象的世界里自由驰骋。

美国有个叫斯图尔特·布兰德的人便是当时的风云人物。他后来成为EFF（电子前线基金会）荣誉董事，"全球商业网络"和麻省理工学院媒体实验室的顾问。1968年，斯图尔特·布兰德创办了一本叫《全球概览》的杂志，上面介绍了很多新奇的工具和伟大的想法，其中就包括当时最先进的电脑。布兰德等人将计算机的形象重新进行了定义：计算机是解放自我的武器，它能构筑让你震惊的虚拟社区，还能拓宽社会的新疆界。《全球概览》这本书在那时对乔布斯产生了很深的影响。

1975年1月，另一本杂志——《大众机械师》也对世界造成了巨大的影响。在该杂志最新一期的封面上，赫然刊登了这样一则消息：世界上第一台个人计算机阿尔泰问世了。

就像保罗·艾伦兴奋地拿着这本杂志跑到比尔·盖茨面前一样，沃兹尼亚克也兴冲冲地边翻杂志，边把上面的内容讲给乔布斯听。乔布斯惊奇地发现，这个东西和沃兹尼亚克始终研究的那个家伙很相似。也是在那一年，这些痴迷于计算机的人纷纷以不同的方式开始研究和探索这个新领域。

⊙ **点评：思维交叉的力量**

技术人员和嬉皮士，两种风马牛不相及的人群，在20世纪60年代末适时地交汇在一起。这奇妙的融合引发了科技大爆炸，促进了计算机革命。技术人员那严谨科学的态度、狂热专业的激情，和嬉皮士的玩世不恭、思想奔放，正是科技创新所需的基本精神。更难得的是，这两种难得的特质在乔布斯身上交汇了。于是，交融的思想给乔布斯带来了宝贵的财富。平时我们说交叉学科有较多的创新机会。在乔布斯这里，我们看到交叉思维产生的力量更是难以想象的。

⊙ **点评：思想交流的力量**

目前，社会上和网络上有着各种各样的社团和俱乐部。不同兴趣的人在其中可以碰撞思想，这是可喜的现象。尽管乔布斯早有创业的冲动，但他的产品理念还是来自从家酿计算机俱乐部看到的"阿尔泰"。对于宅男型的工程师，"破宅"而出十分重要。不为网络所束缚，加入到社会互动中，才能吸收到新的养分，产生新的灵感。

⊙ 点评：永恒学习的力量

尽管乔布斯对学校的条条框框不屑，但他从来没停止过学习。在里德学院"退学"后，还争取到特许继续蹭课；从印度回家后，每日早晨冥想，平时也不忘去斯坦福大学旁听一些课程。学习的方式可以有很多种，课堂的、社会的、系统的、零碎的、兴趣的、需求的，但最重要的是人要有学习的意识。

⊙ 点评：专业互动的力量

从参加"家酿计算机俱乐部"，到阅读杂志《全球概览》和《大众机械师》，乔布斯都从中得到了启示与灵感。我们说应该尽量让自己博学，但博学归根到底是要与专业结合，才能有效地输出。在与专业人群的互动中掌握行业动态，在博览专业期刊杂志过程中激发专业潜能，都可帮助你发现创新动机、明确发展方向。因此，博专结合的互动，具有引导我们走向正确方向的巨大力量。

俱乐部的能量

第一台计算机诞生的消息一经传出，立即在计算机发烧友中掀起了一股研究电子学的热潮。有个叫弗伦奇的计算机迷成立了一个"家酿计算机俱乐部"，这个最初只有30名成员的俱乐部迅速成长，很快就拥有了几百个"同道中人"。家酿计算机俱乐部在弗伦奇位于门洛帕克的车库里召开了第一次会议。没有家酿俱乐部，就没有硅谷引以为傲的车库文化和创业浪潮。

沃兹尼亚克也参加了第一次车库会议，会上演示了刚刚面世的阿尔泰计算机。这次聚会让沃兹尼亚克的灵感突如其来——阿尔泰不便于操作，我要造一个方便操作、有键盘、显示器的计算机。此后，沃兹尼亚克便开始废寝忘食地研究他的计算机。他自己既焊接零件，又手工编写程序。当时电脑的费用很高，如果输错了程序，就必须重新更换零部件，重新组装，沃兹尼亚克只能先在纸上写完，再录入电脑里。

比尔·盖茨也认为阿尔泰太不方便操作了，他决定给它编写一个BASIC程

序。一个叫保罗·艾伦的人说："我和你一起开发程序BASIC。"于是他成为微软的联合创始人。

1975年6月29日，星期天，个人电脑历史上最具里程碑意义的时刻到来了。沃兹尼亚克攒齐了芯片、一个显示器、一个电源和一个键盘。当沃兹尼亚克第一次在键盘上按下几个字符，令人吃惊的一幕发生了——他看到显示器上弹出了相应的字。乔布斯也惊奇不已，他问了几个问题，还帮沃兹尼亚克从英特尔那里弄了一些免费芯片。

在每一次家酿计算机俱乐部的聚会中，这些电子迷们会将自己的一些"小发明"与大家一同分享。沃兹尼亚克也是这样。当沃兹尼亚克在俱乐部上展示自己的计算机时，众人将这台计算机围得水泄不通，不禁连连称奇。

乔布斯不愿意看到沃兹尼亚克免费把自己的发明送给别人，他想说服沃兹尼亚克把电路板做好后再卖给别人。乔布斯敏锐地意识到沃兹尼亚克设计的计算机将会改变世界，他想说服沃兹尼亚克，与自己一起成立一家公司。

⊙ 点评：科研成果产业化

据国外媒体调查，科技成果产业化的成功率不超过5%。究其原因，一是研发人员大多是个性直率的工程师，他们将自己的成果视为亲生儿子，集万般宠爱于一身，不能容忍别人对它们评头论足，更难于接受销售人员对它们做出的修改意见；二是研发人员的理想主义情结忽视了供求关系，不能引导市场需求，也不能满足市场的需求，以至使科研成果胎死腹中。幸运的是，技术高手沃兹尼亚克与推销高手乔布斯的互补互信，使苹果一开始就站在了市场与科技的结合点——简单、低价、专业，从而使苹果的产业化成为可能。

⊙ 点评：赢利模式的创新

创业成功的关键在于赢利模式的创新。对于沃兹尼亚克等科技人员来说，科研成果能得到同行的肯定是最重要的。但乔布斯以敏锐的商业眼光使技术成为赚钱的工具。更巧的是，比尔·盖茨的想法也与乔布斯不谋而合。这种将计算机技术，特别是软件技术视为商品的概念，不但造就了乔布斯的苹果，还造就了盖茨的微软。

⊙ 点评：个人电脑之源

家酿计算机俱乐部——科技怪才与嬉皮士的集合地——本来是电子发烧友张

扬自己成果的地方，无意中却孵化了世界上最伟大两个IT公司，这恐怕是谁都预料不到的。所以，无论是营销人员还是科技人员，积极地与行业前沿的先锋交流和学习，不但能提高自我，甚至有机会推动行业的进步。

横空出世

乔布斯琢磨着给他们自己设计的计算机取什么名字。一天，他与沃兹尼亚克一起赶路的时候，一个名字在乔布斯的脑海中一闪而过，他兴奋地喊道："我终于想到了一个好名字，就叫它苹果计算机吧！"沃兹尼亚克不假思索地点了点头，他们把所设计的第一批产品叫"Apple Ⅰ"。

Apple Ⅰ是沃兹尼亚克一手设计的，与乔布斯无关。那个时候，计算机是个比较有争议的新兴事物。像IBM、惠普这样的知名企业普遍不看好计算机，他们对沃兹尼亚克的设计也是不屑一顾。但乔布斯却发现了其中的商机，他迫切地想拥有一家自己的公司。

他极力说服沃兹尼亚克辞职跟自己合伙开一家新的科技公司，沃兹尼亚克始终犹豫不决，乔布斯请来罗恩·韦恩一起来说服沃兹尼亚克。最终，在他们的软磨硬泡下，沃兹尼亚克同意了，并答应将自己的设计全部给苹果。乔布斯高兴坏了。他将公司10%的股份送给了韦恩，并规定当自己和沃兹尼亚克意见不一致时，由韦恩定夺。

为了筹集资金，乔布斯卖掉了自己心爱的"大众"牌汽车，还说服了美国著名风险投资家迈克·马库拉投资赞助。1976年4月1日，21岁的乔布斯、26岁的沃兹尼亚克、40岁的罗恩·韦恩做了一件具有历史意义的事：他们三人签署了一份长达10页的合同，决定成立苹果公司，组装和销售电脑。乔布斯和沃兹尼亚克各占45%的股份。

但是，仅仅过了11天，韦恩仅以2300美元就卖掉了他持有的10%的苹果股份。这10%的股份，在2010年底价值26亿美元。为什么韦恩要离开苹果呢？一是曾有的创业失败让他畏惧了，他用了两年的时间才收拾完那个乱摊子。二是由于没钱，乔布斯他们靠赊账购买各种零部件来组装电脑，用销售出去后的现金来还账。韦恩害怕承担赔钱的风险。

虽然电脑设计出来了，但如何推广呢？乔布斯想到了家酿计算机俱乐部。他们在俱乐部的一次活动中演示了Apple Ⅰ的原型机，并着重介绍键盘部分。乔布斯热情的介绍最终引起了一个名叫保罗的人的注意。他约乔布斯第二天到他的店

里面谈。第二天一早，乔布斯就兴冲冲地赶到了保罗的店里。经过一番愉快的交谈后，保罗同意订购50台电脑，货到付款，但必须一个月交货。

当乔布斯打电话将此事告诉沃兹尼亚克时，沃兹尼亚克完全被这个突如其来的好消息震住了："那一天那一刻我永远都不会忘记。"

但是，乔布斯没有足够的钱购买50台计算机所必须的组件，他必须四处寻找资金支持。银行不同意给他们放贷，几家大型的电子零件商也拒绝了他们用股权换零件的提议。最终，乔布斯向在家园中学一起搞恶作剧的朋友借了一部分钱，又说服克拉默电子公司预支价值两万美元的零件给他们，账期是一个月。

⊙ 点评：世界上最重要的三个苹果

由于乔布斯在创业时奉行果食主义和素食主义，他不顾母亲的反对以苹果餐充饥，同时也经常在农场帮忙培育和采摘苹果，所以将公司冠以"苹果电脑公司"的名字（后改为苹果公司）。尽管当时将苹果和电脑联在一起的方法显得有些无厘头，但正是这种反主流文化的风格，使其知名度一路飞涨。自夏娃偷吃的苹果和砸醒牛顿的苹果之后，史上最重要的第三个苹果源自乔布斯的食物与工作。

⊙ 点评：创业成功的基石——专注

很多知识分子，包括目前海归创业人员，在创业时都给自己留了很多后路。虽然准备周全无可非议，但创业人员如没有一心往前冲的勇气，在遇到困难和挫折时就往往会无意地退到后路上去了。乔布斯眼光长远，借惠普的短视和韦恩的三寸不烂之舌，不择手段地劝服沃兹尼亚克不留退路、全心投身于苹果公司。这种专注的精神是创业成功的必备条件。

⊙ 点评：命中注定

小时候，常听老人讲，"命里有时终归有，命里无时莫强求"，教导我们在勤奋工作的同时不要太贪婪；工作后，也听前辈说，"人生在世，吃多少用多少是天注定的"，无需对别人的大富大贵"羡慕嫉妒恨"。韦恩放弃了2010年价值26亿美元的股份，过着领取社会保险金，有空就到附近游乐园打打游戏机的洒脱生活；而富甲一方的乔布斯却英年早逝。如果真可以有如果，乔布斯又该如何选择呢？

⊙ 点评：苹果的又一个贵人

但凡成功者，在不同阶段的关键时刻都离不开贵人相助。尤其是创业公司的第一单生意。对于新型科技产品，在对消费者的需求不确定的时候给出第一张订单，也非一般人所能为。保罗，这个电脑连锁店的老板就是敢于吃第一个苹果的贵人。在创业中，寻找第一张订单往往决定了企业的成败和方向，但首先你要有"苹果"——创新的产品。

孵化奇迹的车库

30天，50台电脑，时间紧迫，任务繁重，乔布斯曾尝试让一家专业的电子公司来与他们一起组装电脑，但对方拒绝赊账合作。没办法，乔布斯他们只能自己来干。他们将所有懂计算机的朋友请到车库，大家开始夜以继日地忙碌起来。甚至乔布斯怀孕的妹妹帕蒂，以及他的养父保罗·乔布斯也都放下了手头的活儿参与进来。乔布斯和沃兹尼亚克白天要上班，只能晚上回来整夜加班。

一个月很快过去了，交货的时候，保罗对这些电脑不太满意。他跟乔布斯说，我订购的是完整的功能型的电脑，而看看你这些产品，它们既没有键盘，也没有电源，连个外壳都没有？即便如此，保罗还是收了货，并当场付了款。事后，他让人为这50台电脑配上机箱、显示器、键盘等。最终出现在商店里的电脑已经具备了现在台式机的主要部件。

当这些新奇的东西呈现在顾客面前时，人们十分好奇，在店员的详细讲解之下，这50台电脑一时间被抢购一空。Apple I的销售使乔布斯和沃兹尼亚克解决了温饱问题，随着这些电脑的热销，苹果公司广为人知。

由于乔布斯买了很便宜的零件，他们把货交给保罗后，又用多余的零件组装了50台电脑，试图将它们卖给硅谷里的其他新兴的电脑商店。本来沃兹尼亚克打算以成本价出售，但乔布斯却要将其定于高于成本价的三倍。事实证明，乔布斯是对了。这次又让乔布斯小赚一笔。

1976年，在新泽西州的大西洋城举行的第一届年度个人电脑节上出现了不少新型的计算机。李·费尔森施泰对Apple I的评价是"长相平庸"，加上他使用的高深商业术语，让沃兹尼亚克觉得自己好像已经落伍了。可是，这恰恰激发了他努力推出Apple I的替代品。

而乔布斯通过这次展会意识到必须提升苹果电脑的形象，他预示到计算机将

是一块很大的市场，竞争也会日益激烈。原来他们的电脑仅仅面向电脑爱好者，现在他们必须研制出完美的电脑以满足越来越多的计算机用户端的需求。因此，要想使他们的电脑在业内脱颖而出，就必须做出更多的改变。

苹果公司富有传奇色彩的冒险之旅即将拉开帷幕……

⊙ 点评：坚强后盾

对于创业公司来说，第一张订单的获得和完成是企业从理想变为现实的里程碑。在此之间，最大的问题往往是资金和人才。这时，亲朋好友是你无私的坚强后盾。即使伟大如同乔布斯，在完成第一张订单时也求助了至爱亲朋。哪怕在天使投资满天飞的今天，草创时期的困难依然需要创始人自己解决。所以，平时挖掘、留意周边的资源也是创业者的必修课。

⊙ 点评：商业头脑

企业要想生存，就要做好最基本的管理——人、财、物和产、供、销的管理。人、财、物解决生的问题，产、供、销解决存的问题。在乔布斯运作第一单生意的过程中，可以看到企业家的最基本的原始特质：想尽办法赚钱——争取更多订单（增加总收入），提高价格（提升利润率），买性价比更高的零件（降低采购成本）和获得零件账期（融资）。

⊙ 点评：商业机会

无论何时何地，满足消费者的需求都是企业发展的动力。但消费者的需求既有已知的日常需求，又有未知的潜在需求。前者是对于日常使用司空见惯的产品的需求，是对质和量以及性价比的需求，需要企业家去改善；后者则是全新的需求，需要企业家通过创新的手段去创造和引导。这种以满足潜在要求为方向的创新，用通俗的话总结，就是能让消费者更懒、更爽、更自豪的产品和服务。苹果公司所做的正是如此。

⊙ 点评：自信

作为企业的灵魂，始创者必须有无敌的信心。企业的发展从来都是波浪式的，面对各种各样的挑战和困难，不可能一帆风顺。在队员遇到困惑时，作为始创者不但自己要有信心，还要给伙伴树立信心。同时也要实实在在地面对现实，寻找自己的竞争优势，改善自己的不足，不断地满足消费者的需求。

⊙ **点评：概念的吸收消化**

　　由于人的知识储备、知识背景、兴奋点都不同，而且利益关注点也不同，在某一个时段对问题的认识也不一样。这是人们交往时的一种正常现象，但这不应该成为双方交流的一个障碍，反而是头脑风暴的一个机会。在某种情况下，这样的交流会产生如梦初醒的效果。就像乔布斯对个人电脑整体化的概念一样。在保罗提出整体化概念之后，乔布斯不也有一个消化吸收的过程吗？

第四章

生存，那些年苹果也曾"山寨"过

真正的机器

1976年那场个人电脑节让乔布斯明白了这样一个道理：希望电脑到手即可用的人是电子爱好者的1000倍。沃兹尼亚克开始针对大众消费者准备研发更高级的计算机。他们把在Apple I基础上改进的计算机称为Apple II。

沃兹尼亚克和乔布斯都对Apple II抱以很高的期望，沃兹尼亚克想让它有色彩、声音和清晰的图像。乔布斯认为需要一个造型精致美观、结实牢固的塑料箱子来装电脑，还应有一个不会让电脑过热的供电装置，等等。

最开始的徽标是韦恩设计的，大致的样子是：中间是牛顿坐在苹果树下读书的一个图案；上下有飘带缠绕，写着Apple Computer Co.字样（当时还没有上市，所以用Co.而不是现在的Inc.）；外框上使用了英国诗人威廉姆·沃尔兹沃斯的短诗："牛顿是一位永远独游在陌生的大海中的思想家。"

牛顿徽标使用的时间不长，当沃兹尼亚克专心研制Apple II时，乔布斯雇一个设计师来设计新商标，他希望新商标简单，易复制和传播。最后他们确定使用了彩虹色、具有一个缺口的苹果图像。后来，乔布斯找到《花花公子》杂志为Apple II做广告。

一天夜里，乔布斯和沃兹尼亚克偷偷地来到一家酒店的会议室内，准备演示Apple II。他们之所以这么隐秘，是因为新制造出来的电脑属于商业秘密，决不能让竞争对手知道。

⊙ 点评：眼光

俗语讲："瘦田无人耕，耕开有人争。"一块不毛之地，谁都看不上，一旦有人在此地上有了收获，就会引来无数的抢耕者。在日常生活中拔得头筹的往往也是那些无惧风险且独具慧眼的人。但大多数人也只能像雅达利的高层一样，失去送上门的金母鸡而欲哭无泪了。

⊙ **点评：鸡与鸡蛋**

沃兹尼亚克的技术天赋和乔布斯的商业天赋的完美的结合成就了苹果。但不同立场的人对事业会有不同的解读，就如先有鸡还是先有鸡蛋一样，一旦分析扩大就会造成严重后果。多少个始创团队在功成名就之后，为功名争个你死我活，结果两败俱伤。人们"共苦容易，同甘难"的本性，从侧面强调了尽早制定合理规则的重要性。

⊙ **点评：人才**

乔布斯的另一过人之处常常被人忽视，那便是对人才的渴求。从机箱设计、电源设计，到其后的广告设计，他都舍得用大价钱去请最好的人完成。很多时候，决策者们主观上在强调人才的重要，但行动中却选择了成本较低的方案。这一方面是眼光问题，另一方面也与决策者们对知识、技术，尤其是软技术的认知有很大关系。

⊙ **点评：真正的完美**

"追求完美意味着即便是别人看不到的地方，对其工艺也必须尽心尽力。"乔布斯父亲的一句话影响了乔布斯的一生。我们在很多公司也看到过"追求完美"的标语口号，但又有多少能坚持"即便是别人看不到的地方，对其工艺也必须尽心尽力"呢？实际上，能走得远、走得好的公司，就是能做得好的公司。记住，贵在坚持完美！

苹果之母

1976年，乔布斯希望生产整套的Apple II，但需要20万美元的资金。那时许多硅谷公司的老板都被头发胡子拉渣、穿着破烂的乔布斯骚扰着，或者电话或者被他堵在办公室里。乔布斯想将部分股权出售给大公司，但遭到了雅达利、康懋达等电脑公司的拒绝。直到他找到著名的风险投资家唐·瓦伦丁，事情才有了转机。瓦伦丁看到乔布斯衣衫不整的样子也很不喜欢，但作为硅谷的顶尖投资者，他敏锐地看到了苹果未来发展的潜质。瓦伦丁要乔布斯找一个真正的营销专家，然后才同意为他投资。乔布斯找到了营销专家迈克·马库拉。

马库拉当时34岁，在英特尔公司赚了大钱后便提前退休。马库拉同意加盟苹果公司，但他要求技术天才沃兹尼亚克必须在苹果公司进行全职工作。可是沃兹尼亚克不想放弃惠普的工作，他认为利用业余时间研制Apple II也许更适合自己。在乔布斯的死缠烂打下，沃兹尼亚克最终同意辞去惠普的工作一起创业。

1976年8月，马库拉个人给苹果公司投资9.1万美元，外加由他担保从银行得到的25万美元贷款。此外，马库拉还撰写了一份非常全面的苹果电脑研制生产计划。他们带着这份计划书到风险资本家那里游说，又吸引了60多万美元的投资。

1977年1月3日，新的股份公司——苹果电脑有限公司正式成立了，史蒂夫·乔布斯、史蒂夫·沃兹尼亚克以及马库拉各占30%的股权，工程师罗德·霍尔特占10%的股权。

⊙ 点评：命中注定

雅达利公司的老板诺兰·布什内尔欣赏乔布斯的激情和聪明，所以可以容忍他的邋遢与无礼。而那些缺乏机缘和眼光的人对自己身边出现的机会大多视而不见，以至错失良机。对于布什内尔而言，错失5万美元和拥有1/3苹果股份的机会，只能用欲哭无泪来形容了。

⊙ 点评：能者为师

乔布斯对自己的长短其实很清楚，也善于采纳别人的意见，作出最利于公司的决策。当别人提醒他公司需要一个真正的营销专家时，他就马上请了最好的人来合作。这说明乔布斯在处理认识三阶段时"已知——已知的未知——未知的未知"的高超技巧。他能够理性地将未知的未知转化为已知的未知后，用一切资源去把已知的未知解决为已知。而不像我们某些企业家那样，从心里排斥未知的未知，抗拒接收外来信息，结果不能与时俱进。

⊙ 点评：高手之高

人们对事物的认识基于自己的知识积累和所处环境。在某些特定阶段的某个领域，要有相关的高手协助，才能突破自身，实现发展。高手之高在于他们知道怎么才能让你增高，这是他们的价值所在。

⊙ 点评：有志者，事竟成

马库拉用自己的经验和眼光，为苹果画了一个冲进世界500强的蓝图，并一步步将其实现。想起10年前，三一重工的梁稳根也发出了冲击世界500强的口号，相信当

时苹果的员工和我们听到梁稳根的决心一样，觉得他们是痴人说梦。但"有志者，事竟成"不是梦话，而是无数事实验证的真理，也是创业者坚持梦想的精神支柱。

⊙ 点评：冒险者

与雅达利公司的老板诺兰·布什内尔不一样，马库拉是一个有眼光的企业家。他从众多的投资机会中，一眼识别出乔布斯和沃兹尼亚克，更识别出Apple II的前景；连乔布斯都怀疑"他可能再也见不到自己的钱了"，马库拉却依然给予公司巨额贷款。企业家的冒险精神当然使他获得丰厚回报了。

⊙ 点评：全心全力

我们时常看到一些新闻，说国外一些创业团队的成员，为了保险起见，脚踏两只船，既想在机会无限的国内分一杯羹，又不愿放弃国外优厚的工作。这种太多后路的创业模式是鲜有成功的。只有抱着专心专注、全心全力、置之死地而后生的决心，才有可能在创业的道路上披荆斩棘、勇往直前。否则，就经受不住任何困难，导致项目的夭折。马库拉非常明白这个道理，所以坚持让沃兹尼亚克全身投入到苹果之中。

⊙ 点评：营销哲学

苹果的初始营销哲学——"共鸣、专注、灌输"指导苹果走过了辉煌的16年，并用短短7年时间把一个名不见经传的新公司带入了世界500强。可见理念在企业发展中的重要作用。对大多数创业者而言，埋头苦干是他们的优势；而到一定的发展阶段之后，就需要虚实结合才能使事业快马加鞭。此时，经营理念、战略思想就越来越重要了。

苹果的吹鼓手

1977年4月，经过半年多的努力，乔布斯和沃兹尼亚克参加了在美国西海岸举行的计算机展览会。在共有13000人参加的展会上，三台刚组装完的Apple II吸引了所有人的眼球。这是一台有色彩、图像清晰、还能播放声音的电脑。把机箱打开时，人们发现其主板是由62块芯片组成的电路板和集成电路。人们还是第一次看到这么美观大方、专业的个人电脑。

此次参展，乔布斯也一改往日的邋遢相，而是穿戴整洁。他不断地向好奇的人们讲解Apple II。虽然Apple II的价格高达1298美元，但订单还是如雪片一样纷纷而至。Apple II一跃而起，占据了市场翘楚的地位。据统计，Apple II从1977年至1979年，每月的销售量飞速递增，从几百台到几千台再到一万台。到了1983年，Apple II成为计算机史上首个销量超过100万台的电脑。

⊙ 点评：大猎头

与其说乔布斯是个伟大的企业家、创业英雄，还不如说他首先是个大猎头专家。为了创业，他将沃兹尼亚克拉下水，还奖励10%的股权给帮他游说的韦恩；他吸引了营销专家马库拉出钱出力；在新公司刚成立时，他又将公关大师里吉斯·麦肯纳招至麾下，不但给世人制造了一个价值连城的缺口苹果，还留下了留芳科技界的名言：至繁归于至简。在科技日新月异的现代社会，打造一个性格互补、知识互补、技能互补的团队是"创业"能否成为"大业"的基本保证。

⊙ 点评：理念创新

自从在Apple II 的宣传册登场以来，"至繁归于至简"便成为了苹果公司的核心价值观。科技创新的动力，就是让人更方便、更自由，让机器更简单、更漂亮。设计制造方的工作可以很复杂，但对于消费者而言，更傻瓜就更受欢迎。所以，对于产品本身而言，简单化、标准化、规范化应该是做强做大的前提。

⊙ 点评："灌输"

产品横空出世，靠什么来吸引眼球，靠什么来让消费者知道这是好东西呢？即使在21世纪的今天，懂营销知识的人恐怕不少，但真正做得好的又有几个呢？40年前，苹果的营销哲学——"共鸣、专注、灌输"便从满足消费者入手，将自己产品最好的一面用最好的方法告诉消费者，从而实现整合营销。苹果在1977年4月首届西海岸电脑展览会上发布Apple II的案例，至今还值得我们借鉴。

⊙ 点评：个人形象

就算是20世纪70年代初嬉皮士盛行的时代，个人形象也是应该重视的。虽然乔布斯用自己的聪明和激情赢得了大家的尊重，但他不拘小节，不修边幅，不注重个人卫生和脾气等怪异的特点也带给他很多负面影响。不过当今社会，大部分人都懂得个人形象的重要性了。

约束乔布斯的缰绳

苹果公司已步入正轨,它已从乔布斯的车库搬进了库比蒂诺史蒂文斯溪大道上租来的办公室。

但乔布斯依旧喜形于色,而且越来越蛮不讲理,说话越来越尖酸刻薄。他还像原来那样不修边幅,这些都让同事们很难接受。开会时乔布斯把穿着凉鞋的臭脚搁在桌子上,大家都敢怒不敢言。这时,马库拉已是苹果公司的董事长,他任命管理经验丰富的美国国家半导体公司行政主管迈克·斯科特来担任总裁。乔布斯一开始感到自己失去了控制权,对这个决定很抵触,但最后还是无奈地接受了。

管理乔布斯是迈克·斯科特一项主要的职责之一。他通常在散步的时候提醒乔布斯该洗澡了,但喜欢控制别人而不喜欢被别人控制的乔布斯对之置若罔闻。结果他的个人卫生依旧是个问题。

在为员工发放带有身份徽章的编号时,斯科特把1号分给了沃兹尼亚克,这可能是因为几乎所有的人都把Apple II的成功归于沃兹尼亚克的设计天赋,他们称沃兹尼亚克为Apple II之父。斯科特把2号分给了乔布斯。乔布斯因此勃然大怒,甚至抱头痛哭。但斯科特丝毫不为其所动。

斯科特突然想到,电脑世界是由"0"和"1"组成的,"0"也至关重要,他建议乔布斯为"0"号,乔布斯同意了。但在苹果公司的花名册上,乔布斯仍是"2"号,因为当时美国银行的存折处理软件不允许使用编号0。

乔布斯觉得斯科特"轻视"自己,因而处处与之针锋相对,他们二人的争吵从进入苹果第一天就没有停止过。甚至在一些琐事上,二人也互不相让。

⊙ **点评:从乔布斯被管说起**

用我们的观点,始创者,尤其是主创人,无疑是企业的国王与法律。但苹果竟然可以请一个总裁来管始创者,这反映了我们几千年的封建意识是多么地根深蒂固。拿到第一张订单时,乔布斯也是发动亲朋好友来完成,他们之中后来也有成为苹果公司全职员工的,但苹果没成为家族企业,而是在发展过程中网罗到各种最杰出的人才,才最终成为一个伟大的公司。这值得我们借鉴。

⊙ **点评:民主的威力**

马库拉以专业的管理理念评价乔布斯,针对他的弱点请经验丰富的斯科特来管理和约束他，使乔布斯过度的完美主义得到现实主义的调整，也使得公司可以高效地运转。民主精神使双方的妥协成为可能，保证了高效管理和公司成长。民主能通过妥协使决策过程科学化，使决策结果最优化。事实人人所知，只是当自己成为决策者时还能做到多少呢？

⊙ 点评：个人修养

乔布斯的激情和聪明使他在创业初期受到敬重，并得到同事的容忍。但容忍是有限度的。对于初相识者，个人修养是社交门槛。斯科特深谙此理，所以才试图将乔布斯改造成适应主流的"正常人"。我们知道，修养是一个人立足社会和待人处世的一种态度，是知识、能力、个性经过大脑思维处理后的最终外在体现，也是一个人的内在表现。它直观地影响着人被外界接纳的程度，也反映出一个人的涵养和水平。

"正心、修身、齐家、治国、平天下。"修身养性是古代圣贤安身立命之根本。它是古人对自己人生指定的方向和要求，也是一种宏大的美好愿望和追求。只有修养好自身品性，才能治理好家庭；家庭治理好了，才能治理好国家；国家治理好了，天下才会太平。修身的过程就是让学到的文化、知识发挥作用，使自己个性上的缺点、影响自己处世的弱点逐渐被文化修改或吞噬，从而使自己的内心变得强大、睿智、超然、淡定、从容。否则，即使强如乔布斯者，也是要付出代价的。

⊙ 点评：前进的动力

虽然沃兹尼亚克的Apple II使苹果公司初战告捷，但乔布斯的个性注定他不可能满足于此。况且经济实力的增加更给予他实现自我价值的条件。梦想是前进的动力，在解决了温饱问题之后，对梦想和自我实现的追求，将激励乔布斯不断前进。

停不了的快马

Apple II的横空出世让苹果公司成为了市场上无可匹敌的计算机公司。但乔布斯没有被成功冲昏头脑，他清楚Apple II不可能长盛不衰，还会有更先进的计算机取而代之，因此要未雨绸缪，抓紧时间开发升级换代产品。到1979年的秋天，继Apple II之后，苹果又重点研究并推出了这三种机型：Apple III、Lisa和Annie。

乔布斯把希望寄托在内存更大、屏幕更宽的Apple III身上。Apple III放弃

了Apple II成熟的体系结构，具有Apple II难以企及的强大功能，是革命性的创新。1980年5月19日它在加州阿纳海姆举办的全国计算机大会上面世，使用6502A处理器，最大128KB内存。

遗憾的是，Apple III是一款失败之作，在设计的过程中，工程师为其增加了许多部件，而乔布斯又一意孤行，不肯更改计算机外壳的尺寸。而且，乔布斯坚持在Apple III中不使用风扇散热，造成机箱内部温度很高。温度一高，电脑内部的电子元件就容易损坏，从而导致电脑出现严重的故障。即便苹果公司为其宣传造势花费不菲，但因制造水平跟不上设计理念，故障频发等问题，这款电脑一上市就销量惨淡，为苹果公司带来了6000万美元的损失。1985年，Apple III黯然下台。

乔布斯有些茫然不知所措，他急着想让自己的产品脱颖而出。而他以女儿Lisa命名的使用16位微处理器的高端机的一系列产品，也没有带给他一个满意的结果。Lisa电脑于1983年面市，当时苹果忽略了消费者的购买力，将其价格定位让人瞠目结舌的一万美元。昂贵的价格让许多潜在的客户望而却步。1989年，苹果将数千台没有售出的Lisa电脑扔进了犹他州的垃圾堆里。

Annie的开发者是杰夫·拉斯金，他致力于做一台拥有图形界面的大众廉价电脑。Annie走的是平民路线，乔布斯想让其与家电一样廉价和实用，但结果却不尽如人意。

⊙ 点评：内疚

乔布斯虽然口头上不承认女儿的身份，但内心是有歉意的。所以，他以女儿的名字命名了新一代产品，尽管赋予它其他含义。乔布斯不承认女儿的事件本身，除了他本人的冷酷个性外，更是因为作为科技型生意人，乔布斯对金钱很敏感。他认为布伦南不适合做妻子，不想引起可能的经济纠纷。而我们中的很多人奉子成婚，这反而会为生活埋下后患。除了批评乔布斯的冷酷，我们也不得不服他的"前瞻"性。

⊙ 点评：对创新的执著

创新是乔布斯的生活方式。尤其是建立了苹果之后，事业的成功让乔布斯如鱼得水。他不断招募各路精英，不断探究创新之路。乔布斯对科技的激情和坚韧不拔的个性，推动着苹果的不断进步。乔布斯的创新道路，证明了领导者的激情和他对志同道合者的号召力是科技创新的必要条件。

⊙ 点评：方向

杰夫·拉斯金的希望与乔布斯为苹果选择的发展方向非常一致：致力于做一台拥有图形界面的大众廉价电脑。事实上，这奠定了苹果走向辉煌的基础。要想成功首先应做好定位，找准目标，选好方向。当然，一切从实际出发是根本。其次，要做好面对困难的准备。最后，还要与时俱进，适时调整才能达到成功的彼岸。总之，只要方向没错，就要相信通过努力一定可以到达目标。

苹果的山寨对象

1970年，施乐公司在硅谷成立了一家叫做PARC的研究中心。1979年秋天，施乐公司的帕洛奥图研究中心（PARC）引起了苹果公司的关注。这个中心对外高度保密。那时电脑显示屏都是一些命令行和提示符，既不方便，也不美观。而施乐PARC正在研发一种用户图形界面。杰夫·拉斯金认为，这些特性是电脑产业的未来。于是，他催促着乔布斯和苹果的其他同事去PARC考察一番。

乔布斯听说后很心动，他找到施乐公司，承诺他们，如果施乐将全部技术成果演示给苹果看，他们就可以在苹果公司投资100万美元。这个条件相当诱人，因为苹果发展势头良好，即将上市。一旦上市，施乐公司必将收获不菲。（1年后苹果上市，施乐用100万美元买的股票瞬间飙升至1760万美元，但苹果公司获益更多。）施乐公司答应了他们的要求。

乔布斯到此满载而归。当施乐公司展示全部成果时，乔布斯等人都惊呆了，尤其是看到了图形界面技术时，乔布斯恨不得钻进屏幕里看个究竟。乔布斯兴奋地想，一定要把施乐PARC的技术用到苹果电脑中去，因为他通过这场演示瞬间明确了自己的创新方向。

很明显，施乐没有认识到这些技术的价值所在，他们本来有机会把规模扩大10倍，独占整个行业，不过现在都已经过去了，不重要了。后来，乔布斯从施乐挖走了15个专家，两年之内就开发出了运用同样技术的Lisa和麦金塔电脑。

⊙ 点评：天外有天

在乔布斯的创新道路陷入迷雾之中时，杰夫·拉斯金给乔布斯提供了重要线索——施乐公司的帕洛奥图研究中心（PARC）。出于对技术的敏感，乔布斯花"大价钱"买来了考察机会。

乔布斯深明"天外有天"的道理。人的眼界受客观条件的限制，不可能凡事都看得长远，所以必须不断扩大自己的认识领域。外部资源与内部资源的有机结合可以产生力量无比的化学作用。因此，走出去有时比请进来更重要，这需要企业家对认知三步曲有清楚的认识：已知的事物——已知的未知——未知的未知。能敞开胸怀，才能容纳百川。

⊙ 点评：保密

在充满竞争的商业世界，间谍和反间谍的战争无时不在，公司的信息管理已成为很多企业的重点工作。通常情况下，对外部门的员工相对保密意识要强些，但重要的核心部门——研发机构通常是信息管理的难点和弱点。因为工程师们一般少有机会宣扬自己，在有机会展示自己的工作成果时就非常兴奋，容易把保密一事丢于脑后。对保密工作，企业家要防患于未然。

⊙ 点评：盲点

其实，施乐除了有惊人的图形界面和位图显示概念外，也包括电脑之间如何实现联网，以及面向对象编程是如何工作的。但乔布斯和他的团队只关注了前者，也许那是他们那时候想要的东西。从另一方面来看，这也说明网络应用是乔布斯当时的盲点。企业能走多高，能走多远，往往取决于领导人站得有多高，看得有多远。企业家不断地参加各种形式的学习，就是开拓视野的最好方法。

乔布斯的"山寨哲学"

在IT行业，苹果一直饱受非议。因为它从来没有发明过一种东西，但是很多革命性的产品，如图形用户界面、鼠标等，却是它最早推向市场的。面对诸多的质疑，乔布斯有句名言是这样说的："好的艺术家模仿，伟大的艺术家偷窃。"图形界面和位图显示最早是由施乐公司帕洛奥图研究中心提出来的，苹果公司在参观完施乐公司的演示后，一干人激动不已。不过，乔布斯看出了施乐的产品还存在很多不足。比如三键鼠标，其成本居然高达300美元，不但移动时平滑度不够，而且用不了两个礼拜就坏了。乔布斯找到一家工业设计公司的始创人迪安·霍维，让他帮助设计一种简单的、只有一个按键的、造价只要15美元的鼠标，且可以在塑料面板上正常使用。经过上百个鼠标原型设计后，最终苹果采用了一键模式的鼠标代替了当时施乐公司的三键设计。

乔布斯在窗口、文件以及屏幕顶端的标题栏上也大伤脑筋。苹果Mac机创始小组成员比尔·阿特金森实现了重叠窗口，这一功能让窗口互相重叠，这样用户就不用最小化一个窗口之后才能查看另外一个重叠的窗口。

乔布斯一心想把从施乐公司那里"盗"来的技术进行包装整合，因此不断给团队施压，甚或对他们大嚷大叫和羞辱。约翰·库奇和丽萨团队中的有些工程师因此抱怨连连。像库奇这样来自惠普的人有着传统的思想，他们的目标是企业市场，而乔布斯则想要制造出适合大多数人的电脑。

借着公司改组的机会，斯科特和马库拉秘密策划了公司的重组。斯科特宣布乔布斯被任命为董事会的非执行主席，依然代表公司的形象，这意味着乔布斯失去了手中的实权。

⊙ 点评：创造性模仿

在乔布斯面临难以突破的困境时，继雅达利、惠普之后的第三家"伟大"的公司出现了——施乐。它以100万美元投资的代价，将其研究成果全部展示在乔布斯和其团队眼前，为苹果打开一扇通往伟大的门。乔布斯不愧是擅于把技术和商业整合起来的高手，他在施乐技术的基础上创造出了性价比更高的电脑。所以，创新并不神秘，就是创造性的模仿。

⊙ 点评：心动不如行动

施乐有强有力的研发团队，也有雄厚的经济实力，但缺乏使科研成果商业化的能力。首先，大公司的官僚机构的决策流程复杂，对新事物的推进阻碍重重；其次，决策者的兴奋点未必与众多的开发者同步；再次，就算是个人，很多时候都是思想多于行动，何况是一个大机构呢？对中小企业而言，在大企业统治的领域中发挥自己"快、准、狠"的优势，在窄逢中生存，在创新中立足，在竞争中壮大，就有机会成为黑马，脱颖而出。

⊙ 点评：技术与商业

在日常研发工作中，设计师、工程师都能提出很多创意。但作为管理者，时刻都要记住：科技人员大多是理想主义者。他们可能会沉浸在自己的成果之中，对客户需求、可制造性、成本等关注不够，我们不一定有乔布斯的敏锐，但我们有制造部门、工程部门、营销部门的专家，组织跨部门的头脑风暴是帮助技术和市场结合的有效方法。

⊙ 点评：借力

实际工作中，每一个领导在不同的阶段有不同的兴趣。对于下属来说，这无疑是喜忧参半的。喜的是工作对上领导的胃口时，资源源源不断，所向披靡；但领导在繁忙的工作中，往往只能关注具体工作的某一部分，甚至某一点或某一个人，而令整体工作受到干扰。所以，无论是领导或是下属，都应该在争取资源或借领导之力的同时，兼顾团队的整体进程，争取做到协调发展，和谐进步。

⊙ 点评：一切皆有可能

自信是我们前进的基础。但我们很多时候会看到或听到一些令人沮丧的现象，如一些人在面对新事物时，第一反应就是不可能、不可以。这一是出于不自信，二是出于过度的责任心，三出于"多一事不如少一事"的心理。但无论出于何种原因，这是一种组织中的负能量。对于不愿尝试新事物的人，组织要通过培训教育提高团队的斗志。实在不行，还可以"不换脑袋就换人"。事实上，在我们的工作中几乎没什么是不可能的，只要坚持正确的方向，利用好各种资源，答案总比问题多。

⊙ 点评：被弃

斯科特和马库拉都为成熟的大公司服务过。他们希望苹果公司能在有秩序的轨道上运行，可乔布斯还没习惯规范的管理。他过多地跨级管理给公司的团队带来了分裂的危险，所以被撤销了实权。在此时，乔布斯再次感受到了被抛弃的痛苦。

任何人对公司的作用都有阶段性，虽然在中国企业的惯例中，作为大股东的始创人是企业的灵魂，是企业文化的核心，基本不会轻易放弃控制权。于是对于经理人而言，在合适的地方和合适时间发挥积极的作用便成了关键。

另一方面，作为主要始创人的乔布斯失去了控制权，虽然痛苦，却保住了团队。这也体现了西方民主在企业中发挥的作用。

第五章

成长，不走寻常路

飞跃的翅膀——Mac

杰夫·拉斯金是苹果公司Mac电脑概念的发明人和三位设计师之一,为"点击"和"拖拽"两个鼠标功能的问世做出了突出性的贡献。他于1978年进入苹果公司,成为了公司第31号员工。他创造了点击和拖拉的鼠标选项,首次提出"简单图形界面和简洁设计的廉价电脑"这种改变世界的概念,是Macintosh(麦金塔)的真正缔造者。1981年,乔布斯夺走了Mac项目,让拉斯金管理软件的开发和发行。拉斯金不得不离开了Mac项目组。第二年乔布斯又剥夺了他管理软件设计的权力,只让他负责发行。忍无可忍的拉斯金愤然离开了公司。

回忆起那段往事时,拉斯金说:"乔布斯凡事都想参与,我们都不喜欢他。"遭到丽萨团队的排挤和驱逐后,乔布斯加入Mac团队,他负责硬件事务,拉斯金负责软件。但没多久,拉斯金就向总裁斯科特告密,说乔布斯这人武断专横、缺乏诚信和责任感、不考虑别人的感受等。

拉斯金虽然只在苹果工作了4年,但他的那些开创性的技术革新,以及他的开发思想和设计理念一直被苹果产品延续至今,Mac在1984年面世时引起了巨大轰动,并一举改变了PC产业的历史。

离开苹果公司之后,杰夫·拉斯金创立了"information appliance"公司,依旧致力于软件开发。在他的技术支持下,佳能公司推出一款当时最"迷你"的手掌电脑——CanonCat。让人感到遗憾的是,功能单一而简陋的CanonCat最终也未能引领市场,成为主流。

◉ **点评:99度**

杰夫·拉斯金无疑是个优秀的科学家,首次提出"简单图形界面和简洁设计的廉价电脑"这种改变世界的概念。但中国有老话:"秀才造反,十年不成。"大多数知识分子都存在的缺乏激情和执行力的缺陷在他身上尤为明显,他的梦想总是像在99度的热水里一样,无法沸腾。而具有高度科技鉴赏力和推动力的乔布斯总能在关键时刻毫不留情地出手。从结果导向来说,确实不得不服乔布斯的"冷酷"。

⊙ **点评：性价比**

除了性格原因，拉斯金的失败更应归咎于缺乏市场洞察力和引导市场的信心。我们在产品的开发过程中常出现这类定位问题。是开发低廉的产品去占领市场，还是开发高端产品去打造品牌，确实是难以决策的问题。但有一基本原则可以供我们参考：尽最大的能力开发最优秀的产品，然后再根据不同的定位进行细分和优化，做具有最高性价比的产品。

⊙ **点评：绝不能与老板作对**

除工作方法缺失外，拉斯金在人事关系的处理上也欠技巧。虽然乔布斯"令人讨厌"，但毕竟他是大股东。由于机制的问题他可以失去管理权，但作为始创大股东，他的个人影响力无时不在。拉斯金并非是"少了他地球就不转"的人物，跟老板直接对抗的结果只有一个：滚蛋！这是常识，哪怕是在"民主"社会，每一个人都是从有利于自己的立场去决策的，其他的都是浮云。

不择手段选人才

拉斯金离开苹果公司后，乔布斯说服安迪·赫茨菲尔德接管Mac项目，负责核心操作系统与用户界面工具箱的设计，以及许多原始的桌面附件程序。

同时，乔布斯还为Mac项目招兵买马。他选人的标准就是必须对产品充满激情。他把Mac样机蒙上一块白布，然后将应试者带来，当他揭开白布时，如果应试者发出"哇"的惊叹声，对方就有可能被录用。

乔布斯还挖走了施乐公司的一名程序员。他叫布鲁斯·霍恩，从十几岁开始，他就在施乐PARC打工。这天，乔布斯叫他到苹果公司，把麦金塔电脑小组的每个人，安迪、罗德·霍尔特、罗杰·默克罗一一介绍给布鲁斯。乔布斯还向布鲁斯进行了整整两天的演示，内容包括各种不同设计的绘图和市场销售计划等。乔布斯以其强大的人格魅力，最终将布鲁斯征服了，向他展示了造出影响世界的设备的激情，让他留在了苹果。

还有件事需要说一下。1980年7月，沃兹尼亚克开始与苹果公司的员工克拉克谈恋爱，并于当年圣诞节正式订婚。沃兹尼亚克在研发Apple Ⅱ上有些放松。在公司高层的施压下，他决定暂时离开公司。1981年2月7日下午，沃兹尼亚克在带着克拉克试飞自己新买的飞机时，不幸发生了事故，导致他面部严重受伤，掉了一颗牙，还患有中度脑震荡，造成他暂时丢失记忆。他记不起事故发生的始末，也忘了自己曾经去过哪些地方，甚至不会玩游戏了。经过休养后，沃兹尼亚克在第二年在苹果待上了很短的一段时间，之后，他再也没有回到苹果。

到1981年初，Mac团队增至20多人，已发展成一个成熟的独立的部门。乔布斯把办公室迁到了一个名叫"德士古塔"的二层建筑的二楼。丹尼尔·科特基尽管还因股票期权的事沮丧，但也被招来给样机连接电路。

1981年，苹果公司过度扩张，已出现员工结构臃肿的现象。同年2月份，天空下着绵绵细雨，斯科特召开全体员工大会，突然宣布要解雇一些人。没有任何先兆，员工们原以为苹果的工作就是一个铁饭碗，现在却遭到了解雇。有的人心凉了，有的人惶恐不安，有的人不断地抱怨咒骂。一时间，公司内部比较混乱。

斯科特无情地解雇了一批员工，同时，也失去了大多数员工的支持。在公布解雇消息之前，斯科特曾跟乔布斯和马库拉商量过此事，也得到了他们的同意。但事发后，他们却竭力撇清自己，让人觉得这完全是斯科特一个人的主意。这让斯科特难以接受。加之他身患疾病，所以，大多数人建议他辞职，由马库拉临时接替他任苹果公司总裁一职。

这对乔布斯来讲是好事。在他看来，斯科特是研发Mac项目的一个潜在的障碍，但马库拉则不会干预乔布斯的工作。因此，他可以不受约束地进行Mac项目了。

⊙ 点评：人才饥渴症

乔布斯发现人才后，第一反应就是要把他招至麾下，其他公司的人就挖他来公司，其他部门的人就挖他来本部门。大部分人都是被他对事业的激情所感动，或者被他强大的个人魅力所吸引。这也是乔布斯成功的重要因素之一。自己有强烈的抱负，吸引各路专才，组织团队去执行自己的策略，这才是企业家最重要的工作。

⊙ 点评：人才的阶段性作用

从拉斯金到斯科特的结局，都说明一个事实，就是人才的作用是有阶段性的。正确清醒地认识这个问题，对于企业家和经理人的愉快合作至关重要：一是可解决企业家对经理人的忠诚度问题，只要在合同范围内尽职尽责创造性地完成任务，他就是忠诚的；二是可以解决经理人对企业家所谓"过河拆桥"的误解，只要企业家在合同范围内提供良好的工作条件和待遇，他就是有信用的企业家。就算是乔布斯没给丹尼尔·科特基股票期权，他也没违反商业伦理，只是丹尼

尔·科特基"太天真了"。因此,双方"先小人,后君子",把责、权、利以合同形式规范起来是规避各种误会的基础。

我行我素

我们在前文说乔布斯有强大的"现实扭曲力场",指的是一种能让任何人做任何事的能力。具体而言,就是乔布斯的谈判与说服能力很强。它也是乔布斯个人魅力的集中体现。虽然乔布斯脾气暴躁,难以相处,却依然能团结一群最优秀的人为他卖命。他不懂编程,却能激励下属完成诸多不可思议的任务!因为很多人无法抗拒乔布斯的磁场,会不由自主地跟随他的脚步。乔布斯的"现实扭曲力场"不仅带给苹果公司颠覆性的变革,还有无尽的想象空间。他相信凡事都是可以改变,可以按照自己的规划来的。他靠这种神秘的气场,改变着周遭人的想法和行为,让一切非同凡"想"。

这样的事情在苹果公司时有发生。一次,乔布斯跟麦金塔操作系统的工程师拉里·凯尼恩抱怨说麦金塔的开机启动时间太长。凯尼恩耐心地解释为什么无法缩短启动时间。但是乔布斯执意要求他将其缩短一些。在乔布斯的说服下,凯尼恩意识到缩短启动时间的好处,之后便倾注全部精力去研究。几个礼拜后,他成功地将其缩短了28秒。

乔布斯常说:"只有那些疯狂到相信自己可以改变世界的人,才能改变世界。"尽管乔布斯的"现实扭曲力场"会令人抓狂,但会让人不断创新,不断取得非凡的成就。

在乔布斯的世界中,不论人和事非黑即白。他看不到黑白之间的灰色过渡地带,因此容易过于简单地进行判断。奇怪的是,这种绝对主义也能起到很好的效用:它伤害了下属的自尊,也激励他们奋发向上。

除此之外,乔布斯还能准确把握住人。他仿佛能看透人的内心,并利用劝诱、奉承、斥责等方式激起人的好胜心,使之变得更强大。

苹果公司有一个值得关注的奖项,颁给那些最能勇敢面对乔布斯的人,乔布斯很喜欢这个奖项。从1981年起,Mac团队成员每年都颁一个奖给"最勇敢面对乔布斯"的人。有个名叫乔安娜·霍夫曼的女员工,发现乔布斯不顾事实地改变了她的市场规划,她怒气冲冲地走到乔布斯的办公室,声称要"拿把刀插进他的心脏"。最终乔布斯做出了妥协,霍夫曼因此获得了苹果员工集体颁发的"最能勇敢面对乔布斯奖"。1983年黛比·科尔曼赢得了这个奖,后来其还成为了制造部门的负责人。

　　这件事让很多人明白一个道理：如果你很自信，而且你的观点是正确的，那么你可以反驳乔布斯。如果乔布斯经过认真思考后，认为你清楚自己在做什么，他就会很尊重你。黛比·科尔曼回忆说："虽然经常饱受乔布斯的折磨，但能够与他并肩奋斗，也是一件幸事。"

⊙ 点评：人有多大胆，地有多大产

　　初见"现实扭曲力场"这个词，原以为它有多神秘，看完故事后才恍然大悟：这不就是我们以前说的"人有多大胆，地有多大产"嘛！企业家之所以能带领企业发展，最根本的特质就是无上限的自信、无上限的意志和无上限的追求。因他们能为常人所不能，所以才能成就很多匪夷所思的事情。

⊙ 点评：解读老板

　　日常工作中，和领导甚至老板讨论问题时，他们会慢慢地把你的观点"窃"为己有。我们可能会不服气，明明是我的贡献，你一下就抢功了，有些气盛的人甚至会投诉。其实，如被上级抢功了，特别是被老板抢功了，那么恭喜你了，至少他们在潜意识上会将你视为有才之人，红利在日后自会显现吧。作为员工，我们不可祈求领导向你认输，因为他们比我们更需要自尊和面子。所以在领导面前能屈能伸，正确解读老板是我们综合能力的一个重要部分。

⊙ 点评：蛮不讲理

　　乔布斯的蛮不讲理、尖端刻薄伤害了很多下属的自尊，但他们依然将"同乔布斯一起工作"视为荣耀。实际上，这也是他们比较得失后的选择：工程师们在工作中取得的成就感，远大于他们所承受的伤害。真正优秀的人才，会识别怎样的领导能带领他们创造奇迹，也有足够强大的心理来承受这种压力。所以蛮不讲理的关键是领导本身有足够的魅力，下属有足够的欣赏能力，否则就会像脚踢沙堆一样，无从着力。

⊙ 点评：极端的老板和稳压的经理人

　　老板大多有无穷的想象力、跳跃的思维和极端的理想主义。他们在公司的地位至高无上，所以说话少有顾忌，无论技术还是思想，都上可达天，下可入地。更重要的是，他们说话的过程是思维的过程，而不是决策的过渡。作为下属，特

别是经理人，要具备稳压器的削峰补谷能力，才能创造性地实现老板的意图，并借老板的力量来实现自己的理想。

⊙ 点评：自知之明

人们通常会高估自己，低估别人，所以"人贵有自知之明"。人们作评估时离不开自己的知识、经验、信息和立场。而感情因素会使自己的知识、经验、信息和立场失真，使其判断失去可靠性。当我们面对自己的上司时，一定要有一个基本定位——"他比我能干"。这样你才有可能得到一个和谐的环境工作，获得能力的提高。否则，以"怀才不遇"的心态，就永远都会"怀才不遇"了。

⊙ 点评：挖掘潜力

识别人才和挖掘潜力是领导力的具体表现。每个人内心都有惰性，就算是自称追求完美的人也是如此。尤其在遇到困难时，人人都会有退缩的本能。杰出的领导力就是要帮快马"加鞭"，鼓励员工克服惰性，激励团队勇往直前。

⊙ 点评：知识交汇

无数的事实证明，学科交叉能产生无穷的想象力。以乔布斯为例，他在里德学院学习的书法帮助他形成了艺术素养，才造出了美轮美奂的苹果产品。自觉学习和吸收各行各业的知识，拓宽自己的修养广度，对工作、生活和社交都会有一定的帮助。

简约

比尔·盖茨曾经说过："乔布斯在设计上有一种天赋，他能让所有的事情符合一种特定的美学标准。其实他几乎没有工程背景，但他的设计方向总是正确的。正是这种才华，使他不断地创造出奇妙的产品。"乔布斯的美学可用两个字概括——简洁。

乔布斯认为万事万物越是简单就越是让人喜欢，让人能够接受。乔布斯崇尚极简主义，他看不上任何家具设计时，家里宁可不放家具，就只有一幅他非常崇拜的爱因斯坦的像、一盏蒂芬尼台灯、一张床和一把椅子。

1981年6月，乔布斯参加了在阿斯彭举办的一年一度的国际设计大会，乔布斯接触到了包豪斯运动干净、实用的设计理念，并对其极为推崇。1983年的阿斯旺设计大会上,乔布斯在演讲中公开表示他对包豪斯风格的喜爱。他反复强调苹果公司的产品会是干净而简洁的。"至繁归于至简"便是苹果产品的设计理念,也是它能风靡的原因之一。

"大道至简",让用户直接感到简单易用……乔布斯这么说,也是这么做的。不管是风靡全球的iPod、iPhone,还是iPad,都告诉世人:播放音乐的"小东西"可以像艺术品一样精致、美观;电脑亦可以没有鼠标和键盘;手机外观可以很个性化。乔布斯讨厌复杂的操作程序,希望自己的产品只要一个按钮就可以运行。

⊙ **点评:包豪斯**

德国包豪斯学校的第三任校长米斯·凡德罗是极简主义的创始人。这种风格提倡"Less is more",要求产品在满足功能的基础上做到最大程度的简洁。简约风格的品位体现在设计上对细节的把握,每一个细小的局部和装饰都要经过深思熟虑。在施工上更要求精工细作,以简洁的表现形式来满足人们对空间环境的感性、本能和理性的需求。乔布斯创造性地将简洁明快的简约主义用在电脑设计上,开创了一个工业设计的新纪元。

⊙ **点评:科技与艺术**

乔布斯作为一个科技巨人,不但在技术上走在行业的前沿,而且还超前一步,从艺术大师和工业设计大师中吸取养分,用艺术的审美去引领潮流。这对我们是一个很好的启示。虽然在21世纪的今天,工业设计的理念已成共识,但作为企业,特别是中小企的老板,如何尽可能地融汇各种资源为我所用,恐怕是一个值得深思的课题。

精益求精

乔布斯特别重视电脑的外观。他曾研究过很多家用小电器,比如"厨艺牌"厨具。从中他感悟到,电脑的外观不应是一个长方形盒子,应更高更薄,占用的空间更小。为此,他还在1981年跟公司的创意总监詹姆斯·费里斯激烈地争论过。乔布斯要把麦金塔电脑的外形做成像保时捷那样,他认为"伟大的艺术品不必追随潮流,它们自身就可以引领潮流"。设计师提出了几种方案,但都难以令乔布斯满意。最终乔布斯批准了Mac的机箱设计——设计出像一张人脸的电脑。

乔布斯认为矩形圆角最能体现友好，所以圆角矩形也成为了Mac电脑上的基本要素。不信你看看苹果产品的外形都是矩形圆角的，屏幕上的图标也都是矩形圆角的。实际上，正是在乔布斯的强烈要求下，苹果工程师比尔·阿特金斯在苹果电脑上第一次画出了矩形圆角。此后，丽萨和麦金塔以及后来几乎所有的苹果电脑中，对话框和窗口都带上了圆角。

乔布斯还坚持让麦金塔电脑采用位图显示，它能支持无数种漂亮的字体。这些字体结合激光打印技术和强大的图形功能，深受顾客喜欢，为苹果公司带来了不少利润。

乔布斯甚至让设计师重新设计电路板的绕线，使电路板更漂亮、吸引人。有人表示不解："电路板只要清晰、容易维护就行了，为什么要吸引人呢？谁会去看机箱里的电路板呢？"乔布斯说："我会。"乔布斯曾这样评价操作系统Mac OS X："我们把屏幕上的按钮做得漂亮到让人忍不住想要舔一舔。"仅仅为了完善操作系统里的滚动条，设计团队就用了6个月的时间，修改了一个又一个版本。哪怕是一个小箭头，针对它的尺寸、位置、颜色等都要反反复复地修改。很多人都承认，正是乔布斯几近残酷的完美主义，让他们做出一些超出自己能力的成果。

为了选拔顶级设计师，乔布斯还办一场名为"白雪公主"的选拔赛。他还到德国专程拜见了哈特穆特·艾斯林格。哈特穆特·艾斯林格是一位被业界视为教父级的工业设计大师，也是青蛙设计的创始人。哈特穆特·艾斯林格向乔布斯展示了自己制作的40个模型，乔布斯看过之后便与其签订了一份合同——唯一条件是哈特穆特·艾斯林格必须要搬到加州居住。之后，他和乔布斯一起开创了苹果的设计风格。

所有的设计方案确定后，乔布斯召集45名麦金塔团队的成员，举行了一个仪式。他说："真正的艺术家会在作品上签上名字。"于是他让人在电脑版上面刻上了工程师和团队所有成员的名字。

◉ 点评：意识的作用

乔布斯自小受养父的影响，对汽车有特别的感情。所以在设计麦金塔电脑时，他试图参照名车的设计概念。每个人的行为都由他的思想控制，而思想的形成有一个从潜意识到意识的转化过程，潜意识又是源于人们自小的所见、所闻、所想。因此，作为领导人，除考察团队成员的显能力外，挖掘他们的潜能力更是值得一试。

⊙ 点评：引领潮流

"伟大的艺术品不用追随潮流，它们可以引领潮流。"这是非常有魄力的理想。在苹果还处于发展初期的时候，乔布斯就将产品定位为伟大的艺术品。这不但需要准确地把握行业脉搏，更要有勇气和底蕴。但对于大多数中小企业而言，这种高瞻远瞩的气魄固然值得敬佩，贴紧潮流，满足市场需要更为重要。"在进行中创新"是既能保证生存，又能促进发展的中庸之道。

⊙ 点评：领军人物

在乔布斯抢走了麦金塔的领导权后，他便开始为团队忙前忙后、招兵买马，事无巨细地推动项目前行。就像大山特里说的，没有乔布斯，我们连什么是电脑都不懂。作为公司的始创人和大股东，乔布斯能将"无限"的资源用于项目，而他的专业性和前瞻性则保证了项目的成功。麦金塔电脑可称得上是含着金钥匙出生的宝贝。

⊙ 点评：不在其位，也谋其政

在管理架构上，乔布斯只是个非执行董事，唯一的实权岗位是麦金塔电脑团队带头人。但作为苹果公司的联合始创人和实际推动者，他对公司的前景比任何人都关注。所以，在推动麦金塔电脑项目的同时，他也在考虑苹果设计风格的统一，并为它四处招揽人才。"不在其位，也谋其政"对于老板是理所当然和无可非议的，而对于经理人则要慎之又慎。一旦越轨，就有可能人仰马翻。

⊙ 点评：细微之处见精神

我们经常说"细节决定成败"，但又有几个人能像乔布斯一样记住父亲的教导，把它实实在在地应用到工作中呢？"看不见的部分也必须做得很漂亮"的精神是难能可贵的。平常工作中，我们可能会从价值工程的角度出发，把一些细节给"优化"掉了。因此，如果真想做精品、做品牌，就一定要排除诱惑，坚持原则。

⊙ 点评：荣誉

乔布斯把自己和45个队员的名字刻在麦金塔电脑的内部，虽然只有他们自己才知道，但这依然是一个巨大的荣誉。乔布斯为人野蛮无礼，大家对他又爱又恨。如没有足够的人格魅力，团队早就不为他效力了。但他的这份礼物却令

人终身难忘。前文中的乔布斯都是尖端刻薄、不讨喜欢的，但此刻的乔布斯却十分值得我们敬重。这种不费一分一毫增强团队聚合力的能力，确实值得我们学习。

对手

1981年8月12日，IBM公司推出了首台IBM个人计算机，这是一台16位的个人电脑。为了便于研究，苹果公司还购买了一台。他们认为IBM的PC没有什么先进的技术，根本无法跟苹果公司的产品竞争。乔布斯还说："我真纳闷，IBM怎么也算是世界上最大的计算机公司了吧？它怎么还比不过苹果？6年前，我们在车库里设计出了Apple Ⅱ，而今IBM只是重新包装了一下，或是在技术上稍微有些提高而已。"

但是一年后，乔布斯等人慢慢意识到自己错了。1981年年底，IBM就销售了5万台个人计算机。1983年时，苹果公司的产品的市场占有率是20%，而IBM的占有率则是23%。1985年，IBM PC/AT所占市场份额已超过了80%。

为了不被IBM挤到市场一隅，苹果推出了Lisa和Macintosh个人计算机。乔布斯于1985年接受《花花公子》采访时说："如果苹果犯错而让IBM战胜，我个人认为我们会进入电脑的黑暗时代。这个黑暗时代会持续大约20年。一旦IBM垄断一个市场，他们会遏制创新。"

1984年2月，苹果公司推出麦金塔，而且花费150万美元在电视上做广告。但是，乔布斯将Mac重新定义为拥有图形用户的台式机——一台小尺寸的丽萨，这无疑会削减丽萨的市场销量。乔布斯把麦金塔变成了丽萨的竞争者，并使用与Apple Ⅱ互不兼容的软件。这就为以后的失败埋下了伏笔。

⊙ **点评：自信与自负**

苹果的成功无疑源自乔布斯极端的自信（"现实扭曲力场"）。但是，自信过了极点就是自负。自负会遮掩你的眼睛，令你的判断失真，最终要付出代价甚至带来灭亡。幸运的是，乔布斯只浪费了一年。

⊙ **点评：私心**

常言说"屁股决定脑袋"，意思是即使最伟大的人，其行动都会受其潜意识左右，而潜意识则由私心主宰。乔布斯也不例外。由于他的私心，让投入巨大的丽萨被扼杀在公司内部；但也是由于他的私心，苹果创造出了更有竞争力的麦金塔。这让人该如何评价呢？

唯我独尊

乔布斯的控制欲过于强烈，尤其是在对待产品上。所有苹果产品的生产决定都是由乔布斯作出的，所有竞争对手的软件和应用程序必须适合他的设计。比如，他不想让Mac兼容丽萨的架构，因此Mac和丽萨是无法兼容的。再如，从乔布斯推出的产品不管是iPhone、iPad，还是Mac都是封闭的系统，从硬件到软件，全部牢牢控制在苹果的手中，从不把操作系统授权给其他厂商，以保证一切都在它的完全控制之中。因此麦金塔电脑的操作系统只能在自己的硬件上使用。

此外，乔布斯极力控制苹果产品的每一个部分，每个细节都是根据"从头到尾"的原则，从制造端（头）到使用者（尾）全程掌控，去设计打造出来的，甚至连电脑显示屏的弯曲角度这样的细枝末节他也要插手。

新上任的麦金塔营销总监迈克·默里曾想将麦金塔的操作系统授权给坦迪公司，但遭到了乔布斯的强烈反对。他无法接受把他一手创造出来的东西交给别人，而自己无法控制。

⊙ 点评：艺高人胆大

乔布斯在麦金塔电脑（就是Mac）上充分体现了他的控制欲。他不但让Mac的硬件是对外不兼容的，其使用的软件也是专用的。与微软和安卓的普世理念不同，他是真正意义上的引领市场。虽然这或使苹果失去部分客源，但任何事物本来也不可能为所有人都接受，倒不如以独特的方式锁定顾客的忠诚。这是乔布斯的过人之处，但"大胆"的基础其实是"艺高"。

⊙ 点评：鱼与熊掌

如苹果想将自己的系统打造为行业标杆，就需要在行业中推广，但这会导致乔布斯失去对系统的绝对控制；但控制太多，系统的普适性将被严重制约。在这种鱼与熊掌不能兼得的情况下，乔布斯没有丝毫的动摇，他坚持控制住自己的作品。这种坚定的立场，给苹果树立行业地位增加了额外困难，但也使苹果在克服了困难之后建立了自己的市场地位。

告捷

随着苹果霸主地位的确立，乔布斯本人也走向辉煌。1982年，美国三大时事性周刊之一的《时代》将乔布斯和Apple II型电脑放在了封面上。封面上的乔布斯留着分头，两眼炯炯有神，身着一件红色的衬衣，头顶着一个红色的苹果，身后是他发明的电脑。《时代》杂志还发表了一篇关于乔布斯的报道。报道出自一位年轻记者之手，名叫迈克尔·莫里茨。报道中称乔布斯为"爱冒险的亡命之徒"，并提到26岁的乔布斯几乎是白手起家。这个退学学生现在拥有1.49亿美元的资产。但是这篇报道首次将乔布斯的私生女曝光，这让乔布斯大为光火。

乔布斯本以为自己肯定是当年的"年度人物"，甚至做好了获奖感言的准备；但《时代》杂志却将"计算机"选为1982年年终刊的主题，并称之为"年度机器"。这让乔布斯非常失望。

1983年1月，苹果公司推出了研制费用高达5000万美元的丽萨(Lisa)电脑，这也是世界上第一台商品化的图形用户界面的个人计算机，同时这款电脑也第一次配备了鼠标，而且鼠标中还配备了机械球，完全站在了时尚的最前沿。丽萨电脑的推出比Mac早了整整一年。作为苹果公司的董事长及形象代言人，乔布斯在纽约为丽萨作宣传。令人费解的是，乔布斯却把大部分时间用来介绍麦金塔。这基本暗示了即将推出的麦金塔才是真正令人惊叹的奇迹。

⊙ 点评：年度人物VS年度机器

乔布斯在得知计算机而非他本人，当选为《时代》的"年度机器"时，感到受到莫大的伤害。他不但怀疑主编莫里茨嫉妒他的成就，还迁怒于战友科特基。这体现出年轻的乔布斯虽然在事业上风头正健，但其内心深处依然存在自卑。他那被抛弃的阴影，需要一个被大众崇拜的正面形象来弥补。但乔布斯同样犯了一个普通人容易犯的毛病：高估自己。他的很多不快乐都是由此引起的。

⊙ 点评：麦金塔，丽萨的掘墓者

丽萨的发布之日也是其死亡之日，宣布丽萨诞生和死亡的都是乔布斯。一方面，这是因为苹果公司总裁马库拉没有掌握全局的能力；另一方面，乔布斯也不追求最高权力，但他感到苹果的未来需要麦金塔。作为苹果创业的第一人，乔布斯必须义无反顾地对公司负起责任。因此，即使在大权旁落时，他也设法推动麦金塔前进。

海盗式团队

乔布斯加入麦金塔后，将这个团队取名为海盗。乔布斯说："当海盗比加入海军更快乐。能当海盗，为什么还要当海军？"他还在办公楼前挂了一面画有骷髅骨的海盗旗。他让团队要有一种叛逆的感觉，能破坏性创新市场，能速战速决。

乔布斯有时对员工的批评有些尖酸刻薄，甚至是无理，以期让员工确保每项工作都达到最好。

1982年9月，在蒙特雷附近的帕加罗沙丘麦金塔项目团队举行了一场集思会。在集思会上，乔布斯提出了一些观点，比如"决不妥协"、"过程就是奖励"等。乔布斯说："没有完工时间，直到上市，产品才算完工。""Mac团队的使命崇高，任务特殊，这段奋斗的苦日子将成为每个人一生中奇妙的巅峰时刻。""我们正在创建一家基业长青的公司，一家开创未来的公司，50个人做的事情将对世界有深远的影响。"乔布斯承认理想和现实之间还有一段距离，但希望Mac团队能够不畏艰难，再接再厉，争创佳绩。

1983年1月底，麦金塔项目团队再次召开集思会。这一次，乔布斯的格言变成了"真正的艺术家总能完成作品"。

乔布斯利用自己的"现实扭曲力场"，让Mac团队为这个伟大的目标而去奋力冲刺，解决了无数的疑难问题，成功地给Mac团队制造了一个士气高涨的氛围。正是因为苹果员工都有着最为单纯的使命感和责任感，才促成了Mac电脑的成功上市。

⊙ 点评：叛逆VS创造力

企业中，组织建设、团队建设、制度建设、文化建设是关乎企业发展的大事，而所有这些都是通过"人"来实现的。乔布斯自身的经历和性格特征，决定他喜欢与众不同的人。"当海盗，不要当海军"，只要你真有才，不但可以勇敢地挑战乔布斯，还可以不服从他错误的命令。当然，绝顶聪明和富有创造力是挑战的前提，叛逆只是与他相似的性格而已。可见，乔布斯的用人之道是他成功的核心元素之一。

⊙ 点评：大棒VS胡萝卜

乔布斯的尖刻令他不受周围的人喜欢，但任何聪明的老板都会对能干的员工表现出尊重，尽管有时（甚至经常）"打骂"属下。实际上，绝大部分的老板都

是强势性格，只是表现方式不同。乔式的粗暴，搞不好就像踢往积木砌起的大厦一样，令项目组轰然倒塌；好在他对事业的激情又像强大的磁铁，令手下着迷。老板如何运用好"胡萝卜加大棒"，是他们智慧的另一个重要体现。乔布斯高明之处还在于用不经意的自嘲来获得大家的体谅："我有一点点难相处。"

⊙ 点评：集思会——乔式头脑风暴

乔布斯的麦金塔项目团队每月举行的集思会其实是一种头脑风暴。乔布斯利用集思会的时间，让大家有机会表达，同时向属下灌输自己的思想。更重要的是，集思会可以帮助团队随时"破冰"，加强团队建设。每次集思会都推出新的主题，持之以恒，就能打造一支过硬的团队。

⊙ 点评：忽悠

乔布斯用他的激情鼓动团队："我们正在创建一家基业长青的公司，一家开创未来的公司，50个人做的事情将对世界有深远的影响。"他的下属顶住各种压力，唯他马首是瞻，正是为了这个美好的前景。有时我们说，作为领导者首先要有目标和理想，然后才能聚合群雄。通俗一点，就是先忽悠自己，再忽悠别人，坚信自己的梦想一定能实现。

第六章

成熟,第三个里程碑

钓鱼

　　公司总裁的人选依旧是个难题。迈克·马库拉在苹果公司的总裁位置上坐了两年后，终于顶不住妻子的压力提出了离职。而乔布斯仍不够稳重。乔布斯也知道这点。他们只得把视线转向了营销奇才、百事公司百事可乐部门总裁约翰·斯卡利的身上。

　　当乔布斯说想要挖走斯卡利的时候，大家都认为这简直是不可能的事。当时斯卡利在百事正春风得意，年仅38岁就当上了百事总裁。更不要说他还是百事可乐公司老板的乘龙快婿。乔布斯说服了猎头公司，让他们打电话给斯卡利，约其到加州见面好好聊聊。斯卡利去了苹果公司之后，直截了当地说："我事先说明，我不是来应聘的，也没打算在这里任职，我只是想跟你聊聊。"让斯卡利感到奇怪的是，乔布斯的办公室里居然没有电脑，只有散落一地的电子配件和包装箱。

　　在1983年1月丽萨发布会上斯卡利还观看了约翰·库奇的演示，乔布斯自豪地说："这是一场革命，等丽萨问世后，我们会让IBM找不着北的。"那一刻，斯卡利心里也承认丽萨就是奇迹，这个世界上几乎没有一家公司能和苹果媲美激情和创造力！之后他还与乔布斯共同进餐。这次会面双方都很高兴，但斯卡利还是对苹果公司不太感兴趣。

　　2月的一天，乔布斯又拜访了斯卡利。他到斯卡利的家里做客，并对其新盖的豪宅上一扇300磅重的橡木门表示欣赏。他还参观了百事公司奢华的总部。

　　在库比蒂诺，乔布斯和斯卡利再次会面。乔布斯向斯卡利讲述了麦金塔电脑的美好前景，并带来了麦金塔电脑，他说："这是一群天才工程师，更是一群艺术家！"在看到麦金塔电脑美丽的外观以及亲自感受到那神奇的操作后，斯卡利也不禁感叹道："你们真的是在创造奇迹啊！"

　　3月份，乔布斯再次来到纽约找斯卡利谈判。在百般劝说无效的情况下，乔布斯说出了那句极具煽动性的话打动了斯卡利磐石一般的心："你是想卖一辈子糖水，还是想跟我们一起去改变世界？"相信对任何有志向的人来说，这都是一句无法抵挡的话。于是斯卡利答应他到苹果公司担任CEO。

⊙ 点评：人各有志

百万富翁马库拉被逼任苹果总裁两年后，又迫于压力太大要让位了。马库拉有丰富的企业管理经验，也是新苹果的3个始创者之一，只要他愿意，完全可以长期坐在总裁的位子上。但他个性洒脱，喜爱享受生活胜过工作。这个令无数人向往的位子，对于他而言却是个负担。对于公司而言，勉为其难地让他负此责任也难以起到总裁应有的作用。

⊙ 点评："不经意"的影响力

很多时候，不经意的一句话，不经意的一件事，不经意的一个表情，都可能成为影响你决策的一个重要因素。比如斯卡利就是因为儿子们对乔布斯的崇拜才引起了对苹果的好奇，从而打下了加盟苹果的基础。这样的事情在工作和生活中屡见不鲜。影响决策的理性分析是基础，但起决定性作用的往往是一瞬间的思想火花。

⊙ 点评：文化营销

今天我们都知道整合营销的力量。但在1983年，技术出身的乔布斯就能理解营销专家斯卡利的营销理念，实在是难能可贵。"百事新一代"和"百事挑战"已上升到营销的最高境界——文化营销。哪怕在今天的中国，也没有几个企业家能真正领悟和自如运用。

⊙ 点评：英雄重英雄

乔布斯对斯卡利的"求爱"过程，再次体现了乔布斯对人才的渴望。就像葛优说的："20世纪，最宝贵的是人才。"这个过程也是雇主和雇员之间博弈的优秀范例。在志同道合的前提下，雇佣双方以利益（物质和精神）最大化为目标展开沟通、互相了解，以达成合作的共识和条件。这与我们的商务谈判基本上并无二致。

上钩

1983年5月，斯卡利第一次参加了苹果公司管理人员在帕加罗沙丘的集思会。在这次会上，斯卡利尝试性地提出一些新的管理方案，随着员工的踊跃发言，渐渐变成了一场提建议、发抱怨和进行争辩的活动。见有人公然反对乔布斯，斯卡利很吃惊，因为在百事这可是难以想象的事。但斯卡利也通过这次集思会发现这个团队做事有分歧，且优柔寡断。

乔布斯还曾邀请斯卡利及其妻子一同到家里吃早餐。斯卡利来到乔布斯的家后，发现屋里没有一件像样的家具，甚至连沙发和椅子都没有，而是用泡沫塑料制成的垫子。乔布斯和斯卡利聊起了自己的人生和理想。

此后，他们经常聊天，几乎每次都能找到共鸣。他们还发现彼此有很多相似之处，并为之欣喜若狂。但几个月后，乔布斯就发现自己与斯卡利在世界观、人生观、价值观上有很多不同。比如斯卡利在管理上有一个弱点，就是总不由自主地想讨别人喜欢；斯卡利待人彬彬有礼，而乔布斯则截然相反，对人粗鲁蛮横。

乔布斯并不想让斯卡利看出这点来，他仍然让斯卡利相信他们有诸多共同之处，以便于操纵斯卡利。但乔布斯越能对斯卡利进行操纵，越从心底里瞧不起他。很自然地，乔布斯与斯卡利之间的友情即将破裂。

在给麦金塔电脑定价时，他们之间发生了重大的分歧。当初苹果公司将麦金塔定位为大众商品，定价为1995美元。可是在设计的过程中，乔布斯对很多设备进行了改善，结果成本提高了不少，因而斯卡利提出应将麦金塔的售价提高500美元。最后，斯卡利赢了。为此，乔布斯勃然大怒，甚至25年后，提及这件事时，乔布斯还心愤难平。他说："这是麦金塔销量惨淡的原因，正因为如此，微软才有机占领市场。"

⊙ 点评：空降兵

斯卡利由乔布斯亲自引荐，当然能得到他的全力支持。可他能否存活，依然取决于他能否适苹果公司的状况。空降兵，尤其是来自成熟企业的高管，要想掌控新企业绝非易事。当揭开帷幕后看到的与想象相差十万八千里的现实，一定会有巨大的心理落差。加上企业文化之间的不同，更是会给工作添上重重困难。空降兵需慎防新官上任的"三把火"烧到自己身上，为今后推动工作埋下障碍。

⊙ 点评：用心良苦

乔布斯为使斯卡利尽快适应自己的风格，建立顺畅的沟通渠道，用心良苦地邀请斯卡利夫妇去家中共进早餐。和大部分老板一样，乔布斯也希望通过私下的非正式交往对斯卡利施加影响，发挥非正式权力的作用。

⊙ 点评：光环褪去

尽管斯卡利努力寻找与乔布斯的共同点，但世界观、人生观、价值观的不同

决定一切均是浮云。在昔日光环的烘托下，两人的"恋爱"还堪称"甜蜜"；但过日子的时候，才发现对方并不是自己所需。大多数高管空降不成功也是这个原因。作为经理人，在诱惑面前要慎重考虑跳槽不成功的风险；作为企业，对高管的引进也要进行全方位考量，力求双方都能真正在志同道合中各取所需。

⊙ 点评：隐患

乔布斯希望利用斯卡利对自己的误解来控制他，这事本身就是一个不定时炸弹。高管能在机构有效发挥作用的基本条件是互相信任，否则老板和高管同床异梦，唯一的结果就是两败俱伤。

有志者，事竟成

1983年10月，苹果公司在夏威夷召开销售会议。当时，微软还只是个小角色，比尔·盖茨表示"微软期望1984年全年收入的一半都来自为麦金塔电脑研发的软件"，他也承认麦金塔电脑的新操作系统符合成为行业新标准的条件。然而实际上，微软正在逐渐由苹果公司的合作者转变为竞争者。

就在苹果销售人员在夏威夷举行销售会议时，《商业周刊》宣布IBM成了PC大战中的获胜者，这无疑给将在3个月后（即1984年1月）推出的麦金塔电脑巨大的压力。

在销售会议上，乔布斯准确地总结了自1958年以来的所有失误，然后播放了一段宣传麦金塔电脑的广告。几个月之后，这则广告引起了极大的轰动。

不过，苹果公司原定于1984年1月16日完成麦金塔电脑的编程工作，但在距离约定日期的一个礼拜前，工程师们感到困难重重，难以按时完工。他们向乔布斯说明原因后，没料到乔布斯还是斩钉截铁地说："你们决不能推迟！"并承诺将在计算机上标上他们的名字。结果工程师们按时完成了任务。乔布斯曾说，真正的艺术家总能完成作品，现在他们名副其实。

⊙ 点评：利益是社会驱动力

强强合作，双方利益相等，多赢才是真赢。一旦天平失衡，曾经的承诺也就变成了逢场作戏，就算是父子兄弟也抗衡不了利益的诱惑。当然，也有仗义出手相助的情况，但那也是基于利益的驱动，至少是没有利益冲突。所以，"男儿当自强"才是永恒的真理。

⊙ 点评：重压之下的坚定

Apple II已老，IBM咄咄逼人，这给苹果带来了前所未有的生存压力。唯有乔布斯这种"反叛者"领袖才能带领团队突出重围，才能有无视现实、我行我素、以我为王的坚定信心。在最困难的时候，只有自信、霸气的主心骨才能将信心灌输给追随者，率领团队扭转乾坤。

⊙ 点评：真正的艺术家总能完成作品

"现实扭曲力场"在关键时候再次发生作用。它的物质基础是苹果公司拥有优秀的工程师，他们有潜能，才有被激发的可能。在现实生活中，大多数计划性不强的年轻人总喜欢将事情拖到最后再做。所以在重压之下，他们就有可能完成貌似不可能完成的任务。

改变世界的一天

安迪·赫茨菲尔德和工程师完成麦金塔软件的那个早晨，连续的熬夜让他特别想回家美美地睡上一整天。但他还是在下午的时候来到办公室，因为他担心软件还存在问题。其余的同事跟他一样，当乔布斯推门而入的时候，他们正躺在地板上小憩，他们紧张、疲惫但却兴奋和满足。乔布斯布置给他们一个任务——在周末前为麦金塔电脑做一个演示。乔布斯想在观众面前戏剧性地推出麦金塔电脑。

麦金塔电脑的发布仪式定在8天之后的1月24日，与苹果年度股东大会同期举行。时间紧迫，赫茨菲尔德需要在两天内编出一个音乐播放器程序，让电脑能够播放《列火战车》的主题曲。乔布斯则对音乐播放器程序非常感兴趣，他决定以此作为演示的一部分。经过一番苦战，他们如期完成了任务。但在发布会的预演中不管是舞台灯光，还是音效，都难以令乔布斯满意。斯卡利建议他稍微修改一下演讲稿。

在1984年1月24日的发布会上，可容纳2600人的弗林特礼堂被挤得水泄不通。乔布斯先发表了极具煽动性的演讲，目标直指自己最大的竞争对手IBM。他说："现在是1984年。IBM想独霸一切，苹果成了他们唯一能与之抗衡的对手。很多经销商一开始是欢迎IBM的，现在反而担心他们掌控未来，他们回到了苹果的怀抱。因为他们觉得苹果能给他们一个有保障的未来。IBM想占有一切，我们

能让它主宰整个电脑产业、控制整个信息时代吗？"随即，现场一片黑暗。突然，"1984"电视广告出现在屏幕上。广告播完后，全场起立，掌声雷动。

之后乔布斯走到一个布袋前，拉开拉链，取出一台电脑，启动它，接着麦金塔的英文名字在电脑屏幕上横向滚动，在其下面还有一行"酷毙了"的字。然后，书写工具、各种字体、图画工具相继出现在电脑屏幕上。人群沸腾了。乔布斯说："在过去，我们这个行业一共有两个里程碑，一个是1977年的Apple，另一个1981年的IBM 个人计算机。今天，我将向大家揭晓第三个里程碑——不过我要让它自己介绍自己！"接着乔布斯按了一个键，台上的麦金塔电脑发出了合成声音："你好，我是麦金塔。非常高兴能与你们见面，从那个袋子里出来确实很棒。我还小，正在努力长大。我愿意骄傲地向各位介绍一位非常了不起的、值得信赖的、像我的父亲一样的人，他就是我们的史蒂夫·乔布斯。"之后，全场欢呼！观众报以雷鸣般的掌声，既为这台小电脑的有趣表现，也为回到舞台的这个人。乔布斯泪流满面，向台下频频挥手。

发布会上的所有过程、一切细节都独具匠心。当天乔布斯送给团队成员每人一部麦金塔电脑。接下来的几天里，大量消费者不断涌入商店，想要亲眼目睹麦金塔电脑的"芳容"，而订单也蜂拥而至，在头三个月内，麦金塔的销量就达到了乔布斯原先提出的7万台的目标。

⊙ 点评：责任心

为了麦金塔的软件，安迪·赫茨菲尔德已一周没睡。完工后补觉一天毫不为过，但强烈的责任感依然驱使着他回到办公室，和昏昏沉沉的同事们接受新的挑战。在光芒四射的苹果背后，是一支有着高度责任感的团队。在所有成功的企业中，这一点都是相同的。

⊙ 点评：无心插柳

本来安迪·赫茨菲尔德编音乐播放器程序，是为了让电脑能够播放《列火战车》的主题曲。虽然播放器没能播放音乐，但乔布斯依然识别出了这个伟大的创举，使电脑往人性化的道路前进了一大步。对于科技企业来说，一个既懂市场又懂技术的老板是何等的重要！

⊙ 点评：黎明前的黑暗

麦金塔承受着苹果复兴的重任。乔布斯深知Apple II 这匹老马已老，如果想和IBM决一死战,苹果就必须依靠麦金塔。和所有的老板一样,乔布斯在发布会前压力巨大,将自己的焦躁不安展露无遗,无名火快把下属逼疯。也正是在这黎明前的黑暗中,他们一起创造了一个奇迹。在企业最困难的时候,老板的自信和坚毅就是团队的脊梁。

⊙ 点评:标杆

IBM是老牌电脑公司,当时它的个人电脑业务已大大超过了苹果,而且势头凶猛、毫无漏洞。如何在不利的环境中鼓舞经销商的斗志和给股东信心?以己之长比他人之短,以突显自己的优势;以饱满的信心,高昂的激情来展示自己新意;以己之特长,彰自己的唯一。乔布斯在这几方面都做到了淋漓尽致。

⊙ 点评:激励

激励团队是世界性难题,尤其是当老板本身性格孤僻,脾气暴躁,维系团队更是困难重重。乔布斯在胜利召开麦金塔电脑发布会和股东大会后,马上给全体麦金塔团队成员每人发一个贴有个性化铭牌的电脑。收到礼物的员工荣誉感油然而生,昔日的艰辛随风飘去,所受委屈一扫而光。以心交心是金钱换不来的尊重,地位换不来的感动。

英雄见英雄

乔布斯和比尔·盖茨既是竞争对手,又是同事和朋友,他们都出生于1955年,都在大学辍学研究计算机,但他们却以两种完全不同的风格改变了个人电脑产业——盖茨理性,偏重技术,乔布斯则极端,看重设计。

1981年,乔布斯决定按计划推出"麦金塔"电脑,让微软公司帮助"麦金塔"电脑开发软件。当时,微软取得了一些成果,但还远不及苹果公司。最重要的产品就是基本程序语言,最成功的运用平台是苹果公司的AppleⅡ。随着AppleⅡ的热销,微软公司的利润及影响力也成倍增长。就连电脑巨头IBM也都找微软公司编写软件。

乔布斯来到微软总部,为盖茨勾勒出麦金塔的诱人前景,但盖茨不看好个人电脑市场,认为电脑不过是实用性的商业机器,不可能像乔布斯说的那样让人们争相购买。为此,乔布斯又邀请他及其属下去苹果公司参观麦金塔操作系统那些让人惊叹不已的演示。这一次,盖茨等人被征服了,他们感叹苹果公司果真与众

不同，终于答应为麦金塔开发软件。

微软很快组建了一个大型团队负责这个项目。乔布斯和盖茨还签署了一个秘密协议，协议中规定：倘若微软在未来两年之内专为麦金塔做Excel，而不开发IBM个人电脑版本，乔布斯就将麦金塔电脑的BASIC团队撤掉，而无限期使用微软开发的BASIC程序。盖茨欣然接受了这个提议，让微软在日后的谈判中获得了优势。

在与乔布斯的合作中，盖茨也发现乔布斯是个执著、追求完美、具有强大的"现实扭曲力场"的人。他们最初的合作还算愉快，但一段时间之后开始出现问题。他们原计划将微软的应用程序打上苹果的标识和麦金塔进行捆绑销售。每台电脑能让微软获利10美元。结果遭到了其他软件商的反对，乔布斯引用合同中的某一条，决定不预装微软的软件。如此一来，微软就必须直接向消费者推销自己的软件了。

盖茨并没有指责乔布斯，相反，他认为这不见得是件坏事。他将软件卖给了其他各种平台，并为IBM个人电脑开发文字处理软件，还推迟了开发麦金塔的Word软件的时间。毫无疑问，乔布斯退出捆绑销售的决定是错误的，它让苹果承受了比微软更大的损失。

⊙ 点评：竞合

麦当劳与肯德鸡、可口可乐与百事可乐、中联重工与三一重工、中兴与华为等企业之间的竞合作用原本就是一种自然界中普遍现象（双星系统）的社会化表现。甚至在英雄人物中，也会出现"双星系统"，这说明竞争其实是发展的重要动力。

⊙ 点评：英雄莫问出处

乔布斯出身普通平民家庭，性格偏激、脾气粗暴，号称反主流文化人士；盖茨出身富足、性格温和、学业优秀。他们的价值观和世界观截然不同，但他们都对计算机事业充满激情，各自都成为行业的巨人。两人的经历证实了"英雄莫问出处"这个道理。

⊙ 点评："工"人相轻

自古就有"文人相轻"一说，没想到乔布斯与盖茨这对伟人也难避俗套，玩起"工"人相轻。事实上，我们有意无意都会看高自己，看低别人，以己之长，度人之短。如果我们为了鼓舞自己，也无可非议；但如果是盲目自负，就会影响决策。

⊙ 点评：个性决定方向

乔布斯的孤辟个性使他喜欢走以我为主的产品路线，盖茨的温和个性令他走兼容开放的路线，他们以各自的方式都取得了成功。不同的老板就会有不同的性格和不同的工作方式，有时还不是那么令人舒服。作为下属，要特别清楚地认识到这是性格和习惯问题。对老板来说这不存在对错，而作为下属，要不就适应，要不就离开。

⊙ 点评：店大欺客

当年销售只有3000多万的盖茨遇到年销售过10亿的乔布斯时，也同样遭遇了店大欺客。但为了生意，盖茨也只有忍辱负重，唯有等自己实力充足后再比试一番了。

⊙ 点评：共同目标与异见

尽管乔布斯与盖茨、麦金塔团队与微软团队之间心存芥蒂，但在"将个人电脑带入一个新境界"的共同目标之下，他们暂时抛弃偏见，为了共同的利益一起奋斗。在工作中，我们应该坚持这种理性的处事方式，而不能为了一时之气，从感情出发，拿整体利益当儿戏。

⊙ 点评：赛翁失马

乔布斯不在麦金塔电脑中预装微软的软件，令微软失去了一笔大生意；但同时，却也给了盖茨一个宝贵的商业模式——直接卖软件给消费者。所以，有时我们遇到不顺心的事情时，不妨换个角度去思考，可能会发现奇迹呢！

名利之争

自从第一次与微软合作以来，乔布斯就担心有朝一日微软窃用麦金塔的图形用户界面。事实证明乔布斯的担心并非是多余的，当看到麦金塔电脑的操作过程时，盖茨就预感到图形界面是未来的主流。再者，他认为自己也有权模仿施乐PARC开发自己的图形界面。那时，为乔布斯打工的盖茨获悉了苹果公司的一个天大的秘密，并将之转化成微软崛起的重要契机。

聪明的乔布斯也看出了这点。1982年1月22日，乔布斯强迫盖茨与之签署了一份协议。协议中规定，微软不得把为苹果开发的软件应用于非苹果公司的电脑

上，其中剑指IBM。但百密一疏，该协议并没有禁止微软编写与麦金塔类似的操作系统，与苹果展开竞争。

麦金塔原定于1983年1月发布。在原合同中，盖茨同意微软一年之内不得将任何图形软件卖给其他公司。不幸的是，麦金塔推迟了一年发布。1983年11月，当微软宣布旗下首款图形界面操作系统Windows发布时，乔布斯气势汹汹地指责他们剽窃，盖茨则冷静又尖锐地反驳："史蒂夫，我们都有个有钱的邻居叫施乐，我闯进他们家准备偷电视机的时候，发现你已经把它盗走了。但这并不意味着我不能取走立体声音响。"这段话堪称IT史上最经典的反驳，乔布斯也拿它没办法。

为了能让微软继续为麦金塔编写应用程序软件，斯卡利最终做出了让步。苹果与微软约定，微软有权在其即将推出的Windows系统中使用苹果公司的部分图形功能；作为回报，微软继续为麦金塔编写软件；并在一段时间内只允许苹果独家使用Excel软件，而不用于IBM兼容机中。

即便这样，乔布斯依旧很沮丧。苹果公司始终坚持完美、永远创新，但微软却成了操作系统之争的大赢家。

⊙ 点评："学习"

知识产权的保护在全世界都是极其重要的。苹果在施乐处学习了PARC的概念，将其改良为了麦金塔图形界面；而微软从苹果麦金塔图形界面演绎成Windows操作系统。一个PARC成就了两个世界级的IT企业。从后来者的角度，各种学习机会都应抓住；而对于发明者来说，保护知识产权的意识一刻都不能松懈。

⊙ 点评：保护

当今世界，发展、竞争与合作是共生共存的三兄弟。在合作过程中订立的保护条款需三思熟虑，最好由知识产权专家参与。从微软的角度来看，这次合作天从人意，除了合理合法地从苹果那里学习到了图形界面的技术外，还学到了营销的方法，更无意中得到了新的赢利模式。夸张点说，乔布斯的另一个贡献就是打造了另一个世界首富。

⊙ 点评：竞合

苹果与微软在图形界面上的竞争虽然令乔布斯很愤怒，但为了利用微软的软

67

件技术，他不得不向盖茨妥协。从苹果来说，虽然图形界面技术的流失很可惜，毕竟换来了麦金塔在微软帮助下的成功。因此乔布斯的妥协也显示出他的聪明。

⊙ 点评：叫好与叫座

在电影市场，有些被专家高度评价的影片却票房不高，评价普通的却票房丰收。在网络发达的今天，民众的好恶更加难以捉摸。乔布斯不理解为何下三流的Windows系统能独霸世界，其实Windows的成功恰恰在于它的下三流。它巧妙地满足了绝大部分消费者的审美和使用要求，在合适的营销策略推动下，自然获得了意想不到的效果。

第七章

衰败，大自然的规律无处不在

"六旺"

　　1984年，麦金塔电脑上市的当天，全美各个计算机零售商店的门口都排起了长队，人们争相抢购。社会各界均以拥有一台麦金塔电脑为荣，乔布斯更是巧用了"名人效应"。他将麦金塔电脑送给滚石乐队的主唱米克·杰格和披头乐队的后代肖恩·列侬。麦金塔的成功上市让苹果公司全体员工都沉浸在兴奋中。

　　乔布斯在苹果公司的地位也慢慢恢复。斯卡利决定将丽萨团队和麦金塔团队合并，由乔布斯担任合并后的团队负责人。合并后，乔布斯高调地宣布，今后所有的高层职位都将由麦金塔部门的成员担任，他还轻蔑地对丽萨团队说："你们真是一群饭桶！"这样的公开侮辱，深深地刺痛了丽萨所有成员的心。乔布斯还说，要裁减掉1/4丽萨团队的员工。

　　比尔·阿特金斯认为乔布斯的做法冷酷无情，但乔布斯却不以为然。当时，乔布斯和斯卡利相处得还很融洽。1985年5月3日，是斯卡利加盟苹果的一周年纪念日。乔布斯在黑羊餐厅为其举办了庆祝晚宴，参加者还有苹果公司的董事会、高层管理人员和东岸投资者。乔布斯当着众人说："最快乐的日子有两个，一个是麦金塔成功上市之时，另外一个则是约翰·斯卡利答应我加入苹果公司那天。"宴会上，斯卡利也说了令乔布斯很感动的话："苹果只有一个领导者，那就是我和乔布斯。"

　　斯卡利的这句话让在场的高层们有些担心，因为他们聘请斯卡利本是为了制约乔布斯的。但有着强大的"现实扭曲力场"的乔布斯又怎么能受控于他人呢？随着与斯卡利接触得越来越多，乔布斯更加激烈地表达自己对公司各方面的意见，并试图强迫斯卡利按照他的意愿行事。对此，斯卡利也无可奈何。

　　为了扩大麦金塔的生产规模，乔布斯准备在弗雷蒙建一家工厂。在去工厂查看的时候，他一会儿挑剔机械的颜色不好看，一会儿嫌下属工作不到位。他的挑剔把生产总监马特·卡特给气得辞了职。但乔布斯根本不在乎这件事，他把原来在麦金塔团队任财务主管的黛比·科尔曼找来接任生产总监。

　　当乔布斯的父亲来工厂参观时，他对工厂那严格的工艺十分赞赏，这让乔布

斯十分高兴。但是，一次，法国总统密特朗的夫人参观了这家工厂，问了许多关于工人的权益和福利方面的问题，乔布斯很不高兴，对她的翻译说，如果她对这里的福利感兴趣，随时欢迎她来这儿上班。事后乔布斯为了宣泄心中的愤怒而在高速路上飙车，被罚后仍冒着被送进监狱的危险，再次快速开车泄愤。

乔布斯还去欧洲市场进行了考察，但他总是反复无常。比如他本来与法国的软件开发商约好了共进晚餐，但他突然想去拜访艺术家福隆。他非常无礼地对待意大利的销售总经理和殷勤的餐厅服务员。

在销售预测上，乔布斯与欧洲团队也有着不同的看法。乔布斯总希望自己的团队能做出更高更准的预测，否则就不给他们拨款。但下属坚持从实际出发，霍夫曼不得不从中进行调和。

⊙ 点评：一白遮百丑

麦金塔的发布使乔布斯的名望如日中天，加上他与当时的总裁斯卡利互相欣赏、情同父子，更令他在公司中"无法无天"。日常工作中，我们经常用片面的经历来为某人打上标签，从而对对方留下了"刻板印象"，难以客观评价他。只有清楚地认识这种现象，才能在决策用人时为双方留下余地。

⊙ 点评：温柔的刀

乔布斯在获得麦金塔团队和丽萨团队的整合权时，不但高调重用"嫡系"麦金塔团队，还直接打压甚至诋毁丽萨团队成员。这体现了青年乔布斯的低下情商和不成熟的领导风格。人事调整是每个公司都会遇到的问题。但尊重员工、好聚好散不但能体现公司对员工的关怀，还有利于公司的口碑传播。与简单粗暴的遣散相比，温情辞退的金钱成本、精力成本、交流时间都并不太多。尽量用好温柔的一刀，是管理者务必关注的小事。

⊙ 点评：用人就用精英

"要建设一流的团队就一定要狠！"这句话表达的意思是，在人才选拔时，一定要从严要求，选择最优秀的人才。一般情况下，就算上司有宽大的胸怀、容才之心，但由于水平的局限性，最多能招募到与自己水平相当的人。而且大部分人都有意无意会"向下招聘"，就会出现乔布斯所说的二流引入三流的现象。

⊙ 点评：经理人的生存

斯卡利为讨好乔布斯，当面表示了对乔布斯的依赖。但他没有想到，这违背大多数管理层的对他的期待——控制住乔布斯。经理人要生存，当然首先要处理好雇佣关系，但更重要的是自己的整体业绩。所谓"识英雄，重英雄"，如没有业绩支撑，再好的关系也只是浮云。记住：老板是请你来赚钱的。

⊙ 点评：失控

由于斯卡利的不作为，使乔布斯可以根据自己的意愿干涉生产经营活动，令苹果各项产品的工期和成本都偏离了预算。追求完美当然很对，问题是你对完美的定义是否完美。令乔布斯骄傲的是他做到了父亲曾做到的，而密特朗夫人关心的却是员工的权益福利是否有保障。所以，权力一旦失控，就会变成"我即是法，法即是我"的"无法无天"了。

⊙ 点评：乔布斯风格

乔布斯的反主流风格一直保持至今，不管他在何时何地，都看不到他对别人的尊重——除非他有求于你。其实很多老板都会有点脾气，但像乔布斯这样无礼到近乎无耻，也算是人间极品了。但老板们请记住：无礼和脾气都是需要成本的。

"三衰"

乔布斯从欧洲回来后，即麦金塔推向市场的第二年，苹果公司就开始出现亏损的局面。之所以出现这样的情况，是因为麦金塔在人们的使用中暴露出了越来越多的问题。比如麦金塔设计精美，但内存不足，运行缓慢；没有硬盘驱动，没有风扇，容易造成很多硬件故障；屏幕尺寸较小；电脑是全封闭的，不能扩展很多功能。由于首次采用图形用户界面技术，导致当时兼容的应用软件还不到10种，而IBM的个人电脑则有千种软件可供选择。

而1984年底，原先开发的丽萨电脑的销量几乎是零，麦金塔的销量跌至每月不到10000台。乔布斯命人将仓库中的丽萨电脑上安装上麦金塔的仿真程序，并给其起名为"Mac XL"，然后作为新产品推向市场。霍夫曼说："它的销量还行，即便这样，我们也得尽快结束这个骗局，不久，我也因此离开了苹果。"

1985年1月，苹果再次推出一则广告，希望能引起像"1984"那样的轰动效果。但这次的故事脚本却未能正面宣传苹果的产品，甚至还公然侮辱了IBM的客

户。全美国人的抗议如潮水般涌来。

乔布斯前往纽约接受记者专访，他表示对苹果的现状和未来十分担心。回到酒店后，他对所有的东西都表达出了强烈的不满，甚至还挑剔工作人员的服装。工作人员坎宁安想让乔布斯平静下来，她说："我知道你在生气，我也知道你的感受。""你知道个屁！"乔布斯怒吼道，"我的感受，你怎么会知道！"

⊙ 点评：产品与广告

麦金塔电脑依靠成功的广告发布而红极一时。但不到一年，就因无法解决的缺陷而被消费者抛弃。广告的创意和制作当然可促进销售，但只能锦上添花，绝不会雪中送炭。好的广告帮助我们告诉消费者产品的优点，或把好东西说得更好，但绝不能长期把坏东西说成是好东西。产品本身是"1"，广告等营销活动可以往后面加"0"；但如果没有"1"，再多的"0"也还是"0"。

⊙ 点评：经验与毒药

由于"1984"广告的巨大成功，广告公司坚持"真理只掌握在少数人手里"，拒绝乔布斯的修改意见。结果1985年的麦金塔电脑广告不但得罪了全美的商务人士，还严重地打击了苹果公司的士气。当经验与现实匹配的时候，经有关人员再加工，它就可能成为生产力。这就是为什么我们要学习的原因。但如果不顾条件的变化，盲目套用经验，它就可能变成毒药，置人于绝境。

⊙ 点评：不安

本来乔布斯指望盛装登场的麦金塔能取代渐渐老化的丽萨使苹果再续辉煌，但销量下降的"破屋"，又遇到"1985广告"的"连夜雨"，使乔布斯陷入极度不安之中。在困境中，这位科技天才也发出了"我的感受，你知道个屁呀"的无奈之吼！事业有起有伏，人生也有起有伏，作为领导人，情绪的把控有时真的会影响企业的发展。

危机

1985年2月，乔布斯年满30岁了，他在旧金山举办了一场有1000人参加的高档舞会。乔布斯在请柬上写着："30岁以前，你培养习惯；30岁以后，习惯培养你。欢迎参加我的30岁生日庆祝会！"

参加宴会的有计算机软件大师比尔·盖茨、歌手埃拉·菲茨等人。斯卡利还提议为"技术领域最重要的远见者"干杯。

大多数人都为乔布斯精心准备了生日礼物，比如美酒、水晶制品、初版书等，但乔布斯对这些丝毫不感兴趣，将它们统统留在了酒店里。

在乔布斯生日的当月，作家谢菲于《花花公子》杂志上发表了一篇对乔布斯的访谈。其中，乔布斯提到，自己有可能会离开苹果几年，但无论如何，他都会回来的。也许乔布斯也隐隐感到了不安，预测到人生将出现突变。

⊙ 点评：而立之年

和所有人一样，乔布斯到达了人生的一个里程碑——三十而立。一般而言，大学毕业后，再通过3年打基础，5年见成效的过程，人们30岁时就基本形成了个人的风格特征。正如乔布斯推崇的"30岁以前，你培养习惯；30岁以后，习惯培养你"。你在前30年的各种资源储备将在后30年中迸发出相应的能量。当然，在不断输出的同时，还应有更大的输入，这样才能使能量源源不竭，人生基业长青。

⊙ 点评：危机感

当乔布斯处在30岁的顶峰时，却隐隐有一丝不祥的预感。除了意识到公司正在困境中，各种不利因素将纷纷出现之外，幼年时被抛弃的阴影还在牢固地影响他的潜意识。他内心的自卑感难以消除，只有通过反主流行为而宣泄。其实他内心也清楚这终会造成严重的后果，只是无法控制罢了。

散席

安迪·赫茨菲尔德于1981年2月加入麦金塔团队，并成为麦金塔系统软件的主要开发者之一。1984年，麦金塔电脑推出前夕，他是媒体争相采访的新闻人物，《滚石》杂志、《新闻周刊》都曾对他进行了长篇报道。麦金塔发布后，他利用这难得的空闲时间休假了。在假期中，他偶然获知乔布斯给麦金塔团队的工程师们发了高额奖金，有的甚至达到了5万美金，而他对此毫不知情。他立刻向乔布斯提出了离职。这次，乔布斯难得地妥协了，虽然如此，安迪·赫茨菲尔德依旧难以释怀。休完假后，他还与乔布斯一起吃了顿饭，乔布斯本来想借此机会缓和一下双方紧张的关系，但还是未能成功说服安迪·赫茨菲尔德。最终，安

迪·赫茨菲尔德还是离开了麦金塔团队。

伯勒尔·史密斯是麦金塔团队里天真、聪明、躁动的程序员，他1985年初离开了苹果。

1982年1月，乔布斯从施乐PRAC挖过来的人才布鲁斯，加入麦金塔团队后，成为系统软件的主要设计师之一，他编写了资源管理器、对话管理器及Finder。1984年夏天，他也决定离开苹果，虽然乔布斯试图用15000份股票挽留他，但他还是决然地走了。

不过，最引起轰动的还是史蒂夫·沃兹尼亚克的离开。苹果公司把大部分精力都用在麦金塔上，导致了对Apple II生产线的支持严重不足，而且管理混乱。沃兹尼亚克曾明确地指出了这点。1985年2月，因感觉受到了不公平待遇，以及乔布斯的冷漠无情，沃兹尼亚克决定离开苹果。随之，流言四起。斯卡利想淡化这件事情，他说："很多时候就是这样，有些人不适应就会选择抽身离开，确实，我们会失去一些好成员，但苹果不可能永远是当年那个车库中的小公司！"乔布斯也想缩小这件事的影响，但他的语气很不客气，他甚至说沃兹尼亚克这几年没干过什么正经事。

在沮丧和愤怒之下，沃兹尼亚克离开了苹果公司。1986年，他成立CLP公司，想推出一种用于控制多种电器的通用遥控器——Core。当乔布斯发现为苹果公司服务的青蛙设计公司正在给沃兹尼亚克设计新遥控器时，他勃然大怒，严禁青蛙公司做沃兹尼亚克的项目。沃兹尼亚克认为这是乔布斯在借机惩罚他。乔布斯则辩解说，这个做法是为了防止沃兹尼亚克的遥控器像苹果生产出来的产品。而青蛙公司则觉得乔布斯是仗势欺人。听说此事后，赫茨菲尔德也替沃兹尼亚克感到不平，他甚至拒绝乔布斯登门拜访。那时，乔布斯才感到自己确实做得过分了。

⊙ 点评：天下无不散的筵席

虽说"天下无不散的筵席"，"久合必分，久分必合"、"好合好散"这些常识在"不是英雄就是狗熊"的极端主义化身的乔布斯身上毫无概念。乔布斯对离开他的员工不但不施予援手，还横加干涉阻挠，这也体现了乔布斯的情商缺陷。

⊙ 点评：忍耐的极限

无数IT天才被乔布斯对产品的激情和天才的构想所煽动，跟着他为理想奋斗，忍受他的无礼和粗鲁。但人是有尊严的，忍耐也是有极限的。受到的侮辱超过一定的极限，人总会爆发的。在"一白遮百丑"的业绩下，或者很多人会选择忍让，但高潮退去之后，所有问题都会暴露，人们都会重新审视自己选择的价值。此时，一着不慎就会"兵败如山倒"。

⊙ 点评：胸怀

身边很多老板在员工外出创业时都会给予支持。老板们会为老部下提供技术、业务甚至资金上的帮助，至少在精神上给予鼓励，尽力帮老部下渡过艰难的生存期。他们从雇佣关系变成朋友关系或合作关系，保持着良性互动。但乔布斯在对待沃兹尼亚克再创业的态度上，实在让人觉得有点不可理喻。在30岁的乔布斯身上，找不到企业家应有的胸怀。

裂缝

1985年春沃兹尼亚克走后，乔布斯和斯卡利之间的矛盾日益加剧。最初，乔布斯讨好斯卡利是希望对方不要约束他，而斯卡利则认为乔布斯会始终如一地对他那么好。当乔布斯发现自己无法左右斯卡利，而斯卡利也感到乔布斯对自己的态度越来越粗暴时，他们之间的战争终于爆发了。

而麦金塔销量的惨淡也加剧了乔布斯与斯卡利之间的矛盾。1985年，苹果公司的账簿上再次出现赤字，董事会将矛盾指向乔布斯。但乔布斯则把失利的原因都归结到斯卡利的身上，说斯卡利不懂电脑，没有理解苹果产品的精妙所在。而斯卡利则认为乔布斯没有修养，不懂管理却随意干涉公司的决策经营。

董事会试图去调节他们之间的矛盾，但均失败了。1985年4月，斯卡利在董事会上说："现在公司相当于两个人在掌控，这对于公司的运营和发展都将产生不利。乔布斯必须要明白，我才是公司的唯一管理者。"最后，董事会决定倒向斯卡利一边，免去乔布斯麦金塔部门总经理的职务，但保留他董事会主席的头衔。乔布斯得知后勃然大怒，他找到斯卡利，想说服他让自己还任麦金塔部门的总经理，同时保证以后绝不随便插手公司的其他事务，但遭到了斯卡利的拒绝。

⊙ 点评：企业家与经理人

只有当企业与经理人形成互补合作的关系时，管理的功效才能迸发出来，双方的合作才能持续和深入化。但当蜜月期结束，双方光环褪去，各自的弱点不断显现，这时经理人需要将重点放在业绩上。只有取得业绩的增长，才能争取到改善管理的时间；否则，经理人在企业家心中的地位会不断下降，双方都会不满对

方的缺点，互相指责，最终走向对立并分裂的局面。

⊙ 点评：得道多助

在与乔布斯的斗争中，斯卡利得到了大多数人的支持，包括乔布斯的老部下在内，苹果公司上下都认可他的管理经验和温和性格；加上由乔布斯主导的麦金塔电脑销售堪忧，平时受尽谩骂的麦金塔员工都希望乔布斯早日离开。对于一个企业的始创人和大股东，如能对"得道多助，失道寡助"多些理解，或许能避免如此严重的倒戈吧。

⊙ 点评：扬长避短

乔布斯对产品有疯狂的激情。如按照董事会的方案，在苹果公司的框架内另起产品开发的炉灶，让乔布斯发挥自己的长处，或许会有双赢的结果。无奈乔布斯的偏激个性，加上对斯卡利的仇恨，让他完全处于非理性的状态。所以，此时的乔布斯才会在"YES"或"NO"之间不断纠结。

⊙ 点评：公司治理

乔布斯是苹果的始创者，又是大股东，但除了公司代言人的角色难以被人取代外，他的职责也被限制在公司的管理机制之中，当然，这需要一个强有力的最高管理者——总裁对他加以管理。否则，最好的公司制度也形同虚设。

不甘

1985年5月初，乔布斯到斯卡利的办公室。二人互相指责，乔布斯大嚷着让斯卡利辞职，斯卡利被气哭了。5月14日，乔布斯带着麦金塔团队向苹果公司的领导进行季度回顾。乔布斯提到目前该团队的主要任务就是将麦金塔电脑销售出去，而斯卡利则不讲情面地批评了麦金塔团队的工作情况以及乔布斯的管理状况。这次，他们又争执了一个多小时，当着众人的面，斯卡利再次拒绝了乔布斯想留任的请求。

乔布斯认为自己被逼上绝路了。他准备反戈一击，他想利用斯卡利到中国出席会议的时机，在公司内部发动一次政变，将斯卡利轰出苹果公司。但乔布斯万万没想到，由于自己平时待人刻薄，树敌太多，且不善于搞阴谋诡计，许多人将他的这一计划四处宣扬，以至于他的计划尚未实施就被斯卡利知道了。

⊙ 点评：内耗

尽管乔布斯对另起炉灶也有几分动心，但想到自己的公司被自己痛恨的人握在手中，他就无法接受。他也无法平息被斯卡利抛弃的愤怒。在两次争取留任未遂后，乔布斯受心腹员工的鼓动，决定策划政变。此时的他已经进入了一个绝不属于自己的领域：政治。

任何人都有自己的个人利益，高管更是难以避免地会有一帮铁兄弟，这帮兄弟的利益会随着老大的变化而变化。所以，他们时刻打着维护公司最高利益的旗号去煽动老大。老大如果头脑不清醒，公司就会陷入内耗。作为企业家，深刻洞察属下建议的真正目的，是一种不可缺失的能力。

不到黄河心不死

1985年5月23日，周四。乔布斯在麦金塔部门的高层例会上讲述了自己想把斯卡利赶下台的计划，他还告诉从巴黎来准备替代斯卡利的加西。乔布斯准备在周末通过投票的方式革除斯卡利的职务。但大部分人还是支持斯卡利。很快，有人就把这件事通报给斯卡利。斯卡利得到消息后，立刻取消了行程，决定跟乔布斯一决胜负。

5月24日，周五。斯卡利在苹果公司高级职员大会上控诉乔布斯想将他撵走的企图。对此乔布斯极为震惊。很快乔布斯镇定下来，他历数斯卡利的诸多不是，并说斯卡利来到苹果后从来没帮过自己。斯卡利立刻让与会者投票：在经营企业方面，是乔布斯好还是斯卡利更好？让乔布斯感到震惊和失望的是，几乎所有的高级主管都站到了斯卡利那边。乔布斯情绪十分激动，他一句话没说就离开了会场。斯卡利丝毫没有胜利者的喜悦，他也感到自己很受伤，甚至也准备辞职。

5月25日，周六。迈克·默里找到乔布斯，劝乔布斯接受产品构架师的职位，离开总部，启动苹果实验室项目。但乔布斯还是有些犹豫，他主动约斯卡利第二天一起去斯坦福大学后山散步，他想借此机会与斯卡利和解。此时乔布斯的怒火渐渐平息，他开始理智地看待这件事情了。而斯卡利也放弃了准备辞职的想法。尽管他和乔布斯之间发生了争吵，但他还希望乔布斯能够像原来那样喜欢自己。

5月26日，周日。这天下午，乔布斯与斯卡利一起散步，他们平心静气地说

出自己原来的见解。乔布斯希望斯卡利把权力重新交给自己，他提议"你来当董事长，我来当总裁兼CEO"。斯卡利说这个提议毫无意义，他拒绝了。乔布斯不得不同意考虑接受产品架构师的职位。

5月27日，周一。乔布斯让几名麦金塔团队成员来家中商量对策。他们准备说服马库拉站到乔布斯这边，让乔布斯夺回对苹果公司的管理权，或者至少让他保留对产品部门的控制权。马库拉也被邀请来，他先让众人说一下具体的管理问题。当听到麦金塔团队的成员的想法后，他明确地表示不赞同，并希望事情到此为止。

与此同时，高层管理人员也提醒斯卡利绝不能让乔布斯重回运营岗位。

5月28日，周二。斯卡利在征得董事会的同意后，给乔布斯打电话，通知他离开苹果。乔布斯感到大势已去，泣不成声。心腹默里担心乔布斯会自杀，开车到乔布斯的住所陪他彻夜长谈。

5月29日，周三晚，乔布斯把《巴顿将军》的录像带重温了一遍。他想再次发起策变，但默里打消了他的这个念头。他劝乔布斯周五来公司去听斯卡利宣布重组计划，还奉劝他"做好士兵，而不是叛军司令"。

⊙ 点评：直率

不管乔布斯的"政变"是否具有正义性，他的"天真"都在此事中暴露无遗。在天时（麦金塔销售不佳）、地利（人心不定）、人和（大部分中高层都反对他）都不在手中之时，还不分"敌友"，公开自己的"政变计划"，让对方有充足时间去反击。这种直率，真不知道是乔布斯过分自信呢，还是工作方法实在有问题。

⊙ 点评：两败俱伤

乔布斯毫无策略的"政变"令他和斯卡利的关系雪上加霜。他不但没有如愿清除斯卡利，还极大损害了自己的声誉。无论如何，斯卡利是乔布斯三顾茅庐从百事请来的，就算发现不合适，也应当好聚好散，况且斯卡利也没要非待在苹果不可。

⊙ 点评：虚幻的挣扎

乔布斯在去留的问题上不断反复，在最亲近的"战友"都劝他接受新安排的情况下，还异想天开地劝斯卡利认输。也许他还指望他的"现实扭曲力场"

可以扭转乾坤，但他忘记了无论如何斯卡利也是从世界500强企业走出来的，不是来过家家的。

⊙ 点评：不到黄河心不死

在与斯卡利谈判不果的情况下，乔布斯还是不死心，想与一班兄弟说服马库拉。但老成的马库拉并没给他们翻盘的机会，并明确代表董事会表示支持斯卡利。在群魔乱舞的环境中，公司核心人物的立场一定要坚定，就算是不完善的方案，甚至是错的方案，只要不是伤筋动骨的也要坚持，否则，对士气的打击是难以估量的。

⊙ 点评："做好士兵，而不是叛军司令"

尽管大局看来已定，但乔布斯还念念不忘永不言败的《巴顿将军》。幸好还有挚友默里陪他彻夜长谈，在安抚乔布斯之余，还奉劝他"做好士兵，而不是叛军司令"。毕竟这个战场是乔布斯的主场，损失最终只能由自己承担。

⊙ 点评：坚韧不拔

尽管这次"政变"没能成功，乔布斯的政变策略也令人捧腹，但他坚韧不拔的意志和毅力也反映了他的特质。这一点是始创企业家与经理人的重大区别之一。

落魄

1985年5月31日，乔布斯在默里的鼓励下去参加斯卡利召开的公司例行会议。这一次，他决定要积极配合斯卡利了。他不声不响地坐在了后排。他想利用"示弱"博得众人的同情，并谴责斯卡利的"恩将仇报"。斯卡利在向与会者展示公司的组织架构时故意把乔布斯漏掉了，他还强硬地说："在苹果公司里已经没有适合乔布斯这人的角色了，不管是现在还是将来。"可想而知，那时乔布斯的心情有多糟。

也是在那一天，斯卡利正式签署文件，解除了乔布斯麦金塔部门总经理的职务。

6月1日，美国各大报纸纷纷用大篇幅报道乔布斯下课一事。

赫茨菲尔德获知此消息后，急忙开车回到苹果总部。这是他离开苹果公司后第一次回来，他安慰乔布斯，并表示，如果乔布斯需要他，他会立刻回来协助他的工作。

接下来的几天，乔布斯把自己关在家里。一些苹果的老员工前去拜访乔布斯，他很不情愿地接待他们。乔布斯向他们抱怨斯卡利的独断专行、忘恩负义等，并说苹果没有自己管理上将会十分混乱。

他的心情可以理解。被自己一手创建的公司踢出门外，遭到曾经亲如父子的同事一致的反对，这样的事放在任何人的身上都足以令其崩溃。乔布斯还想起了儿时被抛弃的痛苦。

乔布斯想去欧洲释放一下抑郁的心情，于是在6月份他去了巴黎。他约苹果公司法国分公司的新总裁让·卡尔蒙共进晚餐，并向其哭诉自己的遭遇。随后，他又到了意大利。他买了一辆自行车和一个睡袋。白天，他就骑着车在山边小镇里闲逛，哪怕是阴雨连绵。晚上就把自己裹在睡袋里，躺在果园里睡觉。他不和任何人说话，人们也不认识他。在佛罗伦萨，他对当地的建筑和建筑材料十分赞赏。他特别喜欢颜色饱满悦目的蓝灰色铺路石。20年后，他将大部分大型苹果店的地面铺成了这种砂岩。

6月底，他还去了瑞典，依旧是为Apple II电脑做宣传。他还计划到苏联为Apple II电脑做宣传，因为当时Apple II电脑刚刚在苏联销售。他曾一度考虑留在欧洲，做个流浪艺术家。

⊙ 点评：始创人与公司

如今，在有些利用投资基金发展的公司里，始创人不占绝对控股权。所以，容易实现股权与经营权的分离。对于公司来说，这是有利的一面。但另一方面，始创人是公司的灵魂，是公司重要的无形资产。一旦始创者离开公司，公司的前景就很难捉摸了。

⊙ 点评：失落

被自己创立的公司开除，曾经亲如父子的同事一致反对他（乔布斯将之视为"背叛"），引起了乔布斯儿时被抛弃的痛苦回忆。尤其是苹果的管理大权落在他认为是笨蛋的人手中，让他既担忧又失落。不要说乔布斯是被自己亲手创办的公司抢走了管理权，一般而言，如果不是自愿让贤而被逼退位的经理人都是失落无比的。

◉ 点评：塞翁失马

为远离痛苦的环境，乔布斯到欧洲散心。谁料欧洲考究的建筑启发了他的灵感，20后年还为苹果带来了专卖店的设计，这也是因祸得福的收获吧。这也可以给我们带来些许启示：学科的交融、多学科的修养将给人们带来意想不到的作用。就像乔布斯热爱的书法，启发了他设计出美妙的电脑字体；佛罗伦萨的铺路石也让他更好地装饰了公司。

◉ 点评：一如既往

乔布斯在任何地方都保持自己的风格，独来独往、我行我素。这种不羁的个性在年轻时可能会得到别人的包容，但我们不应效仿。因为我们生活在一个互联的世界里，需要通过千丝万缕的交流来实现互动，一旦因自身礼仪原因而堵塞了沟通的渠道，那就得不偿失了。

有心栽花

1992年1月，乔布斯同意授权NeXTSTEP操作系统在其他品牌计算机上运行，他解雇了一半以上的员工。1993年，乔布斯被迫放弃了NeXT公司的硬件业务。虽然乔布斯力争在产品的每个细节处实现完美，但唯有硬件才真正能激发他更多的工作热情。

20世纪90年代中期，乔布斯在电影产业上取得了令人瞩目的成功，但一想到个人电脑产业，他还会失望至极。他已经看到了，微软正在以惊人的速度发展着，它极有可能在业内占据主导地位。微软的Windows让Mac、Unix、OS/2——败下阵来，一个低劣的产品却取得了最终的胜利。为了维持公司的正常运营，乔布斯迫不得已做着让自己不开心的工作——把自己的软件授权给别人装在那些低劣的硬件里。

◉ 点评：理想VS现实

即使是乔布斯，面对强大如微软的竞争对手时也必须要正视现实。他利用公司的一技之长，以生存为目的开展业务。创业公司在生存期一定要以赚钱为目的，否则，一切理想也无从谈起。

◉ 点评："低劣"与市场

在乔布斯眼里，微软的Windows是低劣的产品，但事实是它打败了Mac、Unix、

OS/2，几乎垄断了操作系统市场。这给我们很重要的启示：好产品不等于畅销品。影响产品销售的因素极为复杂，这是一个公司的综合能力的集中体现。

衰败

在把乔布斯赶出苹果公司后的几年，苹果公司的日子也不那么好过了。Apple II 已不再令人追捧，麦金塔和随后推出的激光打印机虽然引发了桌面出版系统的革命，但麦金塔的销量也不容乐观。20世纪90年代初，苹果在斯卡利的领导下市场占有率从原来的20%下降到8%。

面对微软，苹果节节败退。微软用了好些年来模仿麦金塔的图形用户界面。1990年，它终于推出了Windows 3.0系统，从此逐渐统领台式电脑市场。1995年8月，微软又推出Windows 95操作系统，当时微软以强大的攻势进行产品信息发布，还花了几百万美元使用滚石乐队的《Start Me Up》作为宣传歌曲。结果，人们排队竞相购买。在短短4天内，Windows 95就卖出超过一百万份。业界也将Windows 95看成有史以来最成功的操作系统之一。与此同时，麦金塔的销量仍在下滑。人们的普遍心理是，为什么要买一台昂贵且没有任何应用程序的电脑呢？IBM和Windows操作系统在市场上有着举足轻重的地位。

面对日新月异的市场，苹果公司未能引领而上，而是在原地踏步，甚至是在不断退步。曾经把乔布斯赶下台的约翰·斯卡利也在1993年被董事会革职。接替斯卡利的是苹果首席运营官迈克尔·斯平德勒，但他缺乏创新精神，其所做的一系列工作也收效甚微。1996年第一季度，苹果公司亏损了6900万美元，并辞退了1300名员工。同年2月，迈克尔·斯平德勒被解雇，阿梅里奥担任该职。

苹果的状况越来越糟糕，原定于1997年1月召开的苹果世界大会之前发行的新款操作系统也迟迟未能完成，阿梅里奥决定与一家公司合作开发新一代软件系统。得知这一消息后，比尔·盖茨很兴奋。微软"窃"自麦金塔的Windows操作系统经过多年的改进，已在市场上占据了垄断地位。如今若是能将其再用到麦金塔电脑上，那么比尔·盖茨就算完全胜过乔布斯了！

如果此时的CEO是乔布斯，他一定会大骂比尔·盖茨的居心不良。但阿梅里奥是空降过来的，对麦金塔电脑的感情没有那么深厚，因此，他并没有拒绝比尔·盖茨。

苹果公司的前高管加西也在高度关注此事。他跟乔布斯也是死对头。从苹果公司出来之后，他自己成立了一家公司，研发出了Be系统。

在Windows和Be之间，Be占了上风。毕竟微软与苹果恩怨已久。加西也胸有成竹。他在与苹果的谈判中，提出所要15%的股份（价值约5亿美元）。经过反复协商，他将其降至2.75亿美元。他十分清楚，离苹果大会召开的时间越来越近了，苹果公司为了不失信于顾客，必须在此之前达成协议。

就在加西认为自己志在必得之时，半路杀出个程咬金——乔布斯的NeXT公司。事情接下来的发展出乎所有人的意料之外——苹果即将收购NeXT，然后让乔布斯担任CEO。

⊙ 点评：起伏

苹果以Apple II 改变了个人电脑的世界。但和人生一样，公司也有高低起伏的周期。一般而言，失去了始创人的公司会遇到更多的市场风险。面对这些危机，始创人和经理人在心态上会有一些区别。始创人会将公司视为自己生命的一部分，每天都在考虑它的危机，考虑它的发展。虽然经理人同样会考虑这些问题，但成功与否对他们的意义是完全不同的，所以他们的驱动力也不会和创始人一样。

⊙ 点评：以胜败论英雄

尽管Windows是模仿苹果而成，但当它占据市场时，人们就只会尊重它，而不会鄙视它。换句话就是，人们在意你怎么花钱，而不会理会你如何挣钱。这种以胜败论英雄的评价标准是客观存在的。它告诉我们，在游戏规则下，利用一切手段争取胜利是唯一可以成功的方法，其他都是浮云。

"浪子回头"

正当阿梅里奥因为加西要价太高而一筹莫展之际，NeXT的一位中级产品推销员加勒特·赖斯在未经过乔布斯同意的情况下，自作主张地给苹果的首席技术官埃伦·汉考克打电话，向其推荐了NeXT的软件。

其实，赖斯不知道，乔布斯也早有此意。当他向乔布斯汇报此事时，乔布斯也兴奋不已。1996年的感恩节，乔布斯通过电话联系到阿梅里奥，恳请他在跟自己会谈之前不要与任何一家公司签订协议。阿梅里奥对乔布斯的产品也产生了浓厚的兴趣，他让乔布斯展示一下NeXT公司的操作系统。

1996年12月2日，乔布斯向阿梅里奥和汉考陈述并演示了NeXT系统的好处，并建议他们全面收购NeXT公司以及收编所有员工。尽管阿梅里奥知道自己早晚

会被乔布斯所取代,但他还是倾向于选择乔布斯。

8天之后,乔布斯和加西当着阿梅里奥等8名苹果公司高管的面又做了一次演示。乔布斯准备充分,不仅演讲很精彩,还带来了一台微型电脑,并现场演示自己的软件的诸多功能。而加西满以为自己稳操胜券,因而未做任何准备。结果可想而知,乔布斯赢得了这场竞争。最后,乔布斯还答应了以1.2亿美元的现金和3700万美元的苹果股票结算,并承诺持有股票最少6个月。阿梅里奥同意乔布斯以"非正式顾问"的名义协助他的工作。

很多人都认为乔布斯要夺回苹果,包括埃利森和盖茨。其实乔布斯对此犹豫不决。1996年12月20日,当着苹果全体员工的面,阿梅里奥宣布了收购NeXT和乔布斯担任兼职顾问的消息。阿梅里奥在苹果公司完成并购NeXT后说:"从今天开始,苹果的历史翻到了崭新一页。"让他始料未及的是,崭新的那一页将由乔布斯书写。

第二天,乔布斯来到了皮克斯。他发现皮克斯的员工看到他将重回苹果很开心,因为如此一来,苹果或多或少都会占用乔布斯一些精力,而他来皮克斯指手画脚的次数就会少很多。这未尝不是件好事。如果没有乔布斯的"帮倒忙",他们为迪士尼制作的动画片的效率就会大幅提高。

⊙ 点评:命中注定

苹果需要乔布斯,乔布斯也需要苹果。但当他们形如路人之时,他们的代表却用在商言商的方式帮助双方重归于好。即使这不是命中注定,也只能用"血脉相连"来形容了。

⊙ 点评:胸怀

不管乔布斯是否喜欢阿梅里奥,但在苹果危急的关头,阿梅里奥明知道自己会被乔布斯取代,还是找回了唯一可以挽救苹果的人,这体现了他作为职业经理人的操守和胸怀,值得敬佩。

⊙ 点评:老板的毛病

很多老板既强势又勤快更细致。他们或者带着员工一步登天,或者把员工折磨得要死。乔布斯就是这类老板,所以,皮克斯的员工对他回苹果是求之不得。这类型的老板应注意自身的特点,该出手时再出手;既要对员工快马加鞭,又不能代员工去试错。

第八章

求生，逆袭的光阴

被逼出走

1985年8月，乔布斯与一位斯坦福大学的朋友一起吃午饭，这个人叫保罗·伯格，是诺贝尔奖获得者。他向乔布斯抱怨道："如果要研究人类基因修复项目必须做漫长的试验，我现在很迷惑，不知如何帮助大学生更好地理解某些基因的重组方式。"乔布斯说："你们为什么不尝试一下用计算机模拟试验呢？这样岂不是能大大地提高效率？"保罗·伯格说："你不知道，建立合适的电脑工作站的费用太大，需要一万多美元呢！"这引起了乔布斯的反思，激起了他为高等教育界研制一款电脑的欲望。

1985年的9月份，乔布斯在苹果董事会会议的董事长报告上，宣布自己创立新公司的计划——为高等教育市场开发一款计算机。他承诺绝不会给苹果公司的产品研发和销售带来麻烦，并且只带走正准备辞职的5个非关键员工。他还当即宣布辞去苹果董事集团董事长的职务。

斯卡利、马库拉等人的脸上写满了震惊。斯卡利友好地说，苹果公司希望购买乔布斯新公司10%的股份，乔布斯表示自己再考虑一下。会议结束后，乔布斯没有参加董事会后例行的宴会。

乔布斯和几个"新公司"的成员商量后，大家都不想离开苹果后再与之有任何关系，因此不赞同获得苹果公司的任何投资。

第二天，乔布斯早早地赶到公司，告诉斯卡利这一消息，并提交了5名想与自己一起离开苹果公司的员工名单。看到名单后，斯卡利觉得自己又被乔布斯戏弄了，因为乔布斯带走的那些人并非如他所说的对公司无关紧要。恰恰相反，那些都是苹果公司的高级工程师，像特里布尔、克劳这样的工程师对公司即将开发的大多数项目了如指掌。还有一位是顶级的电路专家，另外两位则是苹果公司出色的管理者。

苹果公司的很多管理者和董事会成员对乔布斯这一行为颇有微词，有的人甚至提出应将此事诉诸法律，理由是乔布斯挖走了公司高层管理人员，而这些人还带走了苹果公司的很多技术机密。

很快，乔布斯将成立新公司的消息在苹果公司内部不胫而走。

1985年9月17日，乔布斯向苹果公司正式递上辞呈，并将其发送给美国的《新闻周刊》以公之于众。乔布斯在《新闻周刊》上讲述了自己的经历，他还提到："我最擅长的就是发现一批天才，然后和他们一起创造东西。"

雅达利公司的创始人诺兰·布什内尔在得知这个消息后担心苹果公司在斯卡利的领导下日渐衰落，他说："百事可乐味道的苹果还能续写美妙的传奇吗？"

不久，乔布斯通过新闻界声明自己会将手中20万美元的苹果股票全部卖出。实际上，他还给自己留了1股，以保证自己还有参加股东会议的权力。他还宣布已经给新公司起好了名字——"NeXT"。

就在乔布斯积极筹划新公司时，苹果公司正式向法庭提起了诉讼，指控他带走了商业机密。该案在几个月后得到解决，乔布斯答应将不会染指苹果公司的市场。

⊙ 点评：嗅觉敏锐

我们在日常的社交中会接触到各种信息。但往往讲者无意，听者有心。当某些信息与储存的知识发生交集时，就会引起人们不同的反应。日常信息是否有价值，要取决于每人的嗅觉敏锐程度。对普通人而言，知识的积累与融会贯通能力、资源整合能力的培养非常重要，这就是为什么有些人看到满世界都是机会，而有些人则对机会视而不见的原因了。乔布斯从大学缺乏性能强大的电脑就发现了商业机会，就是这个道理。

⊙ 点评：穷则思变

在工作顺利时，人都习惯沿着现有的路前行，缺乏改变的动机，往往陷入"温水煮青蛙"的状态。而在工作不顺利时，有思想的人就会产生"自救"的冲动。我们看到社会上大部分始创的企业，其老板大都曾有着"落泊"的悲催经历。所谓"穷则思变"，认定"天无绝人之路"，就能保持旺盛的斗志，不会被一时的失意打倒。

⊙ 点评：个人利益

乔布斯从苹果带走队伍和项目，就算有一百条理由，都绕不过最核心的这一个：个人利益。事实上，个人利益是驱动社会发展的主要力量。只不过要在一定游戏规则下，个人利益与集体利益进行博弈才能符合正常人的价值观。因此，游戏规则的制定是关系到企业核心利益的大事，来不得半点马虎。

⊙ 点评：企业的灵魂

雅达利公司的创始人诺兰·布什内尔问得好："百事可乐味道的苹果还能续写美妙的传奇吗？"毫无疑问，始创人是企业的灵魂。由于国外的企业很多是通过PE或VC募资发展壮大的，与中国民营企业主掌握绝对控股权不同，他们的始创人的股价普遍已被稀释。但无论如何，企业在发展阶段还是应该靠始创人对事业的狂热，如此才能有更好的未来。

⊙ 点评：老板=猎头＋教练

乔布斯说："我最擅长的就是发现一批天才，然后和他们一起创造东西。"一个企业的成功关键在于老板有了战略思想后，通过打造一支有战斗力的团队，并带领他们向目标进发。简单地表示就是：老板=猎头＋教练。

自力更生

乔布斯对NeXT抱以很大的期望，1986年，他花了10万美元请著名的商标设计师保罗·兰德设计标识。看到这个标识，很多人就会想起儿时玩的积木。为了让这个立方体更富立体感，设计师将"Next"分为两行字，并把下面那行的"xt"变成了大写的，而且字母的颜色也不一样。

兰德还为乔布斯设计了一个颜色丰富的名片，乔布斯见到后欣喜不已。但在"Steve P. Jobs"这个名字中字母P后面的缩写符位置问题上，两人有着不同的看法并发生了争吵。最终乔布斯成功说服了兰德。

为了将NeXT标识完全体现在真实的产品中，乔布斯又从苹果挖来设计师哈特穆特·艾斯林格，并承诺给他充分的自由进行创作设计，而NeXT的其他员工就没这种待遇了。

乔布斯准备把NeXT的第一台电脑设计成立方体，这种形状的电脑在当时绝无仅有，这也意味着它在研制的过程中困难重重。比如为了适应电脑立方体的结构，计算机内部的电路板必须重新配置和安装。而厂家的铸造模型一般都是很大众的，但立方体就有些另类了，因此还得重新设计生产铸造模具。

乔布斯要求工程师戴维·凯利必须做出曲线优美的显示器支架，这本来是件

难事了。乔布斯还提出显示器必须有俯仰角度调整的功能，而要实现这点更是难上加难了。艾斯林格跟乔布斯的看法一样，希望这种立方体完美无缺。为了实现这一要求，他们多次返工，耗费了很多成本。

乔布斯在办公室的设计上也颇费心思，甚至设计师对装修不满意，乔布斯也不计成本地将所有设施全部拆毁，重新再来。1989年，NeXT公司搬到雷德伍德一个更大的地方时，这一幕再次上演。乔布斯还花了100万美元在大堂中心设计出一段宏伟的楼梯，使之看上去恍若悬浮于空中。因为设计出的楼梯难以令乔布斯满意，因此乔布斯勒令他们一再返工，多年以后，乔布斯把这款楼梯变成了苹果零售店的特色。

⊙ 点评：从战争中学习战争

乔布斯的天生控制欲决定了他只能当老大。但管理上的不成熟让他在苹果公司频频受挫。一旦从约束中解放出来，他无限的激情就如脱缰的野马，尽情奔放。如今乔布斯终于有机会在战争中学习战争。他正在NeXT的实战中积累着宝贵的经验，而这些经验都将成为苹果蜕变的基础。

⊙ 点评：精英出精品

世人皆知，乔布斯求贤若渴。当年为了一个马库拉，他可以让出1/3的股份；为了一个斯卡利，他可以三顾茅庐。对于项目合作伙伴，他也只选最顶级的精英。就像一个企业标识，他都要聘用当时最好的设计师，哪怕为此失去"控制力"都在所不惜。精英出精品，任何工作都要靠人去实施，精英的专业素质虽然不能保证把事情百分百做好，但素质不够，把事情做好也并非易事。

⊙ 点评：TQC

为了名片设计上的一点（简约符），乔布斯可以与顶级设计大师坚持较真直至胜利，这反映了乔布斯无法摆脱的完美主义。这种"细微之处见精神"的例子比比皆是。管理工作应该取得TQC（期限质量成本）的平衡，但乔布斯为了"完美"Q（质量），而忽略T（期限）和C（成本），这是他管理不成熟的一个表现。

⊙ 点评：官兵放火

为保证NeXT的设计理念能落实到每一个产品，乔布斯只相信艾斯林格及青蛙设计公司。但短短一年间，乔布斯就曾强迫青蛙公司放弃沃兹尼亚克遥控装置的项目。这种"只许官兵放火，不准百姓点灯"的举动，将乔布斯个人利益至上的自私性格暴露无遗。

⊙ 点评：世上无难事

让艾斯林格放弃与苹果合作转投NeXT是件"不可能完成的任务"，但乔布斯做到了。用乔布斯的理论，这就是"现实扭曲力场"在起作用；而用我们自己的话就是"人有多大胆，地有多高产"，或"世上无难事，只要肯攀登！"

断粮之险

NeXT公司刚成立时，乔布斯与丹·卢因等人经常到高校做调查，他们想知道师生们所期待的计算机是什么样的、具有哪些功能。在哈佛大学的餐厅里，他们结识了莲花软件公司董事长米切尔·卡普尔，他答应为NeXT操作系统编写电子表格程序。

NeXT的软件增加了录放声音的功能，工程师迈克·霍利还专门开发了一部电子词典，并把牛津版莎士比亚作品集、百科汇编和《牛津英语词典》等存入进去，使之成为可搜索的电子书。

乔布斯还让工程师们设计出必须集成多种功能的新芯片。

在所有的方面，乔布斯都力求完美，比如他像强迫症患者一样不断修改配色方案。可惜的是，乔布斯没有从丽萨和麦金塔的失败中汲取教训，他只注重研制完美无缺的电脑，只想用更先进的技术，却完全忽略了教育市场需要什么样的机器。

乔布斯还是一如既往地对员工十分苛刻。大多数情况下还是非常奏效的，但有时也会造成不快。工程师戴维·保尔森在NeXT公司工作的10个月里，每个礼拜工作将近90小时，可乔布斯却当众对他们所做的东西表示不屑。戴维·保尔森十分恼火，提出了辞职。

1985年底，在NeXT一次外出集思会上，乔布斯给员工定下了一个目标：第一台NeXT将在1987年春季上市。员工们大吃一惊，依据当时的情况来看，这简直是天方夜谭。但乔布斯依旧坚持自己的原则。人们纷纷议论是不是NeXT的资金链紧张，才迫使乔布斯缩短了工期。对此，乔布斯没有做任何的解释。果然，1986年9月的第三次集思会上，乔布斯的时间规划表已不见踪影，或许NeXT真的步入了财政末路。

⊙ 点评：创新

乔布斯为使NeXT电脑有更多的卖点，就将当时已有的一些读物电子化；为使电脑结构简单，就将芯片集成化。有时候，我们会把创新神秘化，使企业知难而退，失去创新动力。其实，创新就是加减乘除：在前人工作的基础上往前进一步，这是加；把前人的工作优化一些，这是减；把一些跨界的工作整合在一起，这是乘；发现前人的错误和缺陷并加以纠正和改善，这是除。灵活应用加减乘除创新法，企业的创新动力就会源源不断了。

⊙ 点评：坚持

乔布斯和以前一样，花大量的时间在厂房和设备的外观上。这一是受父亲的影响，二是源于内心对细节的完美要求。这种坚持恐怕很多人都难以做到，特别是在企业还没有产生效益的时候。但当我们跳出迷雾后，可以清晰地发现，正是这种近乎疯狂的对完美的追求意识，才造就了乔布斯式的产品特性：大繁至简、引领潮流。

⊙ 点评：还是坚持

乔布斯对员工苛刻、冷酷、无礼，但他又有着无可匹敌的个人魅力。一方面，他增加了团队的建设成本；另一方面，他又令下属的潜能得到了高度的开发。我们只能认为这是乔布斯方式。乔布斯以他自己的方式打造了一支改变世界的团队，有能力的人在他手下成为了伟大的创新家；不能适应者，另谋高就也能生存，这就是真正的志同道合。

命不该绝

NeXT公司成立伊始，乔布斯投入了700万美元。但他为了设计一个独特的标识和办公室花费不菲。加之为了追求完美的产品而经常返工，而NeXT还未生产出来，到了1986年年底那些钱就所剩不多了。乔布斯必须找到新的投资者。只是这一次比第一次要容易多了，他现在已蜚声业内，人们都知道他白手起家，成功地创建了苹果公司，于是纷纷表示愿意投资。

德克萨斯州的杰出商人罗斯·佩罗看到了美国公共广播公司播出的纪录片《创业者》，片中介绍了乔布斯和他的新公司，佩罗非常赏识乔布斯。早在1979年的时候，比尔·盖茨曾找到佩罗，希望他投资，结果被佩罗拒绝了，他因此失去了一个发财的好机会。这一次，佩罗决定绝不能再犯一次这样愚蠢的错误。因此，他投资了2000万美元，购买了NeXT公司16%的股份。

此外，佩罗还当NeXT公司的拉拉队长，鼓舞员工的士气。他还热衷于带着乔布斯出入商界和精英聚集的社交圈。一次，他和乔布斯参加一场为西班牙国王举办的晚会，乔布斯形象生动地向国王描述了计算机领域的革命。国王对之很感兴趣，还写了一张纸条给乔布斯。看到了那一幕，佩罗也很费解。"发生了什么事？"佩罗好奇地问。乔布斯回答说："我成功地把一台电脑卖给了西班牙国王。"佩罗走到哪都会向人们绘声绘色地讲述乔布斯的传奇经历，他认为乔布斯的故事就是一部令人惊叹的青年历险记。

⊙ 点评：刀刃

我们通常说，好钢用在刀刃上。但"刀刃"在哪里？每个人的想法会大相径庭。乔布斯花了700万美金（注意：那是1985年），只得到了一个LOGO和豪华的写字楼。这对一般的创业公司绝对是不可想象的，但对于乔布斯而言，精品形象是他的"刀刃"。把它放到和产品研发同等重要的地位，是乔布斯的一种策略。

⊙ 点评：萝卜白菜，各有所爱

虽然NeXT这个"三无"（无收入、无产品、无前景）公司的招股没吸引风投，但却被罗斯·佩罗所看中。我们可以认为这是"英雄惜英雄"所为，用更通俗的话就是"萝卜白菜，各有所爱"。这给我们一个重要的启示：风投是靠系统的评估选择项目，是经理人的方式；而老板是靠生意头脑去决策，他们的判断结果是不同的。

盖茨眼中的NeXT

在研发麦金塔电脑时，乔布斯曾与盖茨有过合作，双方都获得了不菲的收益。但这次盖茨却不肯为NeXT电脑开发专门软件，只是象征性地定期到加利福利亚看NeXT的演示。但每次他都会对NeXT电脑表现出不屑一顾的神情，他甚至公然在《财富》杂志上说："我真不明白乔布斯的新电脑有什么特别之处。"

乔布斯和盖茨这两位精英人物无法再次合作，甚至不能以礼相待。有一次，他们在走廊上相遇，乔布斯说NeXT将会引领计算机产业革命，对此盖茨却强烈

地表示反对，他们还因此而吵得不可开交。

1989年，乔布斯和盖茨都在马萨诸塞州的一个年会上发表了自己的看法。乔布斯宣传其软件和硬件集成一体化的系统。而盖茨则当即表示，因为硬件和软件的市场是独立的，乔布斯所推崇的系统早晚会遭遇失败。

⊙ 点评：以礼待人

在我看来，盖茨与乔布斯的龃龉并非源自他们的理念差异，而是源自乔布斯的无礼和粗鲁。在我国的潮商文化中，大老板对小老板也是非常尊重的，因为大老板坚信，小老板和他们一样，也是兢兢业业的人，总有机会成为大老板。而乔布斯时常以大欺小，以致盖茨一再被欺辱，所以不愿再结交乔布斯了。

⊙ 点评：英雄所见不同

不同的人对同一事物有不同的看法是最正常不过的事情。对行业的认识、努力的方向不一样，其实正是公司之间规避竞争、加强合作的好机会。仅仅因为对行业前景看法不一样，乔布斯与盖茨就互相鄙视，不愿合作。这种"英雄所见不同"而造成双输的局面应该是出于感性而非理性的了。

乔布斯的合作观

盖茨拒绝与乔布斯合作，为了尽可能改变计算机产业的权力均衡，乔布斯决定与IBM合作。佩罗曾带着乔布斯参加过一次在华盛顿举行的社交活动，期间，乔布斯碰到了他的商业劲敌——IBM公司的首席执行官约翰·埃克斯，他向约翰·埃克斯暗示，NeXTSTEP操作系统比Windows系统更适合IBM的高端电脑。

没过几天，乔布斯接到了IBM公司的一位主管的电话。对方说，IBM公司对他们的计算机很感兴趣，不知能否与之合作。乔布斯并没有立刻表态，但同意与他们商谈合作事宜。

一天，IBM公司的一位主管拜访乔布斯。他拿出了一份合作书，希望双方能够把合作的事定下来。那个协议书长达100页，乔布斯看到后当着那位主管的面把它扔进垃圾桶，并说："如果IBM想要与我们合作的话，就得提供一份简单明确的协议书，内容控制在五六页左右。"这位主管回去后认真考虑了乔布斯的意见。不久，IBM又派人与乔布斯商谈，并建议由乔布斯起草一份协议。

乔布斯与IBM的谈判持续了很长时间，一开始苹果公司还没有推出NeXT，到了1989年，NeXT电脑的销量始终没有起色，NeXT的工程师们也都纷纷议论是否该放弃对电脑硬件的研发，而着重开发软件。

在NeXT发展的关键时期，NeXT与IBM终于签署了协议，按协议条款，IBM公司将出资数百万美元与NeXT共同研发新系统。IBM还提出让NeXT停止生产硬件，但被乔布斯拒绝了。

见NeXT与蓝色巨人IBM合作，许多生产计算机的公司纷纷恳请乔布斯授予他们使用NeXTSTEP的权力。在一般人看来，这是一个崛起的大好机会，可是乔布斯却厌烦了。他认为，倘若这样下去，自己生产的电脑还有什么特别之处呢？此时，有公司表示如果NeXT放弃硬件业务，就愿意付更高的价钱。这更让乔布斯怒不可遏，他停止了关于生产NeXT的商谈。随着促成NeXT与IBM合作的IBM公司的行政主管比尔·洛到施乐任职，NeXT和IBM的关系也趋于冷淡，最终双方解除了合同。

⊙ **点评：性格决定命运**

乔布斯聪明的头脑加上一点点务实，就差点令世界失去了微软。但乔布斯过于强大的控制欲救了微软，也让自己失去了独霸IT界的机会。即使如此，这场合作也不啻为IT界的一阵惊雷。虽然这种合作模式可以带来效益，但乔布斯还是坚持走自己推崇的软硬件一体化模式。这种执著的精神令人敬佩，况且那时NeXT电脑还在烧他自己的积蓄！

⊙ **点评：客情维护**

乔布斯能说服IBM董事长舍弃微软与其合作，本来是个非常了不起的成就。但由于他性格偏执，最终又失去了这位大客户。表面上看，这是因为授权软件不是他的专业，但根本原因还是在于他不善维护客情关系。开拓一个客户不容易，但维护好一个客户更需要心思，这是乔布斯的一个弱项。

花不开

为了让NeXT电脑的发布会更完美，乔布斯在每一个细节处下功夫。他让图形设计师苏珊·卡雷精心制作每一页幻灯片，还亲自检查了邀请名单、午餐菜单。

1988年10月12日，教育界、软件界和媒体界的3000多人来到旧金山交响乐

堂。乔布斯发表了精彩的演讲，他还不忘调侃一下自己的怪异性格、多变的情绪，惹来场下一片笑声。他赋予NeXT诸多的溢美之词，当他揭开黑色主机神秘面纱的瞬间，观众们屏住了呼吸，随后惊叹声爆发。

乔布斯吹嘘说他们造出了世界上最棒的电脑，还炫耀了它的读写光盘和电子书功能。虽然NeXT的应用体验和性能极其卓越，但当乔布斯说到"6500美元卖给高等教育人士，且加上其他配件还要花4500美元"时很多人还是感到震惊。

此后，有记者问乔布斯为何NeXT电脑推迟这么久才问世，乔布斯说："并不迟，它已经领先了时代5年。"乔布斯已经掌握了和媒体打交道的技巧和方法，他答应某些媒体接受"独家"采访，但前提条件是把他的报道放在封面上。这一次也不例外，他又与几家杂志签署了同样的合同。《商业周刊》的凯蒂·哈夫纳尖锐地指出了乔布斯对独家新闻的操纵。"NeXT在媒体对员工和供应商的采访方面进行谨慎周密的分配，它们通过审查来控制采访报道的内容"，他写道，"这个策略很见效，但也有负面影响。这种行为让人看到了史蒂夫·乔布斯极端自私和冷漠无情的一面，正因如此，他才被苹果驱逐出来。乔布斯最大的特点就是有很强的控制欲。"

当宣传炒作逐渐平息之后，市场对NeXT电脑反应平平。1989年年中，NeXT电脑终于开始销售了。同年的11月27日，盖茨在《电脑系统信息》上公开说："假如乔布斯的下一台电脑能够取得成功，我将非常诧异和疑惑。"这次不幸被他言中了。本来乔布斯已经准备好每月生产10000台，结果每月只销售出去400台左右。NeXT电脑有着当时最先进的设计，却不能成为主流。乔布斯再次尝到了"叫好不叫座"的滋味。

⊙ 点评：炫耀登场

乔布斯不但对产品精益求精，而且对发布会的任何细节都奉行完美主义。整合营销就是用一切可用的手段宣传品牌，而有效吸引眼球就是要有使观众获得愉悦的新鲜感和对媒体的吸引力。具有新闻价值的卖点，比价值巨万的硬广告效果还好得多。所以，乔布斯对产品发布会的重视程度丝毫不亚于产品研发，并用尽一切力量打造"炫耀登场"的效果。

⊙ 点评：高明的自嘲

乔布斯知道自己性格怪异、情绪多变，他多次在公开场合调侃自己的毛病，引来善意的笑声。或许这也是乔布斯的高明之处。用自嘲的方式让众所周知的缺点"暴露于众",一方面有自我批评的意味,另一方面又有"赖皮"的动机:"我是这样的人,和我打交道你应有思想准备。"

⊙ 点评:定价策略

乔布斯在吹捧了新电脑的强大功能,把观众的期望调高之后,把价格定在一个高得惊人的数字上。发布会除对产品本身进行宣传外,更重要的是观察观众对产品的反应,根据观众(消费者)的期望来决定推广价格。这种市场支付意愿定价法有别于成本定价法,在差别化产品,特别是奢侈品中应用较多。

⊙ 点评:"佛都有火"

乔布斯的自私自利和对媒体的无情压制,使新闻人终于忍无可忍,用报导狠狠地报复了他。作为科技史上的奇才,我们可以容忍乔布斯的个性;但对于普通人,太过自我就会导致"失道寡助"。在张扬个性的同时,我们也应该照顾到大众的价值观。否则,代价将会是沉重的。

无心插柳

在创办NeXT的同时,乔布斯还给自己打开了另外一扇窗——电脑动画。他对电影《星球大战》的导演卢卡斯非常欣赏。1980年,乔布斯为了让苹果公司的员工能一起不受打扰地观看《星球大战》的第二部《帝国反击战》,曾经在一家电影院包场一晚。1986年,乔布斯以1000万美元收购了卢卡斯电影公司的电脑动画部,起名为皮克斯公司。为什么乔布斯要买下这家公司呢?首先乔布斯看重了他们所使用的整合型软件,这种软件只能兼容皮克斯图像电脑。其次,皮克斯的软件也让乔布斯称奇。他们居然可以通过软件对平面图像进行3D渲染。乔布斯认为这项技能可以应用于动画、图像设计,甚至医疗人员可以用其显影扫描。再次,乔布斯喜欢与艺术家合作,而皮克斯动画部门的负责人约翰·拉塞特就是一名艺术家。

收购这个电脑动画部之后,乔布斯要求他们以一流的硬件加一流的软件,去引领一个潜力巨大的市场——电脑动画。

起初皮克斯图像电脑售价125万美元,乔布斯认为可以推出一款售价在3万美元左右的电脑。但不久他就发现,这款电脑的售价依然很高,普通百姓难以接受。

就在乔布斯等人有些泄气的时候,一家公司看重了皮克斯的图像电脑,他们

就是大名鼎鼎的迪士尼公司。他们一口气进了十多台用于动画制作。皮克斯还为迪士尼量身定做了一款软硬件套装，名为CAPS。1988年，迪士尼用这套设备制造出了一个场景，那就是轰动一时的电影《小美人鱼》中的最后一幕——国王特里同挥别爱丽儿。此后，CAPS成了迪士尼的主要设备。

◉ 点评：加减乘除

创新不易，但也不难，通过加减乘除就能做到：在前人工作的基础上往前进一步，这是加；把前人的工作优化一些，这是减；把一些跨界的工作整合在一起，这是乘；发现前人的错误和缺陷并加以纠正和改善，这是除。乔布斯的"融合艺术与技术"就是用乘法去创新，这是技术含量最高，也是较易实现的创新方法。

◉ 点评：思维定向

因为乔布斯是技术出身的领导人。他的专业是电脑硬件的设计和改进，所以皮克斯电脑公司在他的领导下也将精力集中于电脑硬件和软件的图形化。但个人的喜爱毕竟代表不了市场的需求，除非你的喜好能激发潜在的需求，否则也只能陷于叫好不叫座的泥潭。所以，乔布斯这次的现实扭曲力场并没有在大众市场获得成功。

◉ 点评：柳暗花明

虽然皮克斯电脑在大众市场遇冷，但"好东西自然受欢迎"。皮克斯电脑凭借自己的强大功能成为迪士尼动画的制定设备，这更说明了在创业过程中坚持的重要性。遇到困难时，只有坚持，才能碰到柳暗花明的机会，或者才会有翻身的可能。

初战告捷

起初皮克斯并未把数字动画业务当成主业，只是希望通过它展示自己的硬件和软件技术。乔布斯接手这个公司后，曾在迪士尼供职的负责人约翰·拉塞特向乔布斯描述了自己对于图形设计的热爱。乔布斯很欣赏他的才华，经过一番商谈之后，他建议拉塞特再制作一部动画片。拉塞特最后做了个两分钟的短片——《顽皮跳跳灯》，它讲述台灯爸爸和台灯孩子的故事。这部动画片在美国计算机协会计算机绘图专业组大会上展出后，全场掌声不断。此外它还获得了奥斯卡提名，这也是第一部获得奥斯卡提名的特效电影。乔布斯非常激动，他决定每年制作一部新的动画短片。

⊙ 点评：小成功，大斗志

伟大的成功由小事做起，细微的成功将激起大的斗志。两分钟的短片获得奥斯卡提名，大大鼓舞了乔布斯对动画这个副业的信心，甚至在财务紧张的情况下坚持投入。在实际工作中，我们对有初步成绩的人和事当然会特别关注。尤其对经理人来说，关注绩效比关注问题重要得多，一来一白遮百丑，二来优秀的成绩能增强老板对自己的信心，从而让自己获取更大的支持。

柳成荫

《顽皮跳跳灯》的成功让皮克斯小有名气，却未能改善公司的经营状况。皮克斯的硬件、软件和动画内容都一直在赔钱。乔布斯决定进行一次大规模的裁员。

一次，在会议上，拉塞特问乔布斯，能否给予他们30万美元的投资，让他制作另一部电影。尽管皮克斯在各方面削减开支，但乔布斯在深思熟虑之后，还是答应了拉塞特。拉塞特利用这些钱制作了新片《锡铁小兵》，它一问世便赢得了各方好评，它获得了第三界洛杉矶国际动画节一等奖、美国电影协会蓝带奖以及1988年奥斯卡最佳动画短片奖。

看到《锡铁小兵》大获成功，迪士尼劝说拉塞特重回迪士尼。但拉塞特认为乔布斯对自己有知遇之恩，皮克斯才是自己能够自由制作电脑动画的最佳地方，他说："我可以去迪士尼，在那做个总监；或者继续留在皮克斯，谱写历史。"见劝说拉塞特无果，迪士尼又找皮克斯洽谈，希望他们能够合作。

截止到那时，乔布斯已经为皮克斯投入了近5000万美元，比他离开苹果时所拿到钱的一半还多，而NeXT公司的亏损还在继续。1991年，乔布斯要求皮克斯所有员工放弃期权，而他又投入了一部分私人资金。

乔布斯曾坦言道，早知道是这个结果，他会将所有精力都用在动画制作上，而不会费尽心力地去推动皮克斯的硬件和软件应用。可是，假如乔布斯能预知硬件和软件会亏损，他还会接受皮克斯公司吗？

⊙ 点评：成功不常在

乔布斯一厢情愿地想把图形设计电脑和软件塞给大众，但最终还是没能打入

市场。皮克斯的硬件、软件和动画内容都一直赔钱。这证明一个事实：过去的成功并不能保证现在的成功。过去成功的经验只有和目前的条件有效匹配，才能成为生产力；否则，就会成为发展的障碍。这就是为什么很多企业进入成熟期后逐渐走向衰退，不能蜕变新生的原因。

⊙ 点评：知恩图报

无论企业还是个人，相互合作的基础是能够让自身利益最大化。但利益是精神和物质、短期和长期、具体和抽象因素的综合。像拉塞特感激乔布斯对自己的信任，而谢绝迪士尼，"留在皮克斯，谱写历史"一样，既是因为他知恩图报的品德，也反映了他对前途的理智判断。

⊙ 点评：竞合

迪士尼邀请拉塞特重回迪士尼不果，就转而与皮克斯合作，这种以双方利益最大化为目的理性合作模式，真值得我们学习。在目前的竞争环境下，有些公司，甚至是大公司，时常让感情压过理智，抱着"我得不到的，你也休想得到"的心态，做出一些损人不利己的事情，这是非常令人遗憾的。

⊙ 点评：柳暗花明

乔布斯花了他在苹果时期的一半积蓄在皮克斯上，还顶住NeXT不赚钱的压力继续倾注对动画艺术的浪漫之爱，终于在后期让他等到了意外的收获。他对硬软件痴情，却在动画上得到了回报，这一事再次说明了人生"有心栽花花不开，无心插柳柳成荫"的无奈幸福。

逆袭成功

迪士尼公司的杰弗里·卡曾伯格负责电影动画制作，他特别欣赏皮克斯的动画师拉塞特的才能，想请他到迪士尼任职，但拉塞特不同意。迪士尼转而找到皮克斯，希望能与之合作。但前提是，拉塞特必须与皮克斯签一份长期合同。由此可见，杰弗里·卡曾伯格对拉塞特的重视程度。

当时皮克斯正处于瓶颈时期，乔布斯理智地做了很多妥协，经过反复的协商，最终双方在1995年5月达成协议。其中规定，迪士尼在营销和许可经营方面有控制权，而皮克斯公司则负责制作电影剧本。迪士尼向皮克斯公司提供1700万美元作为制作费用，票房收入和录像收入的12.5%归皮克斯公司所有，其他有关的产品权利归迪士尼公司所得。

随后，他们签署了3部动画电影的制作协议。在确定了合作之后，由拉塞特担任导演和首席编剧，皮克斯公司开始筹划制作一部动画长片——《玩具总动员》。拉塞特和乔布斯都认为产品都是有灵性的，它具有自己特殊的使命。经过反复的商讨，他们给这部动画片的两个主角取名为"巴斯光年"和"胡迪"。拉塞特的制作水平常让迪士尼感到称奇，但要让他们对细节之处也十分满意就有些困难了。卡曾伯格希望两个主角个性突出，也就是说，让胡迪更懒惰、吝啬、自私、刻薄。经过卡曾伯格等人的几次修改，胡迪几乎没有任何魅力了，不仅如此，还令人十分厌烦。

⊙ 点评：战略眼光

乔布斯的过人之处还在于他的战略眼光，解决了生存问题以后，就往前多看几步。乔布斯充分利用自身的优势，时刻审视对手的状态，掌握着大局的走势，争取有利于自己的合作条件。对机会的把握能力植根于对事物的敏感和对形势的准确预判，这对于高层管理人员来说是非常重要的素质。

⊙ 点评：权威与专家

由于卡曾伯格在合作初期有绝对的权威性，所以电影的角色定位越走越偏，最终被权威自己所否决。很多时候，权威会逼专家就范，但结果还是由专家来负责。这要求专家要加强自己的沟通能力和谈判能力，在专业上要敢于坚持自己的正确方向，不能被"现实扭曲力场"所影响。切记，你要对结果负责！

该出手时就出手

1993年11月，《玩具总动员》的前半部分制作完成了。迪士尼动画部门的总裁看过之后，认为这部电影的剧本有些幼稚，缺乏明快、成熟的电影风格。而且这部电影没有故事和情节。此外，迪士尼内部的很多员工都不认同这部电影。于是，迪士尼作出了暂停《玩具总动员》制作的决定。

此时乔布斯还梦想着靠《玩具总动员》扭亏为盈，知道这一消息后他震惊万分。但他不甘心就此放弃，他找到拉塞特并跟他说，如果他们把剧本修改到能令

迪士尼满意的话，对方就可以继续跟他们合作。拉塞特本来也十分沮丧，听乔布斯这样说，他又燃起了希望。

乔布斯和卡埃德·卡特穆尔是联合制片人，因此乔布斯没有过多地干涉动画制作，而主要负责协调团队与迪士尼之间的关系。这说明了他对拉塞特与皮克斯等艺术家十分尊重。

3个月之后，皮克斯团队将制作完成的新版本拿到迪士尼，结果获得了卡曾伯格和迪士尼的一致通过。1994年2月他们恢复了这个电影的制作计划。

但乔布斯认为卡曾伯格应负责超支的预算，而不是总由他一个人来承担。为此，他和迪士尼吵了一架。乔布斯思虑着如何将自己的资金带进项目，如何跟迪士尼谈判，以把皮克斯的影响力扩大一些。

乔布斯曾想把皮克斯出售，并与很多家公司商谈过。但是，当他观看了胡迪和巴斯的表演时，他突然意识到自己差点犯了一个大错误。1995年1月，迪士尼在曼哈顿举行了新闻发布会。他们是想借助这个发布会为同年夏天推出的动画片《风中奇缘》预热，并顺便推介将在感恩节周末首映的《玩具总动员》。

一开始，乔布斯对此兴趣不大。拉塞特和制片人拉尔夫·古根参加时也没想到迪士尼的推广能力如此之强，当时的场面十分壮观，连纽约市长鲁迪·朱利安尼都受邀而来。见此情景，拉塞特马上联系到乔布斯，让他赶快乘飞机过来。乔布斯来后，也被火爆的场面吸引了，他立刻抓住了这次机会。他知道自己该怎样东山再起了——只要将自己与迪士尼绑在一起，随着《玩具总动员》的上映，皮克斯就会转败为胜。他认为，同年11月借助《玩具总动员》的发布，让皮克斯上市。皮克斯自从成立之后，几乎每年都在亏损，怎么可能上市呢？这件连投资专家想都不敢想的事，乔布斯却胜券在握。

⊙ 点评：尊重VS指导

乔布斯出于对专家的尊重让拉塞特自由发挥，这是他难得的一次放权。但遗憾的是，专家型的拉塞特在管理型的卡曾伯格面前占尽下风，而乔布斯没能及时发现问题。最终，电影面目全非，惨被否决，人力、物力、时间被大量浪费了。老板在授权下属后，应对项目的执行过程进行不断地审视、监督。只考核结果的做法只有在被授权人有足够能力时才可实行。这还需被授权人有自知之明，善于利用上级资源才能成功。

⊙ 点评：审时度势

《玩具总动员》的拍摄运营过程，令乔布斯再次体会到资本的力量。没有钱就没有发言权，乔布斯敏锐地察觉到圈钱的机会，随着电影的进展而一步步修改经营的计划。从准备卖掉皮克斯到匪夷所思地策划上市筹款，这种把握机会，利用资本市场的力量壮大自己的意识恰是我国大部分企业家所欠缺的。

让皮克斯多飞一会儿

1995年11月22日，感恩节当天，迪士尼在洛杉矶船长剧院为《玩具总动员》举行了全球首映，一时好评如潮。这是一部完全用电脑三维技术制作的真正意义上的动画电影。

就在迪士尼为《玩具总动员》举办首映式的第二天晚上，乔布斯在旧金山豪华的摄政剧院，为自己举办了场首映式。他给硅谷的那些大腕一一送上请柬，请柬中还要求来宾们"穿半正式晚礼服"。当晚，一向穿着黑丝高领衫、蓝色牛仔裤和白色运动鞋的乔布斯，竟然穿着一件男士无尾半正式的晚礼服。当时《玩具总动员》才刚刚上映，市场状况还是未知。没有几个人能理解乔布斯为何如此高调地出场。他们不明白，为什么这个研究电脑的家伙突然做起电影来了？为什么他如此重视一部动画电影的上映？

但接下来的事实让人们惊叹不已。《玩具总动员》上映第一周就收回了所有的成本，票房收入达到了3000万美元。接下来，它的全球票房收入达到了3.62亿美元。它的成功为深陷困境的皮克斯带来了希望。

《玩具总动员》取得了巨大的成功后，让乔布斯感到郁闷的是，评论家在谈及这部电影时，认为是"迪士尼的传统"。因此，乔布斯明确地把迪士尼说成是皮克斯电影的发行商。他认为，当务之急就是必须指明"这个电影是谁的"问题，而且必须写入合同中。怎么才能让自己跟迪士尼平等地坐下来谈判呢？乔布斯认为皮克斯必须有足够的钱。这就需要一次成功的IPO。

《玩具总动员》上映一个礼拜后，皮克斯的IPO开始了。起初股价原定为每股14美元，但乔布斯大胆地将其定在22美元。没想到，开盘仅仅半小时，股价就冲到了45美元，并在当天以39美元收盘。

股票公开发行的第一天，乔布斯拥有的80%皮克斯公司的股票价值增长到原来的20多倍，居然达到了12亿美元！这个收益相当于1980年苹果上市时他

获得的5倍。这样一来，乔布斯终于摆脱了资金短缺的困扰，他不再依赖迪士尼了。因此他跟迪士尼谈判，要求承担电影的一半资金、分享一半的利润，以及品牌联合。最终他又成功了。

⊙ 点评：一箭三雕

迪士尼的首映式是传统的电影的发布模式，当然也大获成功。而乔布斯的首映式，则反映了乔布斯的战略意图。一来他是电脑界的大腕，肯定要在大腕中表现自己的新意；二来他正筹划皮克斯的IPO，需要在大腕中路演；当然，艺术和科技的结合也需要通过跨界营销来推动。这一箭三雕的表演，正是乔布斯的过人之处。

⊙ 点评：定位

《玩具总动员》获得了巨大成功，但乔布斯不满足于金钱上的回报，他需要得到相应的地位。他不能接受自己成为迪士尼的"加工厂"，而要打造自己的电影世界，"赢得所有电影跟迪士尼平等共享品牌的权力"。所以，公司定位的高低，直接影响公司的发展前景。纵观我们大多数企业，始创时由于生存的问题，大多都没有去考虑将来的发展，往往只关注眼前，结果浪费了很多机会和资源。记住：站得高才能看得远！

⊙ 点评：在最漂亮时嫁出去

做企业和养女儿一样，应该在最漂亮时嫁出去，这个简单道理也不是每个人都能明白的。经营上，多少10年前的优秀品牌闭塞自封，拒绝与强手联合，现在难觅踪迹了；生活上，多数剩女才貌双全，品行出众，昔日门庭若市，今日仍孤身只影，独守空房。他们共同的错误就在于忽略了生命的周期规律性，忧患意识不强，最终坐失良机。乔布斯在《玩具总动员》大热的第二周，就上市招股，果然大获成功。

⊙ 点评：资本市场的力量

皮克斯上市后，从丑小鸭摇身一变成为白天鹅，与迪士尼平起平坐地谈判，并争得了应有的地位。资本市场的力量何其无穷！但目前我国很多的优秀企业家对资本市场的认识仅限于圈钱，当暂时没有资金需求时，就对资本市场不屑一顾。他们没理解资本市场在品牌推广、信誉背书、保险等方面的一些重要作用，从而错失了能让企业更快发展的诸多资源和时机。

第九章

重生，你好

人和

1997年1月初，阿梅里奥和乔布斯同时出现在Macworld的活动大会上，乔布斯担任形象大使，现场挤满了大约4000位忠实的苹果粉丝。阿梅里奥啰啰嗦嗦讲了两个多小时。当他邀请乔布斯上台的时候，观众欢呼雀跃，掌声雷动。紧接着，阿梅里奥又把沃兹尼亚克请上了台。乔布斯讨厌这样的安排，他悄悄地溜下了台。

乔布斯顶着顾问的名头，马上在苹果的高层位置安插了自己最信任的人。他用好朋友阿维·泰瓦尼安替换掉汉考克的位置，负责软件工程。在硬件方面，他找回了当年在NeXT负责硬件的乔恩·鲁宾斯坦。

之后，乔布斯就把关注的焦点放在了杂七杂八的产品线上。他强烈要求终结一款名叫牛顿的项目，那是一种手持个人电子设备。在乔布斯眼里，牛顿是约翰·斯卡利投入心血最多的项目之一，它上面的"斯卡利标签"是最让乔布斯厌恶的。但阿梅里奥没有同意。他认为这个项目还有很大的市场潜力。

很快，泰瓦尼安和鲁宾斯坦经常去乔布斯家中汇报工作。很多人都看出乔布斯正在逐渐削弱阿梅里奥的权力，甚至有媒体公开报道说乔布斯已开始垂帘听政了。

1997年2月，在苹果一年一度的股东大会上，阿梅里奥耐心地向股东们解释为什么上一季度的销售量比上年同期跌了30%。但股东们还是表示了强烈的不满。苹果董事长、杜邦公司前CEO埃德·伍拉德还向与自己素未谋面的乔布斯询问对阿梅里奥有什么看法，乔布斯毫不客气地说："他可能不适合这个职位。"

乔布斯的好哥们、甲骨文的董事长埃利森公开表示要对苹果进行恶意收购，然后把苹果的领导权交给他的好友乔布斯。埃利森说自己准备融资10亿美元，收购苹果的多数股权。这个消息一公布，苹果股价立刻就上升了11%。

董事长埃德·伍拉德也不再支持阿梅里奥了，他否决了阿梅里奥提出的广告预算。当所有人都怀疑阿梅里奥的能力时，乔布斯却主动与之交好。表面上看起来，乔布斯对阿梅里奥很尊重。阿梅里奥也希望得到乔布斯的认可。但是，当6个月的股票锁定期到后，乔布斯将手里的150万股全部卖掉，他还诱使阿梅里奥

108

发表了一份不真实的声明。其实很多人都知道，乔布斯天生爱撒谎，不按常理出牌是他的一贯作风。

⊙ 点评：人不为财

　　大部分企业家在取得事业上的成功后，或过上奢华生活，或者积极参与各类公益慈善活动，即到达马斯洛需求的最高层次——自我实现。而乔布斯不但对物质享受没兴趣，对慈善活动也不"感冒"。他的自我实现方式就是创造伟大的产品和伟大的公司，这也许是他早年学习禅宗的原因吧。

⊙ 点评：志同道不合

　　虽然阿梅里奥与乔布斯挽救苹果的目标是一致的，但双方的风格截然不同。两人没有默契、没有沟通，所走或将要走的路都不一样。他们的分道扬镳是注定的事。

⊙ 点评：嫡系部队

　　团队建设讲究志同道合，取长补短，以加强团队的凝聚力。但老板的信任同样重要。事实上，在组建团队时，老板自然会从脑袋的数据库里挖掘人才，家族成员、泛家族成员（老同学、老同事、老部下、老关系）在同等条件下，机会相对会多些。这是因为嫡系部队的管理成本、沟通成本都会较低，而执行力更高，更重要的是抗压能力（挨骂）较强。这就彰显了嫡系部队存在的合理性。

⊙ 点评：爱屋及乌

　　人的行为不可避免地会受感情支配。我们所说的就事论事，很多时候只是一个良好的愿望。即使伟大如乔布斯，也会因为厌恶斯卡利而取消其主导的产品。这种"爱屋及乌"给公司带来不必要的损失。身为管理者应该理智行事，不做傻事。

⊙ 点评：糊涂的CEO

　　人无完人，金无足赤。无论是高级管理层，还是普通员工，偶尔犯错在所难免。但在大多数人都看到有错时，还觉得自己完美无瑕，这真是难得的"糊涂"。阿梅里奥令人吃惊的表现，加上乔布斯有意无意的"陷阱"，加速了他下马的过程。

⊙ 点评：天性

乔布斯天性是集说谎和直率于一身。但这只是他的一种处世伎俩，并不是其为了维护自身利益而动的"小心眼"。如有幸与这样的老板、这样的同事、这样的部下共事，就要以不变应万变了——那就是任何时候都以公司利益为重，所谓身正不怕影斜。否则你可能随时掉入陷阱。

天时

苹果公司的状况日渐糟糕，董事会意识到，或许应该请乔布斯正式回归了。但是，当董事长伍拉德打电话让其担任CEO时，面对这个期待已久的时刻，乔布斯却异常镇定，他委婉地拒绝了伍拉德的邀请。不过，他答应伍拉德做CEO顾问，而且不要薪水。

为什么乔布斯选择拒绝呢？这并非像他自己所说的那样，是喜欢皮克斯，而是源于他的谨慎。虽然乔布斯对权力的欲望极其强烈，但是，当事情尚不明确时，他会选择观望一段时间。

伍拉德和董事会决定不等乔布斯决定，先辞退阿梅里奥。一个周一的清晨，临时CEO宣布日后苹果公司将在乔布斯的指导下工作。这样，自从整整12年前的7月4日那个周末丧失大权后，阔别12年的乔布斯再次站在苹果的舞台上。经过伍拉德的说服，乔布斯同意出任临时CEO，并象征性地领取1美元的薪水，以表示自己跟苹果风雨与共的决心。

上任之后，乔布斯开始了大刀阔斧的改革，在产品设计、业务整合、供应商谈判以及广告代理商的评估等方面，他都积极地参与其中。为了防止苹果高层员工的流失，他决定给他们的股票期权重新定价，因为苹果股票已经跌得太多了，期权变得毫无意义。

他还精简了董事会的结构，清理了董事会的成员，其中还包括1976年奠定新苹果基业的老朋友马库拉。乔布斯对他曾有过怨恨，因为马库拉在1985年的紧要关头站在了斯卡利的一边。但现在要把他从董事会中赶出去，乔布斯的心也在隐隐作痛，毕竟这个人曾经像父亲一般对待过他。重组后的董事会大部分是乔布斯的心腹，比如伍拉德和张镇中。此外，乔布斯还聘请了很多名人加入苹果董事会，比如美国前总统阿尔·戈尔、谷歌的埃里克·施密特等。他们虽然位高权重，但对乔布斯心怀敬畏，而且想讨好他。乔布斯一直确保他们对自己的忠诚，即使自己是错的。

⊙ 点评：墙倒众人推

这个世界是现实的，锄强扶弱是神话，扶强锄弱是现实。无论是企业还是个人，自强不息、不断壮大自己才是王道。只有自身实力提升了，各种实资源和软资源才会被你吸引，从而产生愈来愈强的效应。相反，表现不佳，各种负面力量也会作用在你身上，发生墙倒众人推的现象——阿梅里奥的不幸结局就是如此。

⊙ 点评：三思后行

虽说乔布斯性格粗鲁，说话直言快语，但经过10年的风风雨雨，他比以前成熟多了。面对自己朝思夜想的回归机会，他也学会了"欲擒故纵"的手法。这样一来可以从旁观者的角度去发现问题；二来可以让更多的人去适应公司的改变；三来可以提高自己的谈判砝码。这种三思后行其实是发酵自己能量的过程。

⊙ 点评：增加向心力

对主动关心自己利益的上司，员工们都是死心塌地的、唯其马首是瞻的。乔布斯利用期权事件，威逼董事会同意他创新性地使用重新定价方法，为大部分高层争得了利益。这一方面解决了人才急剧流失的问题，另一方面收拢了人心，增加了员工对自己的向心力。这个改革的成功关键在于乔布斯没有个人利益的诉求——他手中没有期权。否则，改革是万万难以推行的。

⊙ 点评：感情

尽管乔布斯对敌人嫉恶如仇，但还是爱憎分明的。尤其是对曾与他一起并肩战斗的朋友更是充满感激之情。在不同时期，在各种利益因素的影响下合作关系可能会变化，但为公的"好"与自私的"坏"在当事人心中还是有一面明镜的。

地利

乔布斯重返苹果后使苹果7月份的股票价格从13美元升至20美元，苹果的粉丝也越来越多。1997年8月，在公园广场酒店的城堡会议厅举行的Macworld大会中，5000多名忠实的苹果粉丝提前好几个小时到场，他们盼望见到归来的"英雄"——乔布斯。

在观众的欢呼声中乔布斯走上了舞台，他首先介绍了自己现任的职务："大

111

家好,我是史蒂夫·乔布斯,皮克斯的主席和CEO。我和其他很多人一样,在一起努力帮助苹果走上健康的轨道上来。"整个演讲过程,乔布斯没有看一眼演讲稿,但他的激情感染着现场的每个人。会场上,掌声不绝于耳。这些讲话,这些掌声,让所有在场人士都分明感受到一种自信。当讲到苹果下一步该怎么走时,乔布斯说的是"我们"、"我",而不是"他们"。人们全都站起来,向乔布斯投以敬畏的目光,有的人还被感动得热泪盈眶。因为在会上乔布斯明确地说,他和苹果是一体的。

⊙ 点评:昔非今比

当年,乔布斯被赶离苹果公司时股价上涨。因为在企业的上升时期,乔布斯既得罪了媒体,也折磨了员工,他的价值被看低,而缺点被炒大,股民就欢迎他离开。后来,时势不同了,苹果不但没让股民享受到多少好处,反而惨遭巨大损失,只能把希望寄托于刚在电影领域创造了奇迹的乔布斯身上。这就是时势造英雄和英雄造时势的辨证关系。

⊙ 点评:心中的"我"

尽管出于各种原因,乔布斯强调自己的官方身份;但从他的表现中,淋漓尽致地流露出"我们就是苹果"的高度统一,只有血管里流着苹果的血的人才能有如此发自内心的表现。

没有永远的敌人

1997年8月乔布斯在Macworld大会上还公布了一个令人震惊的消息。他说:"苹果也离不开赖以生存的生态系统,它也需要与伙伴携手前行。在这个行业里,破坏性的关系会让双方都不快,且不能从中受益。现在,我要宣布我们今天的一个新伙伴,一个对我们来说意义非凡的合作者。"这时,乔布斯身后那个巨大的电视屏幕上出现了微软公司和苹果公司的标识。台下的观众都发出了嘘声。

众所周知,微软和苹果因各种版权和专利问题已经斗了整整10年了。乔布斯认为比尔·盖茨窃取了麦金塔的创意,双方在法庭上各执一词。虽然1997年苹果败诉,但微软的日子也不太好过。现在乔布斯竟然宣布要与死敌合作,这实在令人费解。

其实,乔布斯在为苹果寻找一条新的出路。不管乔布斯在心里对盖茨多么不

屑，无可争辩的事实是，如今的盖茨已非当年，微软成了计算机行业的霸主，盖茨也成了无可争议的领袖之一。乔布斯不能否认这些，只能去利用这些。他心里十分清楚，没有微软的话，苹果公司可能还会走向绝境。

乔布斯在会上继续宣布，苹果决定把微软的网页浏览器作为麦金塔的默认浏览器。毋庸置疑，这是盖茨提出的要求。这个时候，盖茨的脸出现在巨幅屏幕上。这让乔布斯看起来渺小。这也是乔布斯在舞台上很少犯的一个错误。

接下来，盖茨宣布，微软将购买价值1.5美元的苹果股票权，并为麦金塔开发软件。作为回报，苹果公司放弃了对微软的诉讼。

乔布斯把苹果从生死线上拉了回来。当天，苹果的股票就飙升到656美元，涨幅高达33%。这一天的暴涨给苹果增加了83亿美元的市值。

⊙ 点评：利益永恒

苹果与微软在图形用户界面的专利权上争吵了10年。10年间，两家公司的地位发生了翻天覆地的变化。乔布斯的回归使微软重新在苹果身上看见了利用价值，从而带来了第二次的合作。这才是伟人的智慧所在。我们说，世界上没有永远的敌人，也没有永远的朋友，只有永恒的利益，就是这个道理。

⊙ 点评：主要矛盾

我们在谈判合作时，往往胡子眉毛一把抓。双方都因自己的利益据理力争、斤斤计较，往往会错失时机。这时候，就需要一个具有大智慧的领导出现，抓住主要矛盾，先解决方向性的问题，再在实践中逐步解决其他细节。抓大放小，才能抓住时机，把握机会，使利益最大化。

⊙ 点评：千虑一失

尽管乔布斯非常重视发布会的准备，但终究"智者千虑，必有一失"，在舞台设计上犯了错误，损害了自己和苹果的形象。我们在工作中应当追求完美，但同时也需知道偶发性的错误是不可避免的。当意外发生时，要有"补救"能力和勇气，及时化解问题，尽量减小损失。

进退自如

1997年9月16日，乔布斯正式宣布接任临时CEO，该公司巧妙地称之为

"iCEO"。在为他举行的庆祝会上，乔布斯说："我们现在做的不是什么令人自豪的事情，他们在努力回到好产品、好营销、好分销这些最基本的东西。苹果已经忘了怎么把最基本的东西真正做好。"

对于乔布斯而言，1997年是极其艰苦的一年。他通常工作到深夜，到家后倒头就睡。第二天早上6点起床，上班，周而复始。他觉得自己一辈子也没有这么累过，他在整顿苹果，同时还得忙于皮克斯的一些事务。双重的压力让他喘不过气来。但是，随着在苹果工作的层层展开，他发现自己无法再离开苹果公司了。

在1997年10月的一次计算机展销会上，当被问及"如果由你掌管苹果公司，你会怎样做"时，戴尔公司的创始人迈克尔·戴尔称："我会关闭这家公司，把钱还给股东。"乔布斯被迈克尔·戴尔激怒了。他回来召集管理层启动一个为制造和销售设计的按订单生产系统时，把迈克尔·戴尔的照片放大放在屏幕上，他说"我们来找你麻烦了"，并发誓要用这个系统战胜戴尔。苹果员工一阵欢呼，仿佛胜利在望。乔布斯决定留在苹果重建辉煌。

⊙ 点评：企业发展的原动力

从贯穿企业发展全过程的五力（产品力、销售力、品牌力、管理力、创新力）模型来看，在企业的生存阶段，需着重于产品力和销售力；在发展阶段，品牌力起到推波助澜的作用；接着下来的巩固阶段，必须加强管理力，才能避免企业走向衰退；在企业生存无虞之时，需要花费精力培育创新力，让企业蜕变到另一个发展周期，再塑辉煌。乔布斯重返苹果后，一针见血地指出："我们是在努力回到好产品、好营销、好分销这些最基本的东西上来。"

⊙ 点评：标杆

苹果创立初期，乔布斯把IBM树为标杆；现在，他又盯上了戴尔。对于中小企业来说，为自己找一个优秀的企业作为标杆，至少可以节省很多试错的成本。只要在执行上比对方做得更好，就有赶超标杆的可能。

恢复"独裁"

很多人对苹果的争论之一，就是它是否能积极主动地把操作系统授权给其他电脑厂商。不少人认为，苹果应该效法微软，实现操作系统的对外授权。1985年，就在乔布斯被赶下台的时候，盖茨敦促苹果也放开授权。他相信，就算苹果

把一些微软操作系统的用户抢走了，自己还能依靠麦金塔及其兼容机的用户制作不同版本的应用软件继续赚钱。1994年，苹果公司的CEO迈克尔·斯平德勒同意两家小公司生产麦金塔兼容机；1996年，阿梅里奥又在授权名单上增加了摩托罗拉的名字。

乔布斯回来后，第一步就是关闭开放的兼容机授权。他认为，让别的公司在垃圾一样的硬件上使用苹果的操作系统，蚕食苹果的销售额，世上再也没有比这更愚蠢的事了。

⊙ 点评：利益驱动

盖茨十年如一日，不厌其烦地鼓动苹果授权其操作系统给其他电脑厂商。这样做的直接后果是为自家的Windows增加了个竞争对手，看起来他是在"毫不利己，专门利人"地帮助苹果。但仔细分析，盖茨这一招叫"丢卒保车"。苹果放开兼容之后，微软可以通过出售更多的应用软件来获利；但苹果自己却会被兼容机占去相当多的市场，失去独有的优点。所以，任何时候都要记住：凡是利益相关的朋友给你的意见，一定有利益因素在其中。听取意见时，要从自身利益的角度重新评估考量。

设计为王

在苹果公司岌岌可危之际，一个名叫乔尼·艾弗的员工正准备申请辞职。但是，当他听乔布斯说苹果的目标不是赚钱而是打造好的产品时，他打消了辞职的念头。没过多久，他就与乔布斯成了无话不谈的好友。

乔布斯对乔尼十分尊敬，他曾多次说："乔尼让苹果公司发生了翻天覆地的变化。他在各方面都出类拔萃，他精通商业概念和营销概念，有很强的吸收新事物的能力。比较而言，他更理解苹果公司的核心理念。""乔尼是我在公司里的'精神伴侣'。我们一起构思了很多产品。对于每个产品，他既能从宏观上去理解，又能想到其细微之处。在我眼里，他不仅是设计师。这就是为什么我要他直接向我汇报工作的原因。在这个公司，除了我之外，他最有运营权力。"

乔尼是乔布斯家的常客，两家人之间很亲密，经常聚会。乔布斯认为，没有谁是不可代替的，但乔尼则是个例外。

乔布斯提倡"化繁为简"。对此，乔尼十分认同。乔尼还认为简单不仅是指外观，而且必须反映出产品的精髓。乔布斯和乔尼一致认为，设计应该是把灵魂设计出来。换句话说，设计的本身应该是"用户真实需求"和"伟大产品"的灵魂对话。

⊙ 点评：精神伴侣

沃兹尼亚克当年与乔布斯共创苹果公司，合作的基础在于两人的性格和专长可以互补。但在他们的组合中，没有明确的领导者。因此，两人虽成就了一番事业，但合作难以长久。这次乔布斯把乔尼誉为"精神伴侣"，除了二人在产品的认识上有高度的共识外，更重要的一条恐怕是乔布斯在精神上有绝对的控制权，不存在一山共两虎的问题。

⊙ 点评：繁与简

我们都在追求"至繁归于至简"，但繁并不是多，简也不是少。所谓"至简"，是从繁中提炼出其精华，以简的形式表现出来。就像把甘蔗加工成白糖一样，有甜的感觉，但既精致又好看。这需要我们的设计师、工程师共同去发现和提炼产品的精华，以达到所希望的境界。

⊙ 点评：设计VS工程VS制造

产品的开发过程离不开设计、工程、制造几个步骤。乔布斯以设计为主导，是因为他本身对产品有过人的敏感度，又有得力的设计主管来实现他的产品概念。但不同的人才结构决定你所选用的模式也不同。一般而言，应以具有特别专长的人为主导，来协调几个过程，以达到最佳的团队效果。

环境激发灵感

乔尼·艾弗所在的设计工作室十分隐秘，位于染色玻璃窗和厚重的钢制大门之后。别说外人，就连苹果公司的大部分员工都是禁止入内的。乔布斯有时会与乔尼共进午餐，之后去工作室查看工作进度。每次他到工作室后先要仔细检查那些正在设计的产品。那时工作室内一般只有他们两个。有时乔布斯会把负责机械设计的主管或乔尼的助手叫去，让其处理具体的事情。有时他也会让首席营运官蒂姆·库克或者营销副总裁菲尔·席勒参与他们有关企业战略的讨论。

乔布斯很少看图纸，他认为，从电脑上看上去很不错的产品，做出来很可能会让他失望。因此，他喜欢亲眼见到并感受到这些模型。

乔尼和乔布斯对产品包装已经达到了痴迷的程度，他们将包装视为自己形象的一部分，并申请了多项专利。乔尼坚信，苹果产品漂亮的外部装饰和包装也能说明里面是个好产品。

乔尼有时也会因为乔布斯与他争风头而生气。但他也肯定了乔布斯在公司的重要作用。他说："在很多公司里，精彩和杰出的设计常常会在流程中悲催地流产了，假如不是乔布斯那么严厉地对我们，并且排除万难把我们的想法变成产品，我和我的团队的那些疯狂想法也会灰飞烟灭。"

⊙ 点评：保密意识

乔尼的设计室对大多数员工都是不开放的，连管理者都不能随便进，可见苹果的保密工作执行得很到位。而国内企业的技术部门，保密制度基本上形同虚设。不要说有熟人就可以带你进去；就算没熟人，也能通过各种手段接近技术骨干。别有用心的人奉承赞美一下，技术人员就恨不得把心都掏出来了。当心！

⊙ 点评：实物精神

很多时候，由于技术和成本原因，我们大多会在图纸上看设计效果。但设计图纸与实物的区别之大往往超出预期。随着3D打印技术的发展，我们也可以直观地看到设计效果了。

⊙ 点评：佛靠金装

虽然目前大多数厂商都重视包装，懂得精美的包装能带来高附加值。但不要忘记，苹果注重包装是注重其表现形式，是关注消费者打开包装过程中的体验，而不是不环保的过度包装。

⊙ 点评：人非草木

对于乔布斯"贪人之功为己有"的恶习，乔尼也受到感情上的伤害。人非草木，孰能无情？但乔尼的大度和包容难能可贵，再加上他对"君臣关系"的深刻理解，他们才能成为工业设计领域的伟大搭档。

麦金塔二世：iMac

1998年5月6日，在苹果世界展销会上，乔布斯像往常一样，做了精彩的演讲。他在会上表示，希望苹果公司能够转危为安、扭亏为盈，还希望能再一次颠覆个人计算机的形象。

他先是礼貌地对坐在观众席上的三位嘉宾"喊话"：苹果始创人沃兹尼亚克、马库拉和第一任总裁斯科特。乔布斯热泪盈眶，他哽咽地说："倘若没有他们三个人，今天我们谁也不会来到这里。"乔布斯掀开舞台中央桌子上的遮布，灯光洒下，新的iMac亮相了，它熠熠生辉，屏幕上写着："你好（又见面了）。"会上爆发出雷鸣般的掌声。

很多人认为，新电脑彩色透明，小巧可爱，而且装备完整，操作简单，可以联机上网，适于家庭使用。如此功能完善，使用方便的计算机每台只需1299美元。因而iMac刚上市销量就不错，一年多的时间，销售出了200万台；3年内销售了500万台。

1999年1月4日，国内计算机权威媒体《计算机世界》将"iMac上市起轰动，Apple渐入佳境"评选为"1998年国际IT十大新闻"之一。iMac成为苹果公司历史上销售速度最快的计算机。乔布斯自豪地说："每隔15秒钟，就有一台iMac被售出。"iMac上市后，苹果立刻又设计出了4款颜色漂亮的电脑。乔布斯还将光驱改为内嵌式的插槽。其实，这个决定是错误的。几年后，苹果公司满足不了用户刻录音乐光盘的需求，因为能刻录的CD光驱只有CD托盘型号。乔布斯为此事懊恼了好久，但他很快找到另外一条路，那就是专门生产一个音乐播放器。

◉ 点评：饮水思源

尽管乔布斯爱憎分明，对得罪过他的人毫不手软，但随着年龄的增大，他还是越来越宽容了。在重塑历史的一刻，乔布斯由衷地表达饮水思源的情感，为自己加分不少。

◉ 点评：大繁至简

企业的成功当然有很多因素，但乔布斯的营销却只用大繁至简的策略："制造大受欢迎的产品，发动无比强大的营销攻势。"这又回到发展五动力中最基本的"产品力、销售力、品牌力"。

◉ 点评：快速决策

大公司的流程管理会牺牲很多效率，并使很多创新胎死腹中。幸运的是，大权在手的乔布斯对产品创新有浓厚的兴趣。只要是乔布斯喜欢的东西，几乎立刻

能进入绿色通道，迅速投入实施。就算苹果创新的成功率并不突出，但创新的次数多了，成功的机会自然也就多了。

⊙ **点评：马会失蹄**

　　由于超前使用了吸入式光盘，苹果机无法装备刻录CD，引得消费者抱怨连连。这罕见的失误用中国的一句老话说就是"马会失蹄"。所以，技术创新也必须分步实施，引领潮流也要让后来者可望（但不可及），而不能超越太多。否则，潮流转向不跟你了，也无所谓引领了。

第十章

持续创新，苹果的本质

"仿生"

乔尼和乔布斯痴迷于苹果产品的包装。自从1998年推出iMac后，乔布斯和乔尼将诱人的设计变成了苹果电脑的招牌。他们推出了橙色蛤壳式笔记本电脑，以及标榜"禅意"、外观如冰块般的专业台式电脑。

苹果公司2000年推出的Power Mac G4 Cube极力争取外观视觉上的吸引力，它没有显示器，但其独特的外观却一度被看好，在推出之时不少媒体大唱赞歌。虽是2000年的东西，即使到现在也是顶级设计，其液晶显示器就像个相架，拿到现在也没几个能和它相比。不过，它上市不到一年，苹果就宣布停止生产，外界将失败归结为ube设计过度、定价过高等原因。

一天，乔尼和乔布斯在花园里看到了很多向日葵。向日葵在风中摇曳的身子给了乔尼灵感，他想到了如何做一个屏幕连着铬合金活动的支架。这样，整个显示器看上去特别像向日葵。

苹果还为他们的设计申请了多项专利。乔尼也因此被称为苹果公司的"设计灵魂"。

⊙ 点评：差异化

在Windows系统兼容机的冲击下，个人专业化电脑发展艰难。而苹果用诱人的设计进行差异化竞争，就算在股价严重下跌的时候，仍然坚持创新。在计算机行业的诸多企业都沦为微软的硬件制造商时，苹果坚守独一无二的个性，是它立于不败之地的最根本原因。

⊙ 点评：教训

乔布斯由于追求完美而忽略工期和成本的习惯，终于被苹果的Power Mac G4 Cube的失败所改变。尽管这台电脑凭借优秀的设计被选进纽约现代艺术博物馆，仍然难逃叫好不叫座的命运。幸运的是，乔布斯终于从打击中明白了TQC（工期、质量、成本）平衡的重要性，学费算是没白交。

敢人所不敢

自1994年起，苹果就一直在使用由IBM和摩托罗拉联合生产的Power PC芯片。当乔布斯重返苹果后发现摩托罗拉的芯片已跟不上形势了，他转而把合作伙伴瞄向英特尔。

乔布斯希望苹果相对其他厂商能获得更优惠的价格。乔布斯和欧德宁曾在斯坦福大学的校园中一起散步，乔布斯最初谈到了计算机的发展，随后开始就处理器价格与欧德宁讨价还价。

2005年6月6日，乔布斯和英特尔公司总裁保罗·欧德宁同时出现在新闻发布会现场，宣布苹果公司放弃使用了数十年的IBM和摩托罗拉的Power PC芯片，在Mac计算机中使用英特尔的X86芯片。

这一消息震惊了业界，几乎一半的苹果用户们表示反对这一合作。比尔·盖茨也对此感到惊奇。而乔布斯表示，苹果放弃Power PC芯片的原因是：该产品开发过于缓慢，苹果需要的是那些更精致、更低能耗的芯片。

⊙ 点评：被弃

落后就要挨打，落后就要被抛弃。合作的双方除必须"门当户对"外，还要共同努力，携手前进。如果有一方跟不上合作伙伴的步伐，就必然会被淘汰。因为合作伙伴的价值所在就是推动自身进步。当伙伴成为拖累，就必然会被无情抛弃。商场上，只有胜者为王，弱者是无人同情的。

⊙ 点评：能人所不能

尽管换芯片不像换设计那样，靠自己的力量就能完成。它需要芯片商的全力配合和支持，是一个浩大的工程。但乔布斯再次能人所不能，创造了令盖茨也惊讶的芯片转换工作。很多时候，强势性格的老板往往执行力很强，常人认为匪夷所思的事情在他们看来是理所当然的。这可以给我们一个启迪，就是人的潜力是无限的。

iPxxx

iPod样式新颖、灵活小巧，一经推出，就得到了市场的认可，很快风靡全世界。到2005年，其全球销售量已达2000万台，人们甚至认为苹果Mac电脑的销售也沾了iPod的光。

但科技瞬息万变，数码相机市场由于照相手机的出现而销量锐减，在iPod刚刚问世时，乔布斯就意识到音乐手机也许会让iPod败下阵来。当时，他见很多人出门需要同时携带手机和MP3，能不能将它们合二为一呢？想到了这里，他立刻联系摩托罗拉，与之共同推出既配有摄像头，又内置iPod的ROKR手机——世界上第一款支持iTunes音乐的手机。可是，这款手机样式丑陋，也不能自行下载音乐，而且仅能存储100首歌，几乎是彻底失败，苹果和摩托罗拉的姻缘很快结束了。

乔布斯意识到，他的团队必须集中力量，自己设计。他们最初想在iPod的基础上制作一款手机，结果发现也行不通。当时，苹果正在秘密打造平板电脑。在看到最初的工作之后，乔布斯发现可以用这个技术打造新一代手机。

⊙ 点评：忧患促创新

乔布斯从数码相机的崩溃联想到iPod的未来。这种忧患意识激发了乔布斯不断创新的脚步。"与其被别人打死，还不如自己重生。" iPhone就这样应运而生了。

⊙ 点评：合作伙伴

我们在选择合作伙伴时，出于对大公司的信赖，通常都希望与成功的企业合作。但大公司除官僚机构庞大、办事效率低下外，也很难对小项目投以兴趣和精力。所以，门当户对或精干的合作伙伴应该是中小企业优先考虑的对象。

旧习VS替代

乔布斯自己也承认，他最初重视的并非iPhone。在发明iPhone之前，苹果就已经谈论过多次拥有玻璃显示屏、多点触摸、虚拟键盘的平板电脑，研究小组也开始试验各种触摸显示技术。半年之后，他们做出了原型机。当乔布斯看到这项技术时，惊叹道："上帝，我们其实可以拿它做一部电话。"于是，乔布斯要求工程师们改变方向，暂时放下研制平板电脑的计划，因为手机更重要一些。

研究小组立刻着手研究如何通过手指触摸屏幕输入。但是他们还不确定多点触控技术可否在手机上应用。乔布斯和法德尔、鲁宾斯坦、席勒兵分两路：一边研发类似iPod的滚轮手机，一边研发多点触摸屏手机。比较而言，后一个方案的

风险更高，但也更让乔布斯等人心潮澎湃，因为它更有前景。

2005年，苹果公司还收购了Fingerworks公司。Fingerworks公司已研发出了具有多点触控功能的平板电脑，这次收购也包括了这项专利。

最终，乔布斯等人将这个产品开发出来了：如果打电话，屏幕会显示数字键盘；想写东西，就调出打字键盘；想看视频、图片时，键盘也会消失；担心手机放在裤兜里会因无意中的触碰而播放音乐或拨号，就研究出了锁定的功能。此外，iPhone的多点触摸屏至少可以处理两个触摸信号，用户可以轻松地用手指完成数据处理，比如说点击链接、拉伸或者缩小图片等。

⊙ **点评：便捷**

设计师们的发明有时候华而不实，虽然功能强大，但操作麻烦，甚至连专家也难以弄懂。乔布斯的"大繁至简"、"复杂功能简单化"的意识，令苹果的产品开发过程都指向"便捷"，这是苹果的一个重要的成功经验。

⊙ **点评：冒险精神**

企业家都有冒险精神，但不等于企业家都是莽撞之人。相反，他们在冒险的同时，都会有张保险网。这或是备选方案，或是有效的财务支持。就算是出现万一，也不至于令企业严重受损，这才是企业家的冒险精神。

⊙ **点评：为我所用**

让社会资源为我所用，也许是大公司通用的手段。当发现一家公司拥有自己所需的关键专利时，乔布斯毫不犹豫地连人带马"一窝端"。这种收购策略不但快速地解决了技术难题，也建立了技术壁垒，保护了iPhone在成长初期的技术优势。

能人所不能

乔布斯的"现实扭曲力场"能让人迸发出强大的力量，挖掘出高品质的产品，它帮助了更多的人超越自己，获得成功。在研发iPhone时，乔布斯认为玻璃屏幕更加结实耐划。于是，他开始寻找坚固耐磨的玻璃。

最终，他找到在20世纪60年代就研发出"金刚玻璃"的康宁公司，但那种产品早已停产，要在一夜之间让一个生产液晶显示器的工厂改头换面，开始全面生产金刚玻璃简直是不可能的事。更何况是让他们从零开始在6个月内生产尽可能多的金刚玻璃！因此，当听完乔布斯的要求后，总裁温德尔·威克斯连连摇头说："我们没这个能力，我们的工厂现在都不生产这种玻璃。"乔布斯紧盯着威克斯说："你们一定能行，一定能做到！你帮我想想办法！"在乔布斯"现实扭曲力场"的影响下，这家生产玻璃的厂商将最优秀的科学家和工程师都用在这个项目上，在6个月内研制了这种"不可能、不敢想象"的玻璃，达到了乔布斯的要求。

温德尔·威克斯事后回忆仍觉得难以置信："我们在6个月内做到了。"这件事说明，如果真是你想要的，你发挥的能量往往超出想象。

2010年，康宁致力于研究一种足够坚韧的玻璃和陶瓷材料，"乔布斯和苹果让我们更优秀，"威克斯说。可以说，iPhone上那独一无二的优雅气质与康宁的精工细作是分不开的。

⊙ 点评：贪新弃旧

乔布斯不但在产品功能上不断创新，在不为多数人关注的材料上也"喜新厌旧"，这也是他完美主义追求的一个表现。他所提倡的是功能、外观、材料的全方位整合创新，这种创新无死角的全局思维，是乔布斯成功的必杀技。

⊙ 点评：潜能

康宁公司总裁温德尔·威克斯在乔布斯"现实扭曲力场"的驱动下，同样不可思议地在预定时间内完成了金刚玻璃的生产。与摩托罗拉不配合苹果研发新手机相反，精明的康宁将苹果的合同视为对自己有益处的一个重大商业机会。他们毫无保留地投入人力、物力和财力，因此他们也毫不奇怪地创造奇迹了。

⊙ 点评：相得益彰

"乔布斯和苹果让我们更优秀。"威克斯说出了许多中小企业的心声。大企业通常要求严格，受中小企业的条件所限，开始时双方可能会有很多的冲突。但经过双方不断的磨合后，在帮助大企业解决问题的同时，中小企业往往能取得大幅度的进步，就自然产生"乔布斯和苹果让我们更优秀"的效应。

控制欲，从设计开始

iPhone能够成功的第一要素就是其超前、高人一等的外观设计。虽然乔布斯

一直跟进许多重大项目的发展，但他还是经常在即将完工时临阵改辙，iPhone也经历了这样的事。这回问题在于iPhone的亮点是屏幕显示，而他们的设计是金属外壳和屏幕并重。乔布斯对之不满意。他不想把玻璃屏幕塞在铝合金外壳里面，他希望玻璃显示屏进一步扩大到手机边缘。虽然他们已经付出了9个多月的努力，现在还是不得不将其改过来——改变天线和电路方式，以适应整个产品的新外观。

经过痛苦的重整，新设计的iPhone正面完全是金刚玻璃，一直伸展到边缘，与薄薄的不锈钢斜边相连接。这样使手机看上去具有极佳手感且更加高档。其屏幕底部是Home键，上方为听筒，机身左侧是音量控制键，右上角是锁屏开关，背面有摄像头、扬声器、麦克风，机身底部是数据和充电接口。

iPhone继承了苹果精致、简洁的传统。整个手机只有一个按钮，造型大方另类，外观简洁。这也是现代设计的趋势，简洁更符合现代人的口味。

iPhone不仅体现了乔布斯的完美主义，也展示了他超出常人的控制欲。因为它不能打开，也不能换电池。由于无需更换电池，iPhone可以变得更薄。乔布斯酷爱超薄的东西，他始终以纤薄为美。因此，总要求供应商想办法使零部件变得更薄。

⊙ **点评：优秀之源**

任何优秀的产品，首先都源于一个优秀的创意；其次就是基于这个创意的优秀设计；最后才是实施这个设计的工程制造。因此，设计起着承上启下的中枢作用。在设计上精益求精，把可预见的问题在设计阶段真正解决掉，就能为将来的工程实施打下牢固基础，更为完美的产品做好铺垫。

改变生活方式的手机

iPhone即将发布时，乔布斯又利用媒体造势。《时代》的格斯罗曼一语中的地指出：苹果并没有发明许多新功能，只是让这些功能变得更实用。但这点至关重要，如果工具用起来很费事，我们会认为自己很愚蠢，若是工具用起来很简单，功能多，我们会觉得自己很聪明。

2007年1月，在旧金山Macworld大会上，乔布斯向人们揭开了iPhone手机的神秘面纱。因为iPhone的整个开发过程都被严格保密，在发布前，尽管媒体已经知道苹果将会发布一款手机产品，但从没有见过是什么样的手机。直到2007年

Macworld发布会的那一天，全世界亲眼目睹过iPhone的人数不到30人。

乔布斯在会上说："今天我们有幸见证历史性的一刻。1984年，我们推出的麦金塔电脑改变了电脑行业；2001年，我们发明的iPod改变了音乐产业。今天，三款革命性的产品同时诞生，它们分别是宽屏触控式iPod、革命性的手机、突破性的互联网通信设备。"

乔布斯不断重复着这三个词汇——iPod、手机、互联网通信设备……接下来，他将大会推向了高潮。

"这不是三个割裂的产品，它们最终在一个产品上完美地呈现！我们叫它iPhone！"

2007年6月底，iPhone上市销售后，就震撼了世界，势不可挡地"扫荡"着全球手机市场，手机革命随即开始了。微软觉得它缺乏吸引力，甚至没有键盘是一大缺陷。但微软错了。截止至2010年，苹果公司已售出9000万部iPhone，其利润占全球手机市场利润总额的一半以上。当iPhone4s推出的时候，其盛况仍然让人记忆犹新：商店门前彻夜排队的人群，店里人头攒动和销售人员的无限繁忙，这都说明苹果的巨额销售继续增长……

⊙ **点评：创新的本质**

《时代》的格斯罗曼真有水平。他指出了创新的本质，就是令现有的工具用起来更方便。换言之，就是在开发产品时，把使用者想象得更傻，但同时还能让他们感觉自己很聪明。我们很多科研成果置于高阁不能落地，其实就是缺少像乔布斯这种使技术简单、简单、再简单的践行者。

⊙ **点评：专家之言**

微软的高层再次小看了苹果的潜能。他们不看好的iPhone竟然占领了全球手机行业利润的45%。这也再次证明乔布斯的威力。他革命性地把宽屏触控式iPod、手机和互联网通信设备整合在一起。这种用乘法创新产品的方式不但改变了科技，而且改变了人们的生活方式，从而改变了世界。

从地狱到天堂

2010年1月27日，在美国旧金山欧巴布也那艺术中心（芳草地艺术中心）所举行的苹果公司发布会上，传闻已久的平板电脑终于与用户见面了。iPad定位

介于苹果的智能手机iPhone和笔记本电脑产品MacBook系列之间，它只有四个按键：Home、Powe、音量加减，还有一个重力感应与静音模式开关。它提供浏览互联网、收发邮件、观看照片、观看视频、欣赏音乐、玩打游戏和阅读电子书等功能。

但这次却没有像往常那样引起人们的热烈反应。很多人认为，iPad没有键盘，根本无法替代电脑。而且它能做许多跟iPone一样的事，但却不能揣进裤兜里。好多人都不知道用它能干什么。很多人给乔布斯发去邮件，抱怨这个平板电脑缺少了很多功能。盖茨甚至说："多年前，我就预言今后会出现配备手写笔的平板电脑。要么我是对的，再么我就死定了。"

在发布会的第二天晚上，乔布斯情绪异常低落。也就在那天，他收到了奥巴马总统办公厅主任拉姆·伊曼组尔的贺电，这让他多少得到了一些慰藉。

但是，没有一个发牢骚的人真正看过或使用过这款电脑。同年4月，当iPad开始销售、人们真正亲手接触它时，人们对它的态度发生了逆转。《新闻周刊》指出：乔布斯总能创造出一些让人觉得不可思议的小工具，我们用过后立刻就离不开它了。

iPad发布不到一个月，就卖出了100万台；9个月后，全球一共销售出1500万台。毋庸置疑，它成为了有史以来最为成功的消费品之一。

⊙ 点评：跨界的力量

在研究领域，跨界的力量正在爆炸。本来数学是科学的引擎，物理是技术的发动机，众多的学科在它们的交汇下不断发展。但如今人文和科技的碰撞，就像中子和质子碰撞一样，拥有更加无可估量的力量。关键是，要有对人文和科技都精通的核心人物引领，才能真正引爆这场意义深刻的科技革命。对于我们平凡人来说，多了解一下交叉学科的知识，也同样对工作有很大的帮助。

⊙ 点评：英雄所见未必尽同

科技天才乔布斯在平板电脑上采用多点触控技术时，同样是天才的盖茨却对此不屑一顾，执著地看好自己的手写系统。当面对常识时，英雄所见大多略同；但面对新生事物时，恐怕还是"萝卜白菜，各有所爱"；到"英雄所见略同"的阶段，也是因为先驱们的选择被现实证明为正确，而受到各路英雄"追随"而已。

◉ 点评：创新论证

从一方面看，无论是创业模式还是产品的创新，都应该通过论证才能实施。但大多数人都能看明白的创新，还能称得上是"创新"吗？个人认为，只要是前人所没有的东西，能为人们省钱、省时、省工夫的东西，在可以承担的风险范围内，都应该去实验。让市场去检验我们的成果吧！

◉ 点评：伟大

我们每个人都想干一番大事业，而对芝麻绿豆般的小事不屑一顾。但所有的大事分解到操作层面时都是小事。就算是乔布斯这样的伟大天才，也只是"能够创造出一些简单方便易用的小工具"而已。切记，伟大都始于平凡。

苹果本质

乔布斯擅长营销，他能让每个苹果的新品还没有推出的时候，人们已经对它充满期待，并争取第一时间拥有它。当广告公司为iPad做出了第一个广告时，乔布斯明确地表达了不满，他说："这个广告虽然画面温馨，但没有讲清楚iPad是什么东西，用来做什么的。"为此，他还跟广告公司的詹姆斯·文森特发生了激烈的争吵。詹姆斯·文森特不得不返工。

詹姆斯·文森特等人又制作了一个广告片。这部广告片节奏激昂爽快、画面生动活泼，向人们宣告iPad是革命性的产品。它展示了iPad神奇的功能，旁白很有力度——"iPad很薄，iPad很美……它强大无比，不可思议……它是视频，是相片，能装下你一辈子都读不完的书。它已经是一场革命，不过现在才开始！"但是，乔布斯说他更倾向于苹果通常采用的简单、干净、宣告式的广告，于是，广告公司又重新采用干净的白色背景，用一系列特写镜头以及"iPad是……"的短语展了示iPad能带给人们的全新世界和完全不同的体验。

◉ 点评：乔布斯的重心

在企业发展原动力5P模型中，最根本的动力是产品和销售。在苹果的发展过程中，乔布斯时刻没有忘记这一点。产品研发和营销永远是他的工作重心。这对我们企业家应该有所启发。要建造伟大的公司，根本工作是把产品搞出来，再把它卖出去，其他工作都是为产品研发和市场营销保驾护航的，决不能本末倒置。

⊙ 点评：特质

我们在去定义产品风格，开展品牌宣传时，都希望通过创新来吸引消费者。但在创新过程中，我们很容易迷失方向，最后可能都搞不清楚自己要什么。乔布斯同样会犯这样的迷糊。经过几番折腾，他才回到自己的特质：简单、干净。

数字中枢之灵

iPad之所以得到用户的喜爱不仅仅在于它的硬件很漂亮，更是因为它那多姿多彩的应用程序。起初，人们可以免费或低价下载数百种应用程序，没多久，商店里已经有了上万种程序了。苹果公司把软硬件和应用程序商店整合得就像一个精心管理的社区花园。

应用程序的开放始于iPhone，起初乔布斯固执地反对开放，而苹果内部的人则认为封闭会使 iPhone 丧失竞争力。后来，乔布斯想到了一个点子，让外部开发人员创建iPhone的应用程序，但他们必须遵循苹果的标准，接受苹果的测试和审批，并且只能通过iTunes商店出售其程序。

这种模式很成功。到2011年6月， App Store商店上的应用程序下载量已经达到150亿次。App Store商店提供的应用程序达到了42.5万个，开发者已经为iPad推出了10万个应用程序。截止到2011年6月30日，苹果iPad App Store上的应用程序的数量达到了100159个。

⊙ 点评：iPad

iPad漂亮的硬件就像一个身体健壮的英俊少年；对应用软件的包容表示他聪明好学；使用简单方便证明他能干亲和。对于这样的他，你还有不喜欢的理由吗？

⊙ 点评：封闭式开放

端到端一体化的封闭式是苹果，确切地说是乔布斯满足其控制欲的商业模式。但乔布斯绝不是盲目守旧的人。在商业利益的驱动下，他也会变通。他允许别人在他制定的规则之下参与游戏，无形中让愿意服从他的创新者加入到苹果队伍之中，扩大了苹果产品的应用范围，从而挖掘了潜在的市场。这种封闭式的开放不但开发了技术和客户的资源，而且还加强了苹果与他们的联系。

无孔不入

iPad及其应用程序商店的出现，让出版、电视、电影等媒介都受到了影响。看到亚马逊的Kindle市场对电子书兴趣浓厚，苹果公司也着手创建了iBook商店出售电子书。对于亚马逊的kindle来说，iBook则是一个劲敌。

乔布斯认为亚马逊以低于成本价的999美元进行销售，这会令出版商深恶痛绝。但苹果公司改变了游戏规则，他们让代理商定价，代理商每通过苹果的iBook应用程序卖出一本书，苹果公司就要获得30%的收入。而在此之前电子书商的提成为50%。

乔布斯曾拒绝与音乐公司建立代理模式及赋予他们定价的权力，却把电子书定价的权力交给代理商，这是为什么呢？乔布斯说，针对电子书的现状，他们只是行业追随者，唯有借力使力，才能双赢。

作为iPad上最具实用性的软件，iBook让用户体验到了真实的感觉。"就像是对着一本纸质书一样"，几乎所有的阅读工作都是靠双手完成。

为iPad举行发布活动之后，乔布斯就开始推销他的iBook。大多数出版商担心在苹果的系统中自己难以与订户直接联系，因为这些消费者的信息都被苹果存入自己的数据库里。但鲁珀特·默多克则不假思索地接受了乔布斯的条件，并为iPad量身定做了一份电子版报纸。而与《纽约时报》的谈判颇费周折，直到2011年4月，《纽约时报》才答应与乔布斯合作。

⊙ **点评：同VS异**

亚马逊的Kindle和苹果公司iBook同为电子书店，但它们的处境却有着天壤之别。不同的赢利模式决定了它们不同的生存状况。现实环境中，也经常会有几家同类的公司，有些风生水起，另一些则难以为继。除了各种资源性因素不同外，更重要的是成功的公司都能设计出一种赢利模式，使各方在利己的立场中博弈，而结果可以达到利他的目的。

⊙ **点评：客户资料**

客户资料就是厂商、经销商、服务商在与客户的经营交往活动中直接形成的有关该客户的有价值的各种历史记录。它包括从最初成为该产品或服务商的客户开始，一直到最终该客户脱离该商家提供的产品或服务为止，形成的一系列有价值的记录。客户资料不但能为维系关系带来方便，还会带来更多的分析利用价

值。所以，乔布斯在iTunes或iBook与他人的合作过程中，都坚守控制客户资料这道底线。

⊙ 点评：见机行事

乔布斯不仅是产品高手，还是营销高手。在构建iTunes商店时，他是电子音乐商店的领军人物；而此时大多数音乐公司正在盗版的冲击下"民不聊生"。他掌握绝对的话语权，便严格按自己的意志推行计划。但做iBook时，为了与先行者差异化，他就用双赢的条件来拉拢出版商。这一战略不但成全了自己，还打败了对手。

iPad 2

2010年1月28日，苹果iPad正式向外界公布。iPad在上市的头六个月里创造了700万的业内销售奇迹。但乔布斯发现人们为iPad安装的保护套会将其美丽的线条遮盖住，使得屏幕效果大减。于是苹果的设计师设计了一个可分离的保护盖，打开它时，屏幕就会被唤醒，根据不同的需求，还可以将它折成支架。

一年之后，即2011年3月2日，乔布斯现身旧金山耶尔巴布埃纳中心揭幕新品iPad 2。和iPad 2相比，乔布斯的现身更是外界关注的焦点，因为之前他因身体原因离开一线岗位之后再没有任何消息，业界一度传言他身患重病。这次，他一出场就赢得了一片掌声。

苹果的发布会向来令人震撼，乔布斯的演讲也魅力四射。这次也一样。乔布斯说："我们有一些伟大的事情今天宣布，我不想错过。"接着，他在舞台上来回踱步推介iPad 2的功能与特色，并亲自展示了如何在新版iPad上轻松地作曲和编曲，或给录像添加音乐和特效，以及发布和分享这些创作。

iPad 2采用了主频为1GHz的A5双核处理器，机身厚度减少33%，同时新增前后摄像头，可拍摄720P高清视频，相对前代产品全面升级。几乎没有过多的华丽设计，全部是简洁的信息，一目了然。乔布斯说："真正的创意和简洁来自产品的一体化——硬件、软件、内容、保护盖和销售员。"

乔布斯的出场和演讲，赢得了观众的阵阵掌声。

⊙ 点评：创新

把消费者的需求（如iPad保护套）直接融为产品的一部分，使其更加协调和谐，这种加法创新虽然不是高科技，但绝对是高智商的成果。首先，它没有风

133

险，因为它的功能是消费者自身提出的，他们已经在使用；其次，小磁吸的应用提高了保护套的可信度；再次，保护套还可摇身一变成为支架，虽然实用性不强，但增加了它的趣味性；最后，针对iPad 1的内容缺失而增加的实用软件，使加法创新的iPad 2自然大受欢迎。

最后的作品

2010年，乔布斯悄悄从惠普手中买下了库比蒂诺园区，顺便还买下了原来的一片杏园。乔布斯12岁时在那里做过暑期工，沃兹尼亚克也在那里上过班，并利用业余时间设计出Apple I和Apple II。因此，他对这个地方怀有深厚的感情。

乔布斯希望设计一栋能容纳12000人的大楼，但不希望工业园区空间拥挤、设计单调。苹果公司的新园区由福斯特事务所、ARUP美国公司和一家本地的Kier & Wright工程公司一同设计。2010年全年，设计师们每隔三个星期就要拿出一个新方案给乔布斯，乔布斯不断地提出修改意见，经过很长时间，方案才确定下来。

在苹果公司新园区的新建设规划中，建筑的玻璃没有一块是平面的，都将是曲面的。80%的园区土地将种植树木，大部分停车场将置于地下。规划中的中心庭院直径长达800英尺，大到可以将罗马的圣彼得广场围绕起来。

到2011年6月，这座4层高、300万平方尺、可容纳1.2万名员工的建筑终于完成了规划。新园区建设完工后，苹果公司现在的总部仍然使用，新园区将作为一个独立的研发园区。

在向库比蒂诺市议会展示简洁的、未来主义的、正圆形的建筑透视图时，乔布斯微笑着称新的园区"将有点像着陆的飞船"。他指出，"俯瞰这座建筑，会发现这将是世界上最美的办公建筑。"他还补充道："也许我们会建出一栋世界上最棒的写字楼呢！"

⊙ 点评：纪念碑

乔布斯始创苹果，其后又在苹果危难之际重返苹果，拯救苹果于崩溃前夕。如今苹果已成为世界上最有价值的科技公司，他不单是苹果之父，同时也是苹果之母。当乔布斯的职业生涯进入尾声时，对物质享受从无概念的他，终于想到一个表达感情的方法：建造一个苹果新园区。实际上，这是乔布斯为自己建立的一座传世纪念碑！

◎ 点评：名师出珍品

为建造世界上最好的写字楼，乔布斯首先请来世界上最好的建筑公司，又聘请了斯坦福的资深园艺家为其设计出体现苹果精神的简洁的、未来主义的、正圆形的建筑。乔布斯从来只和一流人才合作。无论是自身团队，还是合作伙伴，无不是都是聪明绝顶之人。他信奉名师才能出珍品。也正是这种理念，让他打造的作品都能在其自身领域占有一席之地。

匪夷所思

1998年5月，在乔布斯和乔尼以及所有苹果人的共同努力下，iMac电脑终于诞生了。在一开始时，乔布斯就要求大家回归至1984年第一台Mac电脑的设计理念上，设计一款一体式的电脑，即键盘、显示器和主机被组合到一个简单的装置中，从箱子里拿出来，插上电源就可使用。这就要求设计部门和工程部门必须相互配合。

设计这款电脑时，乔布斯决定新机器不再配备普遍使用的软盘驱动器。这个想法很大胆和前卫，因为当时人人在都使用软盘驱动器，但多年后，大多数计算机都取消了软盘驱动器。

经过反复修改之后，乔尼拿出了曲线型的外观设计，乔布斯对此非常满意。乔尼的团队设计出一个像三角形枕头的机壳，并将其设计成深蓝色，而且还是半透明的，能向人们展示它们的内脏。据说，为了让塑料外壳看上去多姿多彩、与众不同，乔布斯带着设计人员特意到一家糖果厂，看糖果师傅们如何制作漂亮的软糖。

他们还在iMac外壳的顶部做了一个提手，以增强其亲切感。很多家庭主妇或上了年纪的人对计算机心存畏惧，因为她们从未接触过这个东西。但有了提手之后，计算机就像是一个盛菜的菜篮子，这能不让她们倍感亲切吗？

眼看着离iMac完工的日期越来越近了，iMac团队也是急急忙忙赶在发布会的前一刻完工。但是，当乔布斯发现设计师将iMac的光驱设计成了弹出式的CD托盘时，他怒火中烧。他要的是那种内嵌式的，将CD光盘放在插槽口，CD光盘就会被吸进去。直到设计师承诺在下一批iMac生产时把托盘变成插槽，乔布斯才罢休。

此外，乔布斯计划在会上展示一段视频，但还没有得到对方的授权。可是，乔布斯也管不了那么多了，他还是按原计划行事。

为了发布这个回归后的第一款产品，乔布斯在发布会之前反复演示揭幕的那一刻：他走到舞台一边，揭开遮布，宣布道："向新的iMac问好吧！"此时，他的完美主义差点又让员工崩溃。乔布斯希望灯光能把iMac的半透明效果衬托得栩栩如生。为此，他要求灯光师重新打了无数次光。灯光师不停地摆弄iMac的位置，不断地调整灯光的角度及亮度，最后，乔布斯终于满意了，他兴奋地喊道："这次对了，就是这样！非常棒！"

⊙ 点评：创新就是加减乘除

创新既困难又简单，困难是因为难以做好；简单是其实它只是加减乘除。在前人工作的基础上往前进一步，这是加；把前人的工作优化一些，这是减；把一些跨界的工作整合在一起，这是乘；发现前人的错误和缺陷并加以纠正和改善，这是除。

⊙ 点评：乔布斯的加

人人都使用呆板的方正机箱做电脑的时候，乔布斯引入曲线型的外观设计，加入提高亲和力的内嵌提手，实现"非同凡想"的理念。

⊙ 点评：乔布斯的减

当人人都使用软盘驱动器时，乔布斯果断取消这一配置。他通过预测技术的走向，先人一步引领潮流。

⊙ 点评：乔布斯的乘

当外部资源适合自己又没有更好的替代品时，要坚决"外为己用"。就像乔布斯果断使用他人的视频一样。

⊙ 点评：乔布斯的除

在人人都使用非黑即白的颜色时，乔布斯使用五彩斑斓的颜色增强电脑的时尚感，并用半透明的机壳让人看见机内的精致，突显精品的本质。

第十一章

营销,做到大众的心坎上

体验促进成交

在乔布斯的领导下，越来越多的人喜欢上了苹果的产品。产品优秀的问题初步解决之后，值得关注的就是销售渠道畅通的问题了。乔布斯想通过提高零售店的展示来帮助产品销售。当时，苹果主要的销售渠道是大型零售店和电子商店。但在那里，苹果公司无法对顾客的切身体验加以掌控，消费者也得不到足够的引导，因为大部分店员不了解苹果产品的基本知识，也没有意愿向顾客解释产品的独特性以及为什么苹果的产品应贵些。此时苹果要将自己的产品从商店货架的电脑海洋中独立出来，建立自己的零售店。

1999年中后期，乔布斯开始寻找管理苹果零售部门的合适人选。其中一位就是当时任塔吉塔公司的副总裁罗恩·约翰逊，他是塔吉塔公司标志性的品牌家居产品系列的幕后功臣。约翰逊第二次到苹果面试时，乔布斯和他一起去了斯坦福购物中心，他们在那里考察和讨论零售店的设计、功能和注意事项。借此机会，乔布斯想看看约翰逊的设计和营销理念是不是自己所能接受和喜爱的。

乔布斯主张苹果零售店只建一个入口，如此方能更好地控制顾客的体验。他们一致认为商铺应十分宽敞，顾客一进店就能看到店内的整体布局。乔布斯认为苹果零售店应该开在繁华地段。约翰逊认为零售店应该成为品牌最强有力的实体表达，他给乔布斯的解决方案很简单——像设计产品那样设计商店。他们都觉得商店的风格应沿袭苹果产品的有趣、简单、时髦、有创意等特点。

由于苹果的产品不多，他们决定商店要以"少"为特色。它要简约、通透，能同时满足最多的顾客在零售店体验产品。零售店里除了放在桌上的供顾客摆弄的设备外，其它地方基本上都是空的，如果店里没人的话，零售店看起来就像一个完全空置的场所一样。

⊙ **点评：体验式营销**

即使是在计算机业，专卖店的作用依然无法取代。店员们对自己公司的品牌、产品的特性与优势有清晰的认识，能在与顾客沟通时充当专家，帮助顾客体

验产品，从而提高销售量。在时装界、汽车4S店，专卖店早就被证明是品牌和销售的有效组合。但在计算机行业，由于成本因素的约束则鲜有此举。乔布斯的创举确实证明他有过人的胆识。这个决定可能与他本身喜欢直观体验有关，就像他设计时不喜欢图纸，喜欢实物模型一样。

⊙ **点评：体验式面试**

在面试罗恩·约翰逊时，乔布斯使用了体验式考察。通过实地调研和讨论专卖店的选址、布局和陈列，乔布斯实打实地考察了对方的专业知识，这比问他一大堆理论问题来得更真实、更具体。对应聘者而言，也能通过细致的交流了解老板和公司的风格和文化，增加相互了解，减少将来的磨合阻力。这种对高层管理者的体验式面试值得我们借鉴。

样板打造形象

当乔布斯说要开苹果零售店时，董事会成员面面相觑，因为他们觉得这在业内还没有成功的先例。而在约翰逊加入苹果的前一年，乔布斯也已经将服装业新军GAP的前CEO米勒德·米基·德雷克斯勒引进了苹果董事会。他十分赞成乔布斯开苹果专卖店的想法，还给乔布斯提供很多有益的建议。乔布斯欣然接受了他的建议，先按照正式的店面建立一个样板店，借此来逐步完善自己的设计理念。这比靠纸上谈兵来设计店面要好得多，同时造价也大得多。为了让零售店极具吸引力，乔布斯付出了大价钱。接下来的半年，每周二的上午他们都在谈论方案。

在苹果样板店上，乔布斯提倡简约，从进入商店、购物到付款，都要体现出一点。模拟商品店就要竣工时德雷克斯勒发现店内空间设计得太繁琐，有些建筑结构和色彩容易让人分神。乔布斯同意他的意见，并对那些地方重新修整了一番。

2000年10月，苹果零售店即将完工，约翰逊突然意识到大家都忽略了很重要的一点：商店只是简单地把产品摆放出来，但顾客最想知道是产品的功能，他们能用产品做什么，比如制作视频、与孩子一起娱乐等，之后才考虑是否购买。当约翰逊跟乔布斯说这个问题时，乔布斯火冒三丈，随后他命令再次修改零售店的布局。乔布斯经常说，他所做的每件漂亮的事情都曾不止一次地返工。他说："假如你发现有些事情做错了，你千万不能对其忽略不计，哪怕是十分微小的失误，等着'以后再处理'，这是其他公司的做法。"约翰逊说乔布斯在建筑和设计方面会提出十分尖锐的问题，这些问题总会启发他们，公司绘图板上每次至少有12个零售店设计提案。

2001年1月，第一间样板店在苹果公司园区附近的一间仓库里建成了，"约翰逊和我终于有了一家全新的商店。"当时的乔布斯兴奋地说。随后，董事会批准了苹果零售店项目。2001年3月，苹果公司在全美推出了专卖店计划。他们认为苹果零售店可以宣传和提升苹果的品牌，改变消费者的购买体验，增加产品的销量。但大多数外界专家对此不看好，有人还断言，苹果零售店不到两年就会关闭。《商业周刊》也泼了一盆冷水："很抱歉，乔布斯，苹果开店肯定要歇菜了。"

⊙ 点评：专家经验

为说服董事会支持专卖店计划，乔布斯接受了德雷克斯勒的意见，先做一个样板店，再不断地试验和完善自己的零售理念。德雷克斯勒来自时装公司GAP，对零售专卖店有丰富的经验。所以，乔布斯在重组董事会时，可能有意识地吸收了各界专家，特别是时尚零售业。

⊙ 点评：个人风格

在苹果始创之初，乔布斯就奉行"大繁至简"的设计理念。这也成了他独特的个人风格。无论是他的个人生活，还是产品设计都无不打上"简单而美"的烙印。在苹果样板店上，这种简约主义也体现在从装修设计到付款流程的每个方面。所以，人的某些特质可能会影响其一生的方方面面。知己知彼，扬长避短非常重要，因为它在一定程度上决定了企业的走势。

⊙ 点评：完美主义

在产品设计过程中，我们已发现乔布斯是个完美主义者。在样板店的布置过程中，他将几乎完工的店面推倒重来，再次体现了自己追求完美的决心。但完美主义也使该项目不得不推迟了几个月。所以，我们追求完美还应以不影响大局为前提。

材料衬托内涵

2001年5月19日，苹果公司在弗吉尼亚州的高端购物中心泰森角开设了第一

家苹果零售商店。苹果公司还在开幕时邀请了一支摇滚乐团到现场演唱。美国一家网站如此写道："从凌晨4点开始，500多名麦金塔迷为了能在第一时间进入专卖店参观，就陆续到现场排队。"

苹果零售店对IT界所有的大公司都是一次震动，它创造了一种新的购物方式。它直接服务于百姓大众，主要做体验和服务。它告诉人们销售产品不是第一位的，这彻底颠覆了传统营销模式。

苹果零售店与其他商店完全不同，它有"华丽的线条、透明的设计、先进的工艺、昂贵的造价"。店内店外都采用了很多玻璃，使店面看起来仿佛一件艺术品。起初乔布斯他们想把零售店设计为两层，可是，如果有两层，又该如何吸引顾客上楼呢？后来他们就想到了将其设计成玻璃的。乔布斯非常喜欢这种设计，他认为玻璃不但增加了设计感，还能让顾客一眼看到里面的东西。

从第一家店开始，乔布斯都要求在其前方的透明玻璃上印上苹果公司的标志。他还欣赏零售店的玻璃"漂浮"楼梯，这种楼梯后来成为许多苹果零售店的标志，乔布斯为此还申请了两项发明专利：一个专利是采用了透明玻璃踏板和玻璃混合金属钛的支架；一个专利是采用含有多层玻璃压制而成的整块承重玻璃系统。

乔布斯看重店内设计的每一个细节。零售店的地砖是他从佛罗伦萨外围费伦佐拉的一个家庭自营采石场中选购的。早在1985年，乔布斯在意大利旅行时，他就喜欢上了那种灰蓝色的、纹理感十足的锡耶纳沙石。尽管成本很高，但乔布斯还是坚持使用它们。

苹果零售店的另一个特色就是提供专业技术支持的"天才吧"服务。这是约翰逊和他的团队想出的主意。在那里，人们可以询问关于电脑的问题，还能得到一对一的培训。店内还专门划出一块儿童区域，孩子们可以坐在弹力球上玩预置在iMac内部的儿童软件。

为了制造轰动效应，乔布斯还将产品发布会上那种戏剧性的手法用到了零售店的开业典礼上。人们为了争当首批进店的顾客，纷纷奔走于各个开业典礼，并在店外整夜排队。

2001年5月，苹果开设了最早的两家零售店。仅仅两年后苹果就在芝加哥、东京等地开设了70多家店铺。2011年，第一批零售店开业10年之后，全世界已有317家苹果零售店。2010年，它们的净销售总额是98亿美元。零售店为苹果公司贡献的收入仅占15%，他们被传授了一种非同寻常的销售哲学：不是为了销售，而是为顾客解决问题以及体验产品。

⊙ 点评：回报

在专家普遍不看好苹果零售店的情况下，乔布斯的"一意孤行"取得了巨大成功。他在对自己产品有信心的情况下，果断地将店面设在了租金昂贵的商业区，而不是成本较低的郊外。乔布斯成功的道理很简单，利润=收入-成本，当收入足够高时，店铺就能赢利。而苹果电脑的目标市场是高收入人群。在人流多的地方，专卖店以精品体验式的营销方法出售电脑，就收获了高额回报。真理这次又掌握在少数人手中了。

⊙ 点评：精益求精

乔布斯不但对零售店的设计精益求精，而且对材料的使用也不惜成本；更难得的是，专卖店的顾客体验也做到了极致。这一点我们大多数人未必想不到，但要做到恐怕就不是这么简单了。

⊙ 点评：戏剧性

乔布斯善于在产品发布会上用戏剧性的手法造成轰动效应。这样做既能刺激观众，又能引来媒体的眼球，为他带来无价的宣传和报道。抱着同样的信念，苹果店的开业典礼也被乔布斯成功操作为另一个戏剧舞台。这种利用资源、制造资源的营销意识，已深深流进了乔布斯的血液中。

轰动全球的广告

1983年春，乔布斯就积极地为麦金塔电脑的发布广告片做准备了，他希望麦金塔的广告如同产品一样富有革命性、令人惊奇。他说："我希望这个广告能让行人驻足，有着平地起雷的效果。"这个广告由Chiat/Day广告公司来做，创意总监是李·克劳。他与乔布斯一样，都想策划出一个既惊世骇俗又能明确介绍该产品的广告。苹果公司为这个广告支付了巨额费用，他们买下了1984年"超级碗"大赛的中场广告时间，还请拍过《银翼杀手》、《异形》的雷德利·斯科特指导制作。广告模仿乔治·奥威尔的著作《一九八四》。那是一本政治寓言小说，书中，统治者"老大哥"会对所有不守规则的人进行惩罚。

在这条广告中，一开始是走调的音乐合奏曲，然后可以听到几千人沉重的脚

步声，配以令人压抑的节奏。在一间昏暗又有点阴森的房间里，一排排面无表情的人们注视着大屏幕上神似乔治·欧威尔小说《1984》中的"老大哥"训话。突然，一个穿着鲜红色的运动短裤和苹果运动衫的美女跑进了放映厅，在后面追赶她的是一群头戴黑色面具的警察，显然是"思想警察"。只见她抡起一个铁锤将屏幕砸碎了。这时，一股清风吹来，人们顿时清醒，一束阳光射进了大厅。他们一个接一个地说："看到光明了，看到光明了！"荧幕空白。一会儿接着出现的是大大的"苹果"商标。

这条广告中的女子代表苹果电脑，"老大哥"则是苹果当时的主要对手IBM。最后，屏幕上出现了这样一段文字：

"1984年1月24日，苹果公司将推出麦金塔电脑。各位将会看到电脑世界的新曙光，以及明白为什么1984不再像《1984》！"

广告只有60秒，可里面包含了很多内容。

乔布斯在夏威夷销售会议上展示这段广告时，人们对之赞不绝口。但当他在1983年12月的董事会会议上播放这则广告时，却遭到了大多数人的批评和反对。斯卡利则失去了信心，他让Chiat/Day公司廉价把两个广告时段（一个60秒，一个30秒）转售给别人。乔布斯为此愤怒不已。幸运的是，Chiat/Day公司只卖掉了30秒的，谎称60秒的卖不出。

1984年1月24日，在"超级碗"的比赛中，9600万人观看了这个特别的广告。观众感到神奇，广告专家认为这条广告是旷世杰作。而这个广告之后一共获得了35个奖项，其中包括戛纳电影节的一个奖项。

⊙ 点评：广告创意

麦金塔的广告创意将时代精神、反叛精神、自由精神揉合在60秒中，令苹果与崇尚新生事物的年轻人产生巨大的共鸣。它集故事性、艺术性、可观性于一身，具有惊人的震撼力、说服力和传播力。一个好的广告创意，结合一个好的产品设计，事情就成功了一半。

⊙ 点评：事实与形象

乔布斯以黑客的形象推广其非黑客的产品，他聪明地用强烈的广告冲击给消费者洗脑，令消费者在欣赏他新颖产品的同时忘记了他的霸道。任何事物都有两面性，关键是你能否将自己打造成大众喜欢的形象。记住：消费者是需要教育的！你可以有选择地表达，但你不能说谎。

⊙ 点评：真理只有少数人能理解

这部传奇的广告片几乎胎死腹中，好在一场及时的"反叛"才使它避过一劫。大多数人的思想都在一定的条条框框中周旋，在循规蹈矩中前行，这是社会稳定的基本条件。但勇于冒险、敢于突破惯有模式才是发展的根本动力。从结果导向来看，真理往往是掌握在少数人之中，而且真理只有少数人能理解。

⊙ 点评：人才与土壤

广告创意总监李·克劳与乔布斯合作了30多年，是因为他的非凡创造力符合乔布斯的需要。员工能否适应一家企业，除了自身的才华和经验外，老板的风格也同样重要。所以，我们说人才就像大树，不仅要移植到合适的土壤中，还需要园丁的细心保养才能获得新生。

玩媒体于手掌之中

乔布斯是宣传大师，他有办法激发媒体进行爆炸式的争相报道，而且还是抢着帮他免费宣传。乔布斯就像一个魔术师，能一遍又一遍地使用相同的伎俩。

1983年12月，乔布斯请《新闻周刊》的媒体界传奇人物格雷厄姆写一篇名为"创造麦金塔电脑的小伙子"的报道。对方用了4页详细地介绍了苹果的天才工程师安迪·赫茨菲尔德和伯勒尔·史密斯以及他们的老板——乔布斯。

《滚石》杂志的科技类作家史薪芬·列维也请求采访乔布斯。但乔布斯想让他把麦金塔团队的照片登载封面上，结果遭到了对方的委婉拒绝。

⊙ 点评：媒体公关

无独有偶，自2003年从英国伦敦帝国理工学院MBA毕业重返真彩文具后，朱献文就利用中外著名商学院双重MBA获得者的身份为新闻点展开了媒体公关。这一举动冲破了真彩公司的保守状态，使其开始低成本地打造真彩品牌的历程。

⊙ 点评：新闻点

媒体公关的效果远大于广告的效果，但一份价值连城的报纸版面是兵家必争之地。虽然现在有很多文化传播公司提供整合传播服务，但作为企业家，树立一些新闻意识是大有用处的。就像乔布斯利用"创造麦金塔电脑的小伙子"去打动

格雷厄姆一样。找准媒体的关注点可以为自身争取到宣传的机会，又为媒体提供了有价值的素材，保留了合作的前景。

质感

乔尼·艾弗反复琢磨iPod成品应该用什么颜色。一天，一个想法突然在他的脑海中一闪而过——iPod的机身和耳机要用纯白色的，不是像雪一样的白，而是像鲸鱼那样的白。乔布斯很赞成使用这种白色。他在iPod白色外壳上又增加了一层透明的塑料，这种技术被称之为"共铸"。当时市面上的耳机基本都是黑色的，iPod选择用白色，简单优雅，又显独特。

乔布斯意识到iPod可以帮他销售出去更多的苹果机，于是就把原本要为iMac花费的7500万美元广告费用挪到iPod广告上。电视广告也使用乔布斯、克劳等人商定的舞者的剪影。在iPod的广告短片中，一个黑色的剪影人在颜色鲜艳的背景里随着iPod音乐舞动，其中的白色耳机线非常抢眼。

2001年10月23日，在加州的一个新闻发布会上，在揭幕产品时，乔布斯没有像以往那样走到舞台中央的桌旁去揭开遮布，而是很自然地从牛仔裤兜里掏出了一个白色的、薄薄的、比一块巧克力板还要小的iPod，他说："这个惊人的小设备里面装着1000首歌，而且刚好能放进我的口袋。"说完他把iPod又放入裤兜，场上掌声雷动。

iPod刚一推出，就凭借流畅的线条和灵活的操作受到了用户的追捧，无论其功能还是外观足以惊艳世界！

⊙ 点评：厚积薄发

某些问题在我们百思不得其解的时候常常会蹦出答案。或是在梦醒时分，或是在不经意的某一瞬间，答案喷薄而出，灵感一触即发。但一瞬间的灵感都是源于深厚的根基，只是长期的积累知识厚积薄发而已。对于任何人，学习、实践、再学习、再实践的厚积过程，是得来全不费功夫的薄发前提。

⊙ 点评：资源效用倍增

由于不同职位的关注重点不同，很多时候员工只能立足于本项目，使用手边的资源做好本职工作。但作为最高决策者，不但要培养自己的资源整合能力，也要鼓励下属提高考虑问题的境界，做到一箭双雕，从而达到资源效用倍增的目的。

⊙ 点评：好东西标准

我们常说"黄婆卖瓜，自卖自夸"。这说明很多时候，人们对事物的评价是带有浓厚的感情色彩的。但大多数人都说不好，这东西肯定不好；有人说好，有人说不好，就说明"萝卜白菜，各有所爱"了；大多数人都说好的东西，就肯定是好东西，尤其是连竞争对手都不得不夸赞的时候。

疯狂大杂烩

乔布斯想给苹果做一个全新的广告，他想起了制作传奇广告"1984"的导演李·克劳。1997年7月初的一天，乔布斯打电话给李·克劳，恳求他参与苹果广告的比稿。这位大师破例答应了他，乔布斯感激万分。经过反复交流意见，乔布斯和克劳达成了一致：苹果需要一个品牌形象广告，突出公司的价值观，而不是推广产品。"让全世界都了解苹果，了解苹果的意义"成为这一广告策划的核心理念。

克劳和他的团队不负众望，创造出了著名的"非同凡想"的广告策划案。这个广告着力于赞美创造力，也就是那些拥有改变世界能力的杰出人士。电视广告词是这样的：

向那些"疯狂家"致敬。他们特立独行、桀骜不驯、惹是生非。他们看待世界的方式与众不同。是他们在发明、想象及创造，是他们在推动着人类的前进。或许有些人认为他们疯狂，但我们把他们视为天才。因为只有疯狂到相信自己能改变世界的人才能真正改变世界。

伴随着这些极具感召力的广告词，屏幕上出现了一些具有震撼力的天才人物，包括科学家爱因斯坦、艺术家毕加索、牧师马丁·路德·金、发明家爱迪生等。广告结束后，字幕淡出，黑色屏幕上闪现出了一句标语——"非同凡'想'"，以及绚丽多彩的苹果标志。

为了让人们联想到《死亡诗社》的精神，克劳和乔布斯还曾邀请罗宾·威廉姆斯朗、汉克斯读广告旁白，最终他们选定了理查德·德莱福斯。

乔布斯表示，他对这个广告如醉如痴。这一广告如1984年的广告一样，再一次成为经典。"非同凡想"这一广告用语，一直使用到了2002年初。乔布斯曾说过："我们只用了15秒~30秒或者60秒，就重建了苹果曾在90年代丢失了的反传统形象。"

除了电视广告，他们还创造了历史上最令人难忘的一系列平面广告。1997年，美国各大城市的高楼、公交车和广告牌上都有一系列海报，每则广告上面都有一个以打破陈规而出名的开拓者的黑白肖像，其中有著名的电影导演阿尔弗雷德·希区柯克，《我爱露西》的主演露西尔·鲍尔和德西·阿纳兹，等等。每张海报的一角上都有苹果的标识和广告语"非同凡想"。更酷的是，这些肖像都没有文字说明。

苹果在平面媒体和电视上推出的广告，主要目的是通过将苹果与历史上一些非凡人物联系在一起，宣扬"创造力"。在户外广告开始以及电视广告播出后，苹果公司不久便成为人们街谈巷议的热门话题。

⊙ 点评：品牌力

这次乔布斯的广告重点由产品转向品牌了。应该说，他是在合适的时间做了合适的事。经过十几年的耕耘，即便苹果处于暂时的低潮，但工作重点也应从（产品力＋销售力）阶段进步至（产品力＋销售力＋品牌力）阶段了。所以，他果断地将广告的重点规定为打造品牌。

⊙ 点评：精品的基因

我们不否认有物美价廉的商品，但大多数情况下，商品的质量还是和价格成正比。乔布斯不惜重金，在广告的每一个环节上都用最好的选择：最好的广告公司、最好的配音人、最好的配图。这些精益求精的细节组成了一个成功的广告。

⊙ 点评："傍大款"

你的朋友决定了你的品位。乔布斯为表现自己的反主流定位，硬是挖掘出历史上的各路"反潮流英雄"来衬托苹果的核心价值。这种巧妙的恰如其分的"傍大款"手法，至今还值得我们借鉴。

⊙ 点评：整合营销

乔布斯善于利用媒体，他早早地便发现了"整合营销"的秘密。在打造品牌的过程中，他借助电视、平面和路牌等多种媒体的力量进行宣传；此外，他还极具前瞻性地在产品开发阶段就与营销人员进行沟通。在乔布斯的指导下，营销人员不断地加深对产品和文化的理解。在乔布斯的身体力行之下，品牌推广逐渐融入到苹果的企业文化之中。

第十二章

竞合，有人的地方就有"江湖"

防人之心不可无

皮克斯就像乔布斯的一个避风港,在那里,他能释放压力,让忙碌的身心小憩一下。

《玩具总动员》发行上映后不久,乔布斯在一次谈话中与杰弗里·卡曾伯格不欢而散。1994年夏天卡曾伯格辞去了在迪士尼的职务,加入了梦工厂。一次,拉塞特路过梦工厂时和几个同事一起约见了卡曾伯格。拉塞特无意中透露了《虫虫危机》。

它讲述一段昆虫世界的冒险之旅:蚂蚁Flick的想法千奇百怪,他经常因为另类的行为而被其他的蚂蚁嘲笑。在Flick遭到信任危机时,是小蚂蚁公主鼓励了他。最终,蚂蚁Flick得到了大家的认同。在面对蚱蜢的威胁时,大家齐心协力战胜了强敌。

《虫虫危机》是迪士尼与皮克斯公司继1995年的《玩具总动员》之后,再度合作所推出的第二部3D计算机动画电影。它在计算机动画制作的技术上有了新的突破:更多的动物角色,丰富的情节内容,大量的室外场景和逼真的行动速度。迪士尼宣称这是一部"史诗巨作"。

听完拉塞特的讲述后,卡曾伯格不断追问该片什么时候发行。原来梦工厂有一部重要作品——《小蚁雄兵》,原计划在1998年感恩节期间上映。当卡曾伯听说迪士尼也计划在同一个周末首映皮克斯的《虫虫危机》时,他加快了《小蚁雄兵》的进度,以迫使迪士尼改变《虫虫危机》的首映日期。

乔布斯对其不予理会。1998年11月27日,《虫虫危机》如期上映,结果好评如潮,《时代》杂志的评论家赞美《虫虫危机》的设计很精彩,并说,相比之下,梦工厂的电影就像收音机那样缺乏表现力。《虫虫危机》在北美共有1.63亿美元进账,全球票房为3.62亿美元,击败了梦工厂同期推出的《小蚁雄兵》,成为当年动画长片的票房冠军。

◉ 点评:压力管理

超人乔布斯利用皮克斯轻松的工作环境减压,但这远远不够。如果感到工

作压力较大，可以利用工作休息的时间做冥想放松；也可以通过调节呼吸来进行减压。到健身房流汗也是一种不错的减压方式。当然，周末的时间去郊外爬山，在大自然中放松身心更有效。动静协调、张弛有度的适当运动可以帮助我们消除疲劳，激发活力，调节大脑功能。所以，我们可根据自身的喜好去选择瑜伽、静坐、催眠、想象、旅行等减压方式。总之，保持身心健康才是革命之本。

⊙ 点评：技术保密

前文我们曾讨论过，公司中最容易泄秘的人是技术员。但苹果公司这次泄密的人不是技术员，而是高层拉塞特。这种"说者无意，听者有心"的泄密值得所有高层留心。很多时候，由同事转为朋友的人之间都存在不同程度的竞争。尤其是同行朋友，除公开的社会信息外，涉及公司的信息就要"三思而后说"了。

⊙ 点评：竞合

在赛场上只有一个胜利者，但商场并非零和游戏，没有胜败之分。通过竞合，企业之间可以获得多赢局面。合作是做大蛋糕的方式，竞争是利益分配的手段，这是在商言商的智者思维。

乔布斯纪念碑

1999年11月24日，世界上第一部完全数码制作的电影《玩具总动员2》上映，该片在美国获得246亿美元票房，全球票房达到485亿美元。乔布斯考虑为皮克斯盖一栋符合其身份的总部大楼。他委托苹果零售店的建筑师彼得·伯林在新购入的16英亩的土地上设计一栋"皮克斯式的"新大楼。

皮克斯联合创始人、总裁艾德·凯特摩说："乔布斯没有实际制作过电影，大楼就成为他的项目。这是唯一一幢乔布斯设计的大楼，从建造到完成由他负责。"拉塞特曾说过："皮克斯大楼是乔布斯自己的电影。"

乔布斯对大楼的每一个细节都十分关注，包括办公室的拉手。乔布斯一直坚守一个原则：要让每个人都可以站在中央区域。最终皮克斯大楼的一楼中心是一个巨大的中庭，那里有餐厅、会议室、洗手间，还有邮箱。那个公共空间的中庭是为了增加人们不期而遇的可能性而设计的。

乔布斯不想要标准样式的办公楼，他希望大楼空间有巴黎奥塞美术馆的感觉，还要求皮克斯的总部大楼必须在100年内看着都不过时。他还希望大楼的钢筋外露出来。为了挑选出颜色和材质最好的钢筋，乔布斯看遍了美国所有制造商的样品。

乔布斯对砖也很挑剔，最初，大楼外部准备全部用钢铁建造，可是乔布斯喜欢位于洛杉矶的Hills Brothers大楼，想复制同样颜色的砖块。于是下属不得不找到一家位于华盛顿州的公司，让他们做出这样的砖来。

皮克斯建成之后，人们一进办公楼就能看见里面有迷你高尔夫场，过道里、房间里到处都是稀奇古怪的玩具。其中最古怪的地方要属"爱的酒吧"了。他们用圣诞彩灯和熔岩灯把一个隐秘的阀门间装饰了一下，并在里面放了一些长凳、几个流苏抱枕、一张可折叠的鸡尾酒桌、几瓶烈酒、一套吧台设施等。拉塞特和乔布斯经常会邀请一些重要人物去那里，并请他们在"爱的酒吧"墙上签名。

⊙ 点评：标志性建筑

乔布斯在塑造苹果品牌过程中，把零售店当作企业的象征来打造。这次，他又用办公楼作为展示皮克斯形象的阵地。在整合营销过程中，企业的标志性建筑能为客户带来信心和确定性，同时也是其宣传自己的一个有力工具。这就是乔布斯为什么如此重视它们的原因。

⊙ 点评：工作环境

在团队建设过程中，面对面交流是最有效的沟通方式，而非正式的面对面交流又是最自然的沟通方式。在现代都市化的生活和工作中，人们交往的机会越来越少。公司在工作环境的设计中，加入一些人文的设施和因素，不但能改善员工的精神状态，也能提高员工的工作效率。

⊙ 点评：标新立异

乔布斯让建筑物的钢筋裸露在外，他的员工把一个阀门间打造成"爱的酒吧"。皮克斯公司从上到下都是一群喜欢标新立异的人，也正是这样的公司才能创造出那些充满想象力的电影。皮克斯员工的很多行为用传统的标准来衡量都是叛逆的，但用创新的眼光去欣赏却是进步的。这就要求领导人本身要具有足够的辨识力去看待员工的创举，才能激励公司不断创新和发展。

道不同

2002年2月，迪士尼的总裁迈克尔·艾斯纳在一份声明中毫不留情地批评

了乔布斯为iTunes制作的广告。当时正逢皮克斯和迪士尼合作的第四部电影《怪物公司》上市。它一举超越了前三部电影,全球票房达到525亿美元。眼看迪士尼和皮克斯续约的时间到了,艾斯纳还公开拆台。对此,乔布斯十分费解和恼火。

乔布斯对沃尔特·迪士尼的侄子罗伊很尊重,罗伊看出乔布斯的情绪有变,提醒董事会皮克斯有可能拒绝续约。但艾斯纳认为新电影《海底总动员》发行得不太好,这将迫使皮克斯失去主动权。这点再次将乔布斯激怒了。其实,《海底总动员》在美国国内的票房达到34亿美元,全球票房高达868亿美元。

2004年1月,在罗伊被迫离开迪士尼董事会之后,乔布斯公开宣布与迪士尼停止续约谈判。迪士尼的首席营运官鲍勃·艾格为此感到惋惜。

2005年夏天,在艾格正式接任迪士尼的CEO之前,他和乔布斯进行了一次"试合作"。艾格发现皮克斯打造出了很多流行的卡通人物。上任后,他向董事会提出应收购皮克斯。

接下来,他开诚布公地跟乔布斯说,迪士尼不能离开皮克斯。乔布斯大为感动。2006年1月,迪士尼正式对外宣布收购皮克斯。2006年5月5日,皮克斯正式成为迪士尼的全资子公司,乔布斯几乎入主迪士尼董事会,两家公司终于再续前缘。

⊙ **点评:双输**

在迪士尼和皮克斯续约的重要日子中,迪士尼的总裁迈克尔·艾斯纳却在不断地破坏合作关系。皮克斯和苹果都是乔布斯的命根,就算艾斯纳的"正义感"有多强烈,也不至于把自己的利益推往双输的边缘吧。这应该也是艾斯纳和罗伊争斗的一种需要。

⊙ **点评:误判**

艾斯纳押注在《海底总动员》的失败之上,希望一举夺得谈判主动权,结果输得干干净净。他在这里犯了几个错误:第一,高估了自己的动画鉴赏力;第二,他以一个不确定的条件作为获取主动权的前提,也是不明智的;第三,《海底总动员》是双方合作的产物,具有共同的利益,无论如何都应该尽力推动它的成功,而不是寄希望于它的失败。

⊙ 点评：艺高人胆大

《海底总动员》的成功使皮克斯信心倍增，为乔布斯树立了分家独立的决心。所谓艺高人胆大，皮克斯电影的不断成功，使乔布斯可以自立门户，而不用成为迪士尼内斗的牺牲品。

⊙ 点评："试婚"

公司与公司之间的合作，说到底就是领导人与领导人之间的合作。有时候，千里姻缘一线牵，闪婚也有幸福的可能，但毕竟风险很大。而试婚能让双方用低成本增加对彼此的了解，为今后的婚姻生活打下良好的基础，不失为一个很好的选择。

⊙ 点评：迪士尼

艾格上任伊始，就发现了迪士尼动画处于亏损和衰退之中，合作方的皮克斯竟成了顶梁柱；而CEO艾斯纳也不清楚现状。我们不禁要问，迪士尼董事会怎么了？以艾斯纳为首的高层管理者怎么了？如果不是管理高层刻意隐瞒经营情况，就是董事会监督不力，但似乎这两种情况都不太可能。这能否理解为是经营思路的差异呢？

⊙ 点评：对症下药

艾格知道乔布斯吃软不吃硬，就对症下药，给足乔布斯面子；加上前期试合作的基础，谈判的大门就容易打开了。高级管理者最重要的能力之一就是沟通能力，"见人讲人话，见鬼讲鬼话"是他们的强项。在坚持公司目标的原则上，能屈能伸是高情商的体现。

⊙ 点评：收购VS反收购

迪士尼收购了皮克斯，但皮克斯的大股东又成为了迪士尼最大的个人股东。从某种意义上说，这又是一个蛇吞象的收购个案。我们已经看到了乔布斯对人才的整合能力，对技术的整合能力，对营销的整合能力，这次又欣赏到他的超强的资本运营能力了。他像资本魔术师一样，把投资5000万美元的皮克斯电脑公司变成了价值74亿美元的皮克斯电影公司，并通过精妙的"反向收购"进入到了迪士尼公司的电影产业。这种资本运作天赋令人刮目相看。

条条大路通罗马

2006年，施密特被当选为苹果董事会的董事。那时，苹果公司正在全力打造iPhone手机，智能手机是苹果董事会上的热点话题。可能是iPhone的研发启发了施密特，谷歌也开始加快了手机操作系统的研发进程。

2007年11月谷歌正式推出安卓（Android）手机操作系统，把它向众多的手机厂商开放，各个硬件制造商都可以在自己的手机和平板上免费使用它的开源代码。而苹果的iOS手机智能操作系统是和iPhone捆在一体的，不对其他手机厂商开放，这无疑会将巨大的市场空间送给了安卓。iPhone在手机市场异军突起后，打得原来手机阵营里的手机厂商节节败退。但他们有了安卓手机操作系统后开始稳住了阵脚，伺机向苹果发起反攻。2008年夏天，乔布斯亲赴谷歌总部山景城，指责谷歌的"欺骗"行为对苹果业务产生了严重的危害。

2010年1月5日，谷歌推出第一款自有品牌Android手机Nexus One。它同iPhone一样使用触摸屏，但屏幕比iPhone稍大。

2010年1月末iPad发布会之后，施密特接受《卫报》采访时对该产品批评道："也许你能告诉我，大号智能手机和平板电脑有什么区别。"不久，乔布斯就在苹果园区举行了员工大会，痛斥谷歌进入手机业务和安卓系统模仿苹果的功能和技术。乔布斯说："我们没有进军网络搜索领域，但他们却进军手机市场。别搞错了，他们想要消灭iPhone。我要摧毁安卓，因为它是偷来的产品。"此语一出，舆论惊讶。两个曾经看似意气相投的"酷企业"如此之快地走上陌路殊途，让人始料未及。

乔布斯认为施密特领导下的谷歌从苹果"偷师"，动了自己的奶酪。对此，谷歌反驳称，他们研发安卓很长时间了。之所以希望推出具备互联网功能以及优秀浏览器的手机，是因为这类产品尚未面市。

在开放与共享成为时代精神的今天，苹果以"封闭"为特色的商业模式的成功可称为异数。乔布斯致力于打造一个专属的封闭环境，哪怕安卓正在蚕食市场也毫不动摇。乔布斯认为保持封闭性对于苹果公司来说恰恰是来自竞争的需要。他说："我喜欢为整个用户体验负责，这绝不是为了钱，而是想要创造伟大的产品，而非安卓这样的垃圾。"

另一方面，谷歌希望智能手机成为公开的、非专利的平台，使用户能自由获取可以运行于诸多设备的应用程序。于是，谷歌希望用户可以廉价上网和苹果希望可以保持高利润的软硬件销售之间形成了不可调和的矛盾。

苹果与谷歌的竞争日趋白热化，起初是围绕智能手机领域展开，后来在平板电脑、移动互联广告和数字电视领域也展开了较量。随着谷歌愈来愈深入地进入到苹果地盘之内，更加全面的冲突和竞争已是山雨欲来。

◉ 点评：危机感

虽然乔布斯奋力坚守自己的一体化封闭原则，但iPad 发布后，他还是忍不住痛斥谷歌的开放系统。实际上，即使没有谷歌和安卓，也会有"谷妹"和"安椅"出现，只不过是谷歌的安卓在众多的竞争者中脱颖而出罢了。所以，任何一家企业在开发产品时，都要有充分的思想准备：产品的竞争者是迟早会出现的。

◉ 点评：机会

从追随者的角度来看，领先者投入巨大的资源开创了品类，培育了市场，正好可用差异化的手段去参与市场的角逐。追随者应研究领先者的优缺点，避其锋芒，击其弱处。由于降低了研发风险和成本，一般而言，追随者使用高性价比去争夺市场，为消费者提供更高的服务承诺不失为一种有效的竞争方法。

苹果与Adobe的"江湖恩怨"

苹果与Adobe的关系由来已久，苹果曾是Adobe第一个大客户，他们新的Laser writer打印机就使用了Adobe的PostScript语言。苹果还投资250万美元，购买了340万股Adobe的股票。但随后，苹果公司和Adobe的关系时好时坏。

1989年9月，微软联合苹果公司，向Adobe发起挑战。微软为苹果开发PostScript的替代产品，而苹果为微软的软件提供字体。为了表示决心，苹果将持有的Adobe的股票全部抛掉。但这次挑战并未成功。1991年，苹果与Adobe重修旧好。1997年乔布斯回归苹果后，乔布斯请Adobe为iMac及其新操作系统制作视频编辑软件和其它产品，但遭到了对方的拒绝。Adobe还发布了不少只支持Windows平台的新软件。

后来，乔布斯禁止iPhone、iPod和iPad采用Flash。他表示，Adobe的Flash播放器并不是很适合iPhone等设备。他还尖锐地批评了Adobe的Flash技术，称其不可靠、不适合用于移动设备、程序界面实在太古老、Flash会导致Mac电脑死机等。乔布斯还列出了Flash在安全性和电源管理等方面的缺陷。面对这些指责，

Adobe的CEO塔努·纳雷恩称乔布斯是空放烟雾弹，在苹果应用商店中，有100多项应用使用了Adobe软件。

乔布斯还说过，Adobe本来有潜力去做更有意义的事情，但是他们却懒得这样做。他们缺乏像苹果一样的行事方法。乔布斯还告诫对手，"也许Adobe应该集中精力，为未来打造HTML 5工具，而不是成天批评苹果放弃过时的事物。"他甚至将Adobe和无辜的比尔·盖茨联系在一起："就像微软一样，Adobe已经成为了一家平庸保守的公司，他们丢掉了自己的目标。"

2011年11月初，Adobe无奈地宣布将停止为移动浏览器开发Flash Player，这表明该公司基本上承认在与苹果长期以来的网络标准之争中败下阵来。

⊙ 点评：君子报仇

Adobe公司在乔布斯最需要的时候"以怨报德"，出于眼前利益，宁帮对手也不帮苹果，叫乔布斯如何咽下这口气？"君子报仇，十年不晚"，现在Adobe也休想从苹果的平台上得到任何好处。这种记仇的性格也从另外一个角度体现了"神"也是有"人性"的。

⊙ 点评：反作用力

在苹果公司与Adobe公司的禁与反禁的猫捉老鼠游戏中，Adobe公司的编译器的技术得到了长足进步，使它的产品可以更加有效地利用苹果的界面和特性。这个案例为中小企业在"巨无霸"的缝隙中生存提供了优秀的学习榜样。

协作之力

在许多企业，设计师看重的是美观，而工程师看重的是功能，因此两者之间的关系通常很紧张。乔布斯和设计总监乔尼都认为，优秀的设计师能够激发工程师做出一系列匪夷所思的创举，Mac和iPod则是最好的例证。在设计iPhone 4时，乔尼要求使用钢圈，但必须在钢圈上留一个微小的缝隙。

iPhone 4在上市3天的时间内销量超过170万台，首周销量突破200万。但不久，陆续开始有媒体和用户发现iPhone 4存在严重的质量问题。有人给乔布斯发了封邮件："我很喜欢我的iPhone 4，但是手一拿iPhone 4两边金属缝时，无线信号就会降格，直至完全找不到网络，无法通话。大家都一样，不只是我的手机问题，有啥解决方案吗？"

乔布斯也很直爽，两小时后给出了解决方案："那就别那么拿手机。"

市场一片哗然，各大网站竞相转载这两封邮件，"天线门"事件被闹得沸沸扬扬，外界对iPhone 4信号接收和天线设计问题的指责一浪高过一浪，而苹果的竞争对手诺基亚也不失时机地抓住这个机会对苹果进行嘲笑和揶揄。苹果公司也很快出面表示：当用户用左手拿着任何手机时，手掌可能会盖住钢圈的小缝隙，就会出现信号丢失。如果你在iPhone 4上遇到这种情况，在手持时要避免遮住左下方金属片之间的黑条，也可以在iPhone 4上套一个保护套。这个办法果然奏效了。

乔布斯在新闻发布会上，只说了简单的四句话："苹果并非完人，手机不完美，我们都知道这一点，但我们想要用户满意。"尽管存在一些问题，乔布斯仍然表示，iPhone 4的天线设计是智能手机中最先进的。他指出，iPhone 4的断线率仅仅略高于上一代的iPhone 3GS。如果有人不满意，可以退货或者免费获得苹果提供的胶套。结果，iPhone4的退货率只有17%，还不及iPhone 3GS退货率的1/3。

乔布斯在发布会上还宣称其他智能手机也有天线问题，此言一出，迅速遭到竞争对手的反驳。摩托罗拉总裁表示："摩托罗拉从不把天线置于外表，因为它不想告诉用户该如何拿手机。"诺基亚公司强调，该公司的手机无论怎么握都不会存在无法通话的问题。而苹果公司随后所展示的测试视频表明，用户手握宏达国际和三星电子的手机时也出现了类似的信号减弱现象。

有人认为乔布斯成功地回避了问题，消除了批评，并把火引向其他智能手机，这是现代营销、企业公关和危机处理的新高度。

从长期来看，"天线门"事件并没有影响到苹果的营收，2010年7月22日《商业周刊》文章指出，当苹果发布季度利润创纪录的最新季度财报后，市场和消费者马上将iPhone 4的天线问题抛之脑后了。iPhone 4以及苹果的"最大危机"显然已经安然渡过。

⊙ 点评：设计师与工程师

设计师是创意性的职业，而工程师是实操性的岗位。理论上来说，工程师是为实现设计师的理念而提供帮助的。但在产品设计中，设计师大多不理会产品的可制造性，都指望工程师来帮助他们解决这些问题。但事实上，工程师不但要考虑技术上的可行性，还要考虑到经济性。现实工作中，很少有人能像乔布斯那样鱼与熊掌都考虑到的。

⊙ 点评：小概率事件

为增加iPhone 4的质感而使用钢圈外壳，从而导致信号接收不稳的"天线门"事件其实不算什么。如在普通厂商中出现，也不会太引人注意。但在苹果的伟大产品中出现，倒成了差点令苹果"机毁人亡"的恶性事件。这个教训确实值得高管深思，不能让隐患影响企业的生存。

⊙ 点评：乔布斯的公关术

乔布斯处理"天线门"危机事件的方法极为聪明。乔布斯向人们展示了他的坚定、正义及无辜，从而成功地回避了问题，消除了批评，并把火引向其他智能手机。这说明了一个真理，任何事情都可以找到有利于自身的表达方式，关键是你能有足够的智慧来引导舆论，让他们不得不接受你的观点和解释。

遗留问题

乔布斯在结束自己的职业生涯之前，还需要圆满地处理几件事情。其一就是与他喜爱的披头士乐队结束一场可以说是长征式的谈判。披头士所属的Apple corps公司和苹果曾经因为商标权有过热战。也是这个原因，披头士音乐以及唱片版权问题始终未能进入iTunes数字音乐商店。2007年，苹果同苹果唱片公司达成和解，但和解之后，披头士的音乐还是没能进入iTunes商店。直到2010年夏天，双方终于达成了一致，因为披头士音乐可以直接从iTunes销售的收入中取得一定的版权特许费用。这为乔布斯和披头士30年的纠葛划上句号，或许也意味着数字音乐的完胜。

iTunes数字音乐商店将所有披头士乐队音乐，包括13张专辑，"红"、"蓝"两张精选和"Past Masters"双碟精选放到iTunes上进行销售。每首单曲1.29美元，高于iTunes平台上大部分歌曲的0.99美元价格。单张专辑价格为12.99美元，双碟专辑19.99美元。另外，iTunes商店还推出了一套149美元的披头士全集，打包价格为149美元。

为了让这具有里程碑意义的事件更富传奇色彩，苹果在官网首页、iTunes中更新了披头士大幅海报，购买广告牌放上披头士乐队最好的相片，甚至还播放一系列经典苹果风格的电视广告。披头士音乐登陆iTunes应用商店的首周，其单曲销量达200万首，专辑销量逾45万份。

⊙ 点评：喜爱的力量

这也许是商界最传奇的一幕。乔布斯与自己喜爱的乐队因姓名权的纠葛而进行了30年的冷战；但乔布斯却没有像对其他"敌人"那样"怀恨在心"，而是想方设法清除障碍、促成合作。因为乔布斯自始至终都打心底喜欢披头士，这种喜爱使他能包容对方。这提醒我们，很多销售，首先是销售自己，然后才是你的产品。

微软的恐惧

在2003年4月28日，在iTunes发布会上，比尔·盖茨高度评价了乔布斯能把关注点放在最有价值的地方，能聚拢那些擅长做用户界面的人才，能实施颠覆常人思维的营销手段。对于乔布斯成功说服那么多唱片公司加入他的商店，盖茨表示非常惊讶。还有一件事令他十分不解，那就是除了苹果，其他公司都不曾推出过购买歌曲的服务。盖茨不得不承认：苹果再一次赶超了微软。

起初，iTunes只能在iMac上使用，iPod和Windows计算机不兼容。后来，乔布斯为了争取到更多的微软用户，把iTunes软件和商店引入Windows系统。为了让iPod和Windows计算机兼容，他还为Windows用户开发一个新版本的iTunes。

2003年10月，乔布斯在旧金山的一次产品推介会上发布了Windows版本的iTunes，这意味着占据整个市场95%的Windows用户可以使用iPod了，也标志着苹果公司在真正意义上进入了最广泛的大众市场。

2006年11月，微软正式发布了Zune音乐播放器，向苹果宣战。当时微软CEO鲍尔默许诺Zune将在5年之后打败iPod，然而，这个有着无线音乐共享和音乐下载服务支持的Zune能够颠覆iPod的王者地位吗？数据表明，两年之后，它的市场份额还不到5%；2011年10月初，微软宣布Zune停产。

⊙ 点评：老板之能

盖茨高度评价了乔布斯的三种能力：价值发现、队伍建设、高效营销。价值发现能力促使他开发出领先消费者需求的产品，吸引更多的相关资源；队伍建设是他实施计划的基本保证；营销能力使他的好产品让更多

的人知道、接受、喜欢。乔布斯开拓iTunes商业的过程，对企业家有很大的启迪作用。

◉ 点评：固执的灵活

乔布斯历来都具有强烈的控制欲。但这次为了吸引微软用户，他一反常态，不但开放iTunes给他们，还开发了Windows版本的iTunes。这种固执的灵活也反映了乔布斯的控制欲是建立在利益基础之上的。当有利益的时候，乔布斯也可以克服固执，随机应变。

◉ 点评：为自己

为自己而工作，为自己设计产品，为自己制造产品。乔布斯对人性的理解也许是其创新灵感的源泉。满足顾客的需求是企业生存的基本原则，但如何满足顾客的需求则是考验企业的试金石。当企业老板将自己视为消费者，为自己做产品时，他们做出来的产品一定是极品。

强者未必恒强

2002年，微软的一个工程师向乔布斯得意洋洋地吹嘘他们的平板电脑。乔布斯气得暴跳如雷，发誓要做一款没有手写笔的平板电脑。但当苹果研发了多点触控技术后，他又决定暂时放下这个项目，先专心于iPhone的研究。

乔布斯也跟对手打心理战，故意放出的烟雾弹。2003年5月，乔布斯宣称目前没有制作平板电脑的计划。2007年，乔尼建议利用多点触控技术，将键盘通过软件在屏幕中实现。

平板电脑最为引人注目的就是它的多点触摸屏幕了，所有的功能和设计都要围绕其而展开。为了让人们舒服地拿着平板电脑，所有的连接口和按钮都必须设计在边缘；同时电脑的边缘应十分薄，薄到容易让人忽略。

因为麦金塔电脑当时已开始使用英特尔的芯片，乔布斯起初也考虑使用它的低压芯片。可是，其性能虽高、速度虽快，却只含处理器。乔布斯说："虽然苹果和英特尔一起研发了一些很好的东西，但英特尔推陈出新的能力有些欠缺，我们也想过帮他们，但他们一意孤行。此外，我们也不想把所有的都教给他们，以免他们把我们的东西卖给竞争对手。"

⊙ 点评：平凡人

在产品研发的过程中，由于各个项目组都是独立的利益主体，他们之间的信息大多是互相封闭的。所以，产品总监或老板的整合意识就非常重要了。因为只有他们才能全面掌握公司产品发展的方向及技术开发的信息。通过他们对资源的重新组合，能帮助各个团队更好地做出成果。

⊙ 点评：步调一致

经理人在企业发展的不同阶段有不同的作用，合作伙伴也是如此。无论水平高低、规模大小，合作双方步调一致才是王道。如果双方的步调相差太远，那就不合适合作了。作为项目的参与者，企业领导人要有若干个备选方案，以维护自己的核心利益。

第十三章

管理,一个系统的工程

接班人初现

乔布斯重掌公司大权后，推出了首款Mac电脑——iMac，这款具有突破性意义的产品预示着苹果将恢复健康。iMac推出之后非常成功，加上乔布斯坚决果断地大幅削减产品线，为苹果积累了足够的资本。

在管理上乔布斯依旧继续推行强硬政策。他看到物流公司效率太低，便与对方终止了合作；当VLSI公司未能按时将足够的芯片送来时，乔布斯在大庭广众之下对其怒骂。

因为乔布斯待人过于苛刻，加之工作压力很大，在乔布斯手下工作了3个月的苹果公司的运营主管提出了辞职。因此，乔布斯得赶紧找一个能够建立准时制工厂和供应链的人。1998年，一个叫蒂姆·库克的人走进了乔布斯的生活。

库克，1960年出生于美国亚拉巴马州罗伯茨代尔地区，出身工人家庭，1982年毕业于奥本大学工业工程专业，1988年获得杜克大学企业管理硕士学位。毕业后获得"蓝色巨人"IBM的力邀。在IBM，库克凭借才华在12年里接连获得升职。1994年，库克跳槽至电脑经销商智能电子公司担任首席运营官，1997年赴康柏担任副总裁，负责采购和管理产品库存。

1997年，乔布斯重返苹果。他通过猎头找到了库克，劝其加盟苹果。当时的苹果几近破产，根本难以与全球个人电脑头号制造商康柏计算机公司相比，但在不超过5分钟的与乔布斯的面试后，库克丢掉了谨慎与理性，加入了苹果。究其原因，库克说，这可能是直觉吧，我感到，加入苹果，我将能与一帮充满激情的天才们一起工作。据库克本人回忆，他与乔布斯见面后立即惺惺相惜，这可能也是原因之一。

库克性情沉稳，说话温和，与乔布斯的性格截然不同。但二人却能相互补充。热衷竞争、争强好胜，对工作执著、苛求是库克与乔布斯的共同点。

1997年时的苹果规模还很小，运营也是"一团糟"。由于库存臃肿、制造部门效率低下，公司当年的损失超过10亿美元。库克到苹果后，关闭了苹果在各地的工厂和仓库，将苹果供应商从100家减少到24家，还说服许多供应商迁到苹

果工厂旁边。1998年9月，苹果的库存量只维持6天的水平，而上年则是31天。到1999年底这一数字竟然变为了2天。库克还把制造苹果的生产周期从4个月缩到2个月。由于库克管理有方，使得苹果公司减少了库存和很多不必要的开支，大幅缩短了生产周期，提高了工作效率。

⊙ 点评：管理力的爆发

乔布斯的创新精神和战略眼光一直是举世公认的，这些天分是如此耀眼，以至于掩盖了他在管理方面的成就。在苹果最初的发展阶段，他的重点放在"产品力＋销售力＋品牌力"上；经过10年的历炼，他开始关注管理了。尤其是他专横的个人性格和其独特的人格魅力，更有利于其管理力的爆发。

⊙ 点评：微笑曲线

一向对生产过程有控制欲的乔布斯，也懂得将微笑曲线的原理运用到管理中。在加强研发和营销的同时，他将生产过程全部外包，把资源集中在投入产出比最低的地方，以争取效益最大化。

⊙ 点评：潜力无限

每个人或者机构都有无限的潜力，但需要外力去挖掘。因为人在很多时候都会被眼前的成绩所蒙蔽，用"已尽力"来安慰自己。当有足够的外力，尤其是精神加物质的利益驱动时，会有难以想象的效果出现。

⊙ 点评：专业管理的力量

在切身利益的驱动之下，老板们面对任务时，都会千方百计地达到目标，完成工作。但要做得更好，则应该由专业的人干专业的事。在这方面，如果把老板比喻为全能运动员，那么专家就是单项运动员了。乔布斯靠"大石压死蟹"的严厉把库存从两个月缩减到一个月，而库克以专业管理把它压缩到一天，甚至十几小时，这就是专业的力量。

团队打造

乔布斯发现索尼公司聘请了日本大名鼎鼎的设计师为其设计工服，以此增加员工的凝聚力，他也想在苹果内推行工作服。没想到遭到员工们的否定，所有人都不喜欢这个点子。但借此机会，乔布斯与三宅一生成为挚友。乔布斯还请他为自己制作一些黑色毛衣，三宅一生大概做了100件，用乔布斯的话说"这足够我余生所穿"。

虽然乔布斯天性喜欢控制别人，但他十分重视会议的作用。他认为，通过会议使不同的人、不同的想法汇聚一堂，相互碰撞，从而能生出诸多的高水准创意，也能及时发现和解决问题。每周一是高管会议，每周三下午是营销战略会议，此外还有无数的产品评论会。对于任何会议，乔布斯都高度重视、统筹安排、精心准备。在他看来，各类资源的整合无疑是苹果公司的一个巨大的优势。苹果公司的产品开发过程并不是从工程到设计，再到营销、分销。相反，这些部门的工作是同时进行的，而各部门充分地参与讨论可以让产品更完善。

⊙ 点评：会议文化

没完没了的文山会海会蚕食公司资源，消磨员工志气。但高效的会议是一个良好的交流平台，使领导能深入了解下属的思想，发现下属的专长，加快决策反应速度；能打通部门间的壁垒，加强团队的协作精神；使下属有机会了解上级的真实意图，增强执行力。所以会议的数量不是关键，关键是做好会议的管理。

⊙ 点评：整合管理

让各有关部门从一开始就接触项目，不但能增加部门互信，还能集中智慧，加快项目反应速度。但这种管理需有高级管理人员的协调才能发挥效用。能否做到各部门协调推进项目，也反映了领导人的水平。

有条不紊

iMac的发布会相当成功，之后，每年四到五次的发布会和演讲，乔布斯都十分重视。乔布斯力争把每个发布会变成为苹果产品营销的冲锋号角，也希望借助它在无形中为个人魅力造成强大的宣传攻势。尤其是舞台上那戏剧性的一幕，为了提升大众对苹果产品的期待，乔布斯告诉公司上下要做好保密工作。

每次发布会，乔布斯甚至为此准备了几个月，哪怕是短短的几个小时。每次乔布斯则亲自上阵，他会用很长时间精心撰写设计演讲词。他精心设计每一个动作，进行至少四次以上的彩排，他一遍一遍地表演，一句一句地重复他的台词。乔布斯看上去轻松自如是因为他进行了足够排练。没有充分的

练习，乔布斯不可能和幻灯片、多媒体等配合得那样天衣无缝。乔布斯还要求舞台灯光的设计和控制必须精确到极小的时间单位，以让整个发布会一气呵成，畅快淋漓。

⊙ 点评：标准化

产品发布会一直是乔布斯影响媒体，激刺经销商的主要手段，他非常重视发布会的效果。发展多年之后，乔布斯已经开始着手对它进行格式化、标准化处理，以便下属能更好地运用这种宣传工具。

⊙ 点评：台下十年功

我们常说，台上一分钟，台下十年功。一次成功的、有影响力的发布会又何尝不是这样？！所以乔布斯对发布会的每一个细节，从保密、文稿，到场景布置、道具无不亲力亲为。俗话说，万事开头难。在成熟的流程出现之前，只有老板付出更多的精力，才能打造一个符合公司水平的"样板发布会"出来。

名正言顺

乔布斯自1997年7月回归后，苹果股价已从14美元涨到了2000年初互联网泡沫时期的102美元。但是，乔布斯坚持每年只拿1美元的年薪。实际上，这两年来，他总共只拿了2.5美元的薪水，且没有要股票期权。他不希望苹果的人认为他是为了钱才重返苹果的。现在苹果已东山再起了。毫无疑问，乔布斯功不可没。乔布斯考虑去掉"临时"一词，成为苹果全职、全方位的总裁，并领取期权。他还想要一架飞机，这样就可以和家人去夏威夷度假了。

苹果董事会当然欢迎乔布斯"转正"，他们爽快地答应送他一部湾流V型飞机。但在期权上，双方一时争执不下。董事会送给乔布斯1400万期权，他们本以为乔布斯会对此很满意，没想到乔布斯却说自己要2000万期权。伍拉德说："你当初不是说只要一架飞机吗？不要别的吗？"乔布斯说："我从没有在期权问题上坚持过。但你曾说，我最多可以拿到公司5%的期权（2000万份），现在我想得到这些。"最终苹果公司表示分两期给乔布斯2000万股的股票期权。一部分他可以立刻出售，一部分则待日后再售。

2000年1月，乔布斯在旧金山的Macworld大会上发布了新的操作系统Mac OS X。乔布斯告诉大家，苹果即将推出一个基于NeXT软件的新系统。苹果并没有马上把苹果电脑的操作系统全部换成NeXT。这是因为苹果不想一下子推出一个全新的系统，而是想对现有系统进行更新。

在Macworld大会的最后，乔布斯跟人们说："我已经把头衔里的'临时'去掉了！"人们顿时给予了阵阵欢呼，这是他赢得的荣耀，是完全属于他自己的成功。

⊙ 点评：成事在天

一粒种子只有在合适的土壤才能发芽生存，一棵参天大树也要有合适的环境才能健康成长。虽然天道酬勤，但成事也要在天。苹果股价在乔布斯回归后，不到三年内上涨超过750%。在成熟的资本市场，这也算是"努力+天命"才能创造的奇迹了。

⊙ 点评：亲兄弟，明算账

乔布斯回归时，坚持只领1美元的年薪；而董事长伍拉德也只说他可以得到不超过5%的期权。但这一切都是君子协定。当真正要落实报酬时，双方又因股权而争执不下。这个事实也提醒职场人士，亲兄弟也要明算账。因为人的记忆力、理解力、心态都会随着时间和环境而变化。与其撕破脸皮争执利益，倒不如先小人，后君子，先把游戏规则定好，再全心全意地专注于工作。

⊙ 点评：该改善时，不变革

苹果收购NeXT后，并没有马上把苹果电脑的操作系统全部换成NeXT，而是将NeXT操作系统的功能逐渐移植到苹果之上。这体现了苹果电脑"小步快跑"的不断创新，又维系了苹果电脑的传统，保护了用户的使用习惯。乔布斯恰到好处地应用了NeXT技术。这种"该改善时不变革"的渐进式管理思想值得我们学习。

科学管理

乔布斯接管苹果时，发现苹果公司当时的产品线非常混乱，以至于团队解释了三个礼拜，乔布斯还是没搞清楚到底还有哪些产品。这让他很抓狂。他认为产品越多并不意味着公司的规模越大，任何产品必须贴合用户的需求。

为了让员工更清楚明了，乔布斯在白板上画了一个方形四个表，上面两个写着"消费级"和"专业级"，下面两格写着"台式"和"便携式"。他对员工认真地说："我们的工作就是做这四种产品。"

接下来，苹果开始大规模裁减项目，他们把所有精力都投入到这四个领域中。他们在专业级台式电脑方面开发了Power Macintosh G3；专业级便携电脑方面开发出了PowerBook G3；消费级台式电脑方面开发了iMac；消费级便携电脑方面开发了iBook。

这种专注能力拯救了苹果。往往只有专注做一件事，你才有可能把一件事做到极致，比所有人都做的好，才能成功。事实证明，乔布斯的专注让苹果公司起死回生。在他的带领下，苹果冲破了亏损阴影，于1998年奇迹般地盈利3.09亿美元。

⊙ 点评：专业化与多元化

专业化与多元化谁优谁劣有无数的答案，既有走专业化道路的成功公司，又有多元化发展的企业。选择哪一条道路的关键在于公司掌握的资源，尤其是人力资源。从理论上说，一个公司的发展既要依靠专业化的纵向发展，又要依赖于多元化的横向发展。公司擅长做哪方面的工作，资源集中在哪个方向上最合理，领导人要有正确的判断。

⊙ 点评：管理工具的应用

乔布斯在产品战略会议上，用一张表就清楚表述了开发方向：

	专业级	消费级
台式	iMac	Power Macintosh G3
便携	iBook	PowerBook G3

这就是为什么工程背景的经理人应该学习基本管理知识的原因。

第十四章

战略，只做3件事

整合

乔布斯每年都会带着他认为最卓越超群的员工进行一次集思会。每次会议临近尾声时,乔布斯都会问大家:"我们下一步最应该做的10件事都有哪些?"人们互相争论,乔布斯最终会把最后7件事删除,他说:"我们只做前3件。"

2000年底、2001年初全球性的互联网泡沫破裂了,全球至少有4854家互联网公司被并购或者关门。很多人都认为,个人计算机的核心地位岌岌可危。就在这时,乔布斯宣布:"我们将通过实现自我创新来摆脱目前所处的衰退趋势。"他说,将来人们的所有电子产品,比如音乐播放器、视频播放器、游戏机、手机、平板电脑等都要依靠计算机发挥自己的功能。这就形成了一个以个人电脑为中心的数码产品功能应用集群。这就是乔布斯所说的数字中枢。

乔布斯创造性地提出了"数字中枢"战略,并相继推出了iPod、iTouch、iPad以及个人电脑Air等产品。苹果的创新不断,苹果之势就不断。

⊙ 点评:头脑风暴

乔布斯有一流的研发团队,更有激励创新的一流方法。百杰集思会的头脑风暴价值连城,经他们思想碰撞后诞下的成果更是无价之宝。更重要的是,在他们的PK过程中,每个人都得到了乔布斯的点拨,而乔布斯也受到了年轻人的启发。这种互动或许正是苹果不断创新的力量源泉。

⊙ 点评:引领风骚

在计算机面临巨大变革的关键时刻,乔布斯又为它注入了新的生命力——数字中枢。俗话说,旁观者清,当局者迷。但乔布斯作为局内人,却依旧敏感地感受到科技的潮流,并毫不迟疑地向着正确方向前进。这也许与他离开苹果后的丰富经历有关。他有着多元化的商界经验,又有着极度的控制欲,自然会选择将计算机设计为融合一切、掌控一切的"中枢"了。

⊙ 点评：胆识与远见

即使在正常的经济周期中，能保证研发的投入已相当不易。而乔布斯在互联网泡沫破灭之际坚持研发新产品，这需要相当的胆识和远见。纵观我们身边的企业，往往进入一定的规模后反而保守起来，对研发投入、品牌投入瞻前顾后，不但导致业绩下滑，连技术也被人甩在身后。当经济高潮来临时，他们面对陈旧的产品后悔莫及，以至坐失良机，被逼进入衰退期。

数字中枢之源

乔布斯对数字中枢的整合思路很快就明晰了。他发现火线可以快速传输大型文件。在没有火线接口时，人们必须利用特殊硬件把影片下载到硬盘上进行编辑。乔布斯决定将"火线"用在1999年10月上市的新版iMac上。

乔布斯找到由他帮助成立的Adobe公司，希望它们能帮助苹果开发。但Adobe公司认为苹果的用户太少，因而拒绝了他们。乔布斯为此久久不能释怀。10年后，苹果不允许Adobe Flash在iPad上运行。

iMovie首次出现就因其简洁而大受欢迎。用火线能把视频传到苹果电脑上，然后利用iMovie软件在计算机上编辑作品，还可以制作漂亮的淡入淡出效果，添加背景音乐，把你的名字加在片尾字幕中等。在它的后续更新版本的帮助下，电影可以被上传到网站上或者刻录成DVD。

但是，在数字中枢战略的实施过程中，乔布斯专注于视频而不是音乐，加之他主张让iMac装上吸入式光盘插槽而不是托盘式光驱，使得iMac与配备第一代刻录光驱的机会擦肩而过。

⊙ 点评：吃一亏，长一智

虽然Adobe公司是在乔布斯的帮助下成立的，但由于看不见清晰的利益，所以不愿帮老朋友这个忙。乔布斯可能这样想："君子报仇，十年不晚"，在我需要帮助时不伸援手，分羹时当然轮不到Adobe了。更重要的是，乔布斯从此坚定地走上了全程控制关键元素的道路。主动权在手，才能按自己的意愿实施商业计划。

⊙ 点评：全能与专项

乔布斯的"数字中枢"概念，其实就是将现代科技整合起来，为顾客提供全面的服务与体验。这种"全能超人"的模式，不但要求企业有充足的人力资源、相当的财务实力，还要有整合外部资源的能力。与具有专业化、精细化，充分发挥行业竞争优势的企业相比，这种"全能"模式也许更具挑战性。企业发展是纵向做强和横向做大的综合效果，不同的企业应根据自己的能力和战略意图去选择道路，并不存在谁是谁非的问题。

⊙ **点评：塞翁失马**

在数字中枢战略的实施过程中，乔布斯将重点放在了视频处理上。但对音频资源的误判使苹果错失了第一代可刻录光驱。这次的塞翁失马却为苹果日后在音乐播放器上的成功留下了难以想象的空间。竞争通常是波浪式发生的，对一时的得失不必看得过重。发展的关键还是培养自己的综合能力，以保证在落后时有重新赶超的实力。

数字中枢之核

2000年，激光唱盘和DVD取代了原来的录音带和录像带，人们喜欢把音乐从CD上拷到计算机上，或是从文件服务商那里下载音乐，然后刻录进空白的CD中。乔布斯很快就意识到音乐将会给他带来一笔大生意。当时市场上已经有了多种MP3音乐播放、刻录和管理软件，可乔布斯发现这些软件操作都十分复杂，完全配不上自己心爱的iMac。但iMac没有光盘驱动器，不能刻录CD。乔布斯在iMac上加了一个CD刻录光驱，可他仍觉得这个程序过于复杂。

一次很偶然的机会，苹果的前员工比乐·金凯德知道了苹果电脑与便携式音乐播放器Rio不兼容。于是，他与另外的两个朋友杰夫·罗宾和戴夫·海勒共同研发了一款名叫SoundJam的软件。SoundJam支持从CD上转换音轨，还可以让用户把很多格式的音频文件转换成MP3，也能将MP3音乐文件传输到数码音乐播放器中。

2000年7月，苹果公司买下了SoundJam的版权并且雇佣了创建SoundJam的三位程序员。随后乔布斯亲自参与SoundJam的开发。他们将SoundJam变成易于操作的苹果软件。最后，SoundJam改名为iTunes。

作为数字中枢战略的一部分，乔布斯在2001年1月的Macworld大会上展示了iTunes，它可以对上万首歌进行分类，并在一瞬间找到特定曲目。在会上，乔布斯还宣布所有苹果电脑用户都可以免费使用该软件。

⊙ **点评：发现机会**

由于乔布斯的失误，苹果错失了CD刻录的盛宴。但他及时醒悟过来，意识到音乐将带来巨大收益。在这个动力的推动下，他研究了所有音乐程序，发现了追赶的机会。我们说，做事的动力无非来源于两方面，一是兴趣，二是需求。乔布斯既热爱音乐，又急于在错失的领域奋起直追，这便注定了他有足够的动力去实现愿望。

⊙ **点评：及时雨**

在乔布斯急着去发明一种简便易用的音乐程序时，一名苹果前员工像及时雨一样从天而降，在4个人的一起努力下，他们终于完成了大名鼎鼎的iTunes。从前，有中小企的老板咨询我为什么招募不到人才。当时，我给他们的答复是："先靠目前的努力，把庙盖大，到时和尚自然会来找你。"事实上，当你在逆境时常常要什么没什么，但当你顺风顺水时却要什么有什么。所以，作为企业领导人，营造一个具有正能量的气场也是团队建设的重要工作之一。

数字中枢之翼

有了iTunes，乔布斯意识到，苹果也能制造一个和iTunes配套的设备，让收听音乐变得更简单。乔布斯果断地终止了苹果公司正在研发的其他项目，转而全力设计这款音乐播放器——iPod。

2000年秋天，便携式音乐播放器还缺少一些重要部件。2001年2月，当苹果公司负责硬件的高级总裁鲁宾斯坦了解到东芝正在研发一个直径不到两英寸的5G硬盘（大约能存放1000首歌），但东芝的工程师还没想好用它做什么。他立刻找到乔布斯，说："我知道这东西可以用来干什么。"乔布斯授权他去做，并斥资1000万美元，买下小硬盘的专利权，还把东芝生产的微型磁盘驱动器全部买了下来。

鲁宾斯坦找到了东芝的硬盘，又确定了显示屏、电池及其他重要元件，然后，他便开始物色可以领导开发团队的人选。他选中了托尼·法德尔担任开发设计团队的领导人。他当时已经想出一些关于制造更好的数字音乐播放器的方法。可当他去里尔网络、索尼和飞利浦等公司推销他的创意时，人们对此十分不屑。后来，在鲁宾斯坦的多次劝说下，法德尔加入了苹果。

◎ 点评：小众VS大众

　　苹果是个人电脑产业的先驱者，但此时的它在微软、IBM、戴尔等企业的夹击下已没有优势。苹果电脑的定位（高端和封闭）决定了它面对的是小众市场，而将更大规模的兼容机市场让给了包括中国联想在内的其他企业。所以说，对产品的定位决定了企业的潜在规模，你是做1亿人的生意，还是50亿人的生意，结果肯定是不一样的，尤其是可替代性的产品。

◎ 点评：蜕变

　　苹果在电脑的市场上完全被动，但乔布斯通过总结皮克斯动画的成功经验，敏感地捕捉到便携音乐播放器市场上的巨大机会。凭借iPod，他带领苹果完成了从电脑公司到科技公司的蜕变。这再次说明一个道理：公司暂时的落后没关系，重要的是要有重生的能力——创新！

◎ 点评：天生我才必有用

　　托尼·法德尔想出制造优秀的数字音乐播放器的方法，虽不被传统公司所接受，但"天生我才必有用"，他的聪明才智被苹果所发现并重用，从而制造出伟大的产品——iPod。才智和产品一样，总会符合供求关系；只要坚持不懈，就能找到合适的"客户"，产生交集，迸发出火花。

得来全不费功夫

　　2001年4月，法德尔在一次会议上向乔布斯展示了他们的模型。参加此次会议的还有鲁宾斯坦、席勒、乔尼等人。一开始，乔布斯对法德尔的演讲兴趣索然，但当法德尔掀开盖在桌子中央的碗，从里面拿出成品模型并打开时，乔布斯喜上眉梢——这不正是他一直想要的东西吗？

　　当菲尔·席勒展示如何使用滚轮，让所有歌曲滚动，以便快速浏览数百首歌曲时，乔布斯大叫："就这个！"他让法德尔和工程师们按照这个构思开工。

　　为了尽快完成这个项目，乔布斯和他的团队夜以继日地忙碌着。iPod的首席软件设计师杰夫·罗宾说："当时乔布斯和他们从早上9点一直忙到深夜一两点，这款软件在不断测试和出错中一天天得到改进。"法德尔等人会不断地接受乔布斯向他们抛出的难题。

iPod 项目开始后，乔布斯每天都会投入其中，努力"简化"产品。最让人费解是，乔布斯不允许iPod上有开关。在日后，这一构思在大部分苹果产品中都有所体现。乔布斯还建议应让iTunes软件拥有尽可能多的功能，而iPod则应恰好相反。他希望用户在使用时，无论使用哪种功能，按键的次数都不能超过3次。

iPod可以存1000首歌，那么，这些歌从哪儿来？乔布斯提倡保护知识产权。乔布斯让iPod单向同步，即用户可以从计算机里把歌曲转移到iPod上，但不能把iPod上的歌转移到计算机里。iPod的包装上还印有"不要盗版音乐"几个字。

乔布斯想在圣诞节之前推出iPod。一家叫Portalplayer的小公司答应为苹果提供基础服务并与他们签下独家协议。

⊙ 点评：创新原则

乔布斯在整个创新过程中都奉行一条基本原则：简化！回想我们日常生活中的科技产品，无论是产品本身还是用法，大都复杂无比，连专家都难以看懂。乔布斯的成功之处，除了外观上推崇简约，就是坚持简单。顾客手上的产品实现了"傻瓜化"，无形中就无限扩大了消费者的基数。就像他把iPod的功能全放在iTunes上一样，极大地方便了用户的使用。

⊙ 点评：快马加鞭

苹果的研发团队无疑是一流的，但乔布斯并没有因此而放松自己，反而是快马加鞭，精益求精。一方面，这说明乔布斯本人对产品创新有着激情和兴趣，另一方面也说明人的潜力是无穷的。尤其是科技发展到今天，只要想得到，就能做得到，关键在于领导人本身的追求是什么。

⊙ 点评：刚需

"吸烟危害健康！"烟草公司说，为了减少香烟的危害，他们在香烟上加上了过滤嘴。而乔布斯说："不要盗版音乐！"为了降低音乐的非法传播，乔布斯在iPod上设置了单向下载限制。但无论香烟或iPod都不会因此而失销，这说明培育刚性需求才是营销王道。

数字中枢之槛

乔布斯知道，仅仅靠硬件的革命不太可能让数字音乐产业改天换地，苹果必须在正版音乐分享的商业模式上有所突破。iPod上市后，乔布斯就开始想办法为iPod用户寻找一个简单、安全且合法的下载音乐的方式。

而音乐公司大部分都有自己的音乐下载网点，还有各种反拷贝技术。乔布斯要做的就是与所有的大型音乐公司签订协议，让苹果用户可以根据自己的喜爱从站点上随便下载音乐，这才是对音乐版权的合法保护。

当时，几大音乐公司正因免费音乐下载服务商Napster所引发的恐慌而对因特网十分排斥。而美国或英国的合法网上音乐市场，只占总份额的2%左右。乔布斯想在网上销售廉价的正版数字音乐，很多人都觉得这简直是天方夜谭。音乐公司更担心一旦音乐数字化了，人们能无限地复制歌曲了，谁还会从他们那儿购买歌曲呢？他们只想拥有音乐作品的压缩版本，并对自己的歌曲设置访问权限。但乔布斯认为电子信息的内容是无法被保护的。

华纳音乐和时代华纳集团已经开始同索尼公司商谈一个版权保护规则，他们还邀请苹果加入其中。但2002年1月，索尼公司退出了版权保护集团，他们希望拥有自己专有的数字音乐格式，从版税中获益。

乔布斯一次次地找到音乐公司的高层，说服他们与iTunes商店合作。iTunes商店是一个数字服务站，它从唱片公司那里获得了数字音乐的销售权，再以每首歌99美分的价格卖给iTunes的用户。唱片公司从中分得70美分。

2002年3月，乔布斯邀请音乐界知名人士参加苹果开会，推销他的iTunes商店计划。华纳音乐的总裁罗杰·艾姆斯看到乔布斯展示的iTunes商店时，惊喜万分，他不断点头说："对，对，就是这个，我们一直期待的就是这种模式。"他同意华纳音乐加入iTunes，并负责聚拢其他的音乐公司。《财富》杂志上曾说："乔布斯给音乐贸易带来了兴奋点，他推出了合法、可信的数字音乐服务。"

⊙ 点评：合作前提1——共同利益

企业之间的合作与朋友之间的合作是相同的，不但要优势互补，还需有长远的共同利益。如各怀鬼胎，就算走到一起，最终还是会分道扬镳。就像几大音乐公司想拉苹果加入反盗版协议一样，双方的利益诉求和计划完全不同。好在索尼头脑清醒地放弃了合作，避免了潜在的纷争。

⊙ 点评：合作前提2——多赢

多赢才能促进资源整合，才能促进合作。各家音乐公司推出的管理软件之所以败走麦城，其根本原因就是没能平衡音乐公司、艺术家和用户的利益，而

iTunes商店不但做到了利益平衡，而且还为用户提供了合法的音乐下载途径。在这个平台上，大家互利共赢，才有了平台的成功。

⊙ 点评：消费者心理

乔布斯对消费者心理的深刻洞察，也是iTunes商店成功的原因之一。和其他音乐管理软件的"租用"不同，他理解消费者渴望"拥有"音乐的情感，更明白消费者有挑选心爱歌曲的自由。iTunes商店满足了顾客尽可能多的需要，同时也为自己创造了生存和发展的机会。

⊙ 点评：化小为大

乔布斯不愧为谈判高手。他将iTunes商店规模小的劣势（一般而言，大公司没兴趣与小企业合作）转化为优势去说服音乐公司。不同情况下，对一个相同的事情可以有不同的解读。在谈判中，根据情境和目的去阐释要点，是每个经理应该具备的基本能力。

⊙ 点评：我的所有，你的所需

华纳音乐一直在寻找保护音乐版权的具体方法。因此，当iTunes商店横空出世后，华纳音乐主动加盟并积极推进它便是顺理成章的事了。当我的所有就是你的所需之时，合作便水到渠成了。因此，打造自己的王牌是合作的必要条件，而其他只是充分条件。只有强者才能营造有力的气场，不要期望对方会因怜悯而与你合作，我们对此必须有清醒的认识。

各个击破

华纳与苹果准备拉拢环球音乐集团的CEO道格·莫里斯。莫里斯对盗版事情深恶痛绝。他也希望能与乔布斯合作，因为乔布斯把一切都整合在iTunes商店中，既方便了用户，也使唱片公司的利益得到了保护。因为得到了莫里斯的认可，环球音乐集团也很快与乔布斯签订了合作协议。

莫里斯还给音乐集团旗下公司IGA的董事长兼老朋友吉米·约维内打电话，向他介绍了乔布斯及iTunes商店。约维内对此非常感兴趣，立刻乘飞机赶到库比蒂诺与乔布斯商谈，最终IGA也与苹果建立了合作关系。

娱乐产业巨头索尼则竭力保护自己的利益，他们长期以来对苹果的示好视而不见。索尼音乐的新总裁安迪·拉克认为苹果公司已经靠歌曲获利了，还顺便拉动了iPod的销量。既然唱片公司对iPod的成功有着至关重要的作用，那么iPod的销售利润中也应该有他们的一份。但业内没有人支持他的说法，他自然也无法在这场争论中取胜。为了捍卫自己的霸主地位，索尼对苹果进行了长达8年的抵抗。虽然后来索尼最终向苹果做出妥协，决定在iTunes商店出售音乐，但双方的关系依旧很紧张，每一轮合同续签和条款更改都免不了一番唇枪舌剑。

除了拉拢唱片公司外，乔布斯还希望得到一些顶尖音乐人的授权。虽然要想成功说服他们很难，但乔布斯还是凭借展示优秀的产品以及个人独特的魅力，与音乐家波诺和雪莉·克劳、说唱艺人德瑞博士建立了合作关系，还请摇滚乐队老鹰乐队的经纪人厄温·阿兹奥夫动员乐队的其他成员答应将其乐曲在网上销售。

乔布斯很喜欢披头士乐队，因此他坚持要在iTunes上卖他们的歌。他花了很多年才说服这个乐队尚在世的成员及其家人。2010年，iTunes上开始销售披头士的音乐。

2003年4月28日，苹果iTunes音乐商店正式上线，他们在旧金山的莫斯康尼会议中心举行发布会。乔布斯说，iTunes商店虽然可能不是最完美的音乐管理工具，但却是唱片公司对抗盗版音乐的铜墙铁壁。接下来，他详细介绍了iTunes的功能。负责iTunes商店的埃迪·库埃预计，苹果将在未来6个月销售100万首歌曲。但事实上，iTunes商店在开张的当天就卖掉了20多万首歌，6天内就达到了预期目标——卖掉了100万首歌。

总之，iTunes软件、iPod播放器和iTunes商店的横空出世标志着音乐唱片界变革的开始。

⊙ 点评：擒"贼"先擒王

在实行"统战"工作时，有两种不同的战略。一是"擒贼先擒王"，摆平"老大"后，再处理"小弟"就容易很多。这需要自身有足够的综合实力和说服力。二是"农村包围城市"，从自身的相对优势做起，取得成功后再慢慢增加自己的号召力。对不同的对象，要灵活使用不同的措施。

⊙ 点评：部门壁垒

新木桶理论告诉我们，即使没有短板，但木板间的缝隙太大时水也会漏掉。这个缝隙就是部门壁垒。索尼有各种优秀的资源，但由于部门利益不能得到有效协调，所以做不好端到端的服务，而将市场拱手送给了苹果。

⊙ 点评：凭实力说话

尽管索尼音乐的新总裁想"更合理"地获得利益，无奈乔布斯这时已说服了大部分的音乐公司加入iTunes商店计划。对于乔布斯而言，现在是多你一个不多，少你一个不少。在实力说话的现实世界里，索尼也不得不低下高贵的头。

⊙ 点评：市场预测

乔布斯对iTunes商店充满期望，但市场预测经常令人爱恨交加，难以捉摸。原预计6个月的下载量，6天就得到实现。虽然我们在管理上应该相信科学，也应该使用现代技术和工具，但有的时候生意人的天生嗅觉更可靠。

数字中枢之力

21世纪以前索尼公司拥有全世界最前卫的随身听产业链、最棒的唱片公司、最丰富的制造经验等，但它却没能缔造神话，2004年5月，索尼发布了与iTunes类似的服务软件——Sony Connect。但3年之后索尼就将暂停了这项服务。《纽约时报》报道说："内部纷争是随身听发明者和便携音乐播放器第一大巨头索尼被苹果打败的原因。"索尼公司受自身的核算机制和承包机制的限制，旗下每个分支都有自己的"利润底线"。如此，每个分支都会以自己的利益为重，若想让他们协同运作则是相当困难的。

乔布斯曾说过："与其被别人取代，不如自己取代自己。"不要害怕内部相残，苹果蚕食自己的市场总好过等待竞争对手来蚕食他们的市场。所以，即使iPhone的出现会蚕食iPod的销售，或者iPad的推出会使笔记本电脑的销售受影响，都没有影响到各自独立地开发团队。

乔布斯坚决反对把苹果的FairPlay授权给其他设备制造商，也不允许其他网上商店销售供iPod播放的歌曲。有些人认为这样做会减少苹果的市场份额，可实际上，苹果不断推出新版本的iPod，使其地位得到了进一步的巩固。

2004年1月，苹果推出了更轻巧的 iPod mini。iPod mini 虽然存储空间较小（4GB）且价格昂贵，但它却将其他经营小体积闪存播放器的竞争者排挤出局，使 iPod 真正站稳便携式音乐播放器市场。在它发布18个月之后，苹果在同类产品中市场的份额从31%增加到了74%。

2005年1月，苹果推出闪存型的iPod Shuffle。它没有屏幕，所有歌曲都是用户自已选的，不想听时按"下一首"跳过去即可。数月以后，iPod shuffle便已占据58.2%的闪存型MP3市场份额，iPod其他产品甚至占据90%的硬盘型MP3市场份额。

⊙ 点评：自我升华

"与其被别人取代，不如自己取代自己"这句话有极大的现实指导意义。在后浪推前浪的今天，科技产品的生命周期已小于18个月。新产品出来几个月后，铺天盖地的仿制品便汹涌而至。作为行业的领军者，只有不断地否定自己，不断地自我升华，才能长期立足于不败之地。

⊙ 点评：整合的力量

具有技术优势和资源优势的索尼公司败于苹果，既是由于乔布斯的天才，又是由于索尼的事业部体制过于庞大，部门之间壁垒重重。不同企业集团有不同的人才结构，随之而来的不同发展模式也会有不同的效果，不能一概而论。

⊙ 点评：专家的预言

由于苹果的封闭性的电脑系统曾被微软的开放性电脑系统所击败，专家便预言微软的开放性音乐管理软件会赢过苹果的封闭性音乐管理软件。但他们忘了一个基本的事实，就是电脑是高值耐用品，绝对价值较高，客户群体本身较小，加上苹果电脑本身更属高端产品，所以被物美价廉的兼容机所击败也属正常。但音乐管理软件和播放器不但绝对值低，而且款式更新快，市场规模比电脑大许多。苹果的播放器虽非不可替代，但它的品牌文化独一无二。因此，iPod的成功也就是必然之事了。

远见

2001年，乔布斯发布了最重要的预见之一：PC将成为人们数字生活、存储照片、视频和音乐的数字中心，同步与之连接的不同移动设备。2008年，乔布斯已预见到下一个数字浪潮——个人电脑的内容将被转移到"云端"。换言之，在乔布斯的设想中，这项服务可以将用户在Mac电脑、iPad和iPhone上的文件自动存储到在"云端"的服务器上，用户可在任何地方的任意一台设备上使用。但他第一步走得颇为坎坷，2008年发布的MobileMe比较复杂，设备同步跟不上，邮件和其他数据易丢失。到2010年，谷歌、亚马逊、微软等公司都在推相关服务，乔

布斯决定将MobileMe转为免费服务，并重新命名为iCloud。

2011年6月，乔布斯在苹果全球开发者大会上正式推出iCloud云端服务，并将其称为苹果的"下一个伟大远见"。通过简单的操作，人们能通过任何苹果产品上网，可享受iTunes资料库中的音乐，例如iPhone、iPad等用户，把歌曲库都储存在苹果的"云端"中，可随时随地上网听。不用经过繁复步骤，一切都是无缝连接。乔布斯说："iCloud将存储用户的所有内容，并将这些内容推送至该用户的所有设备，而且一切都是自动的。"乔布斯强调苹果iCloud是免费的，且不附带任何广告。

当然，这一切必须在苹果产品中才能实现。如此一来，一个难题摆在了用户面前：一旦开始使用iCloud，就会很难切换到Kindle或安卓设备，因为你的音乐和其他内容无法同步到那些设备上。

不管怎样，iCloud将创造新的媒体消费模式，把云端带向一般消费大众，也无疑成为苹果下一个阶段刺激营收成长的利器。

⊙ 点评：理想与现实

虽然乔布斯预计到"云计算"的浪潮并着手实施，但理想与现实的差距使苹果付出了时间和金钱的代价。他的云终端MobileMe并没能达到用户的要求。在新技术开发的过程中，失败是难以避免的。即使是苹果的那些成功产品，也是站在无数的失败案例的"尸骨"之上的。作为创新者，应该对此有充分的思想和物质准备。

⊙ 点评：现实的"云"

虽然竞争对手也努力成为"云"的控制者，但在乔布斯的全力推动下，苹果以其一贯的杀手锏——简单——再次取得了先机。这次从理想走向现实的"云"，又一次证明了"傻瓜"的力量。

⊙ 点评：封闭的辉煌

乔布斯的苹果帝国实现了电子设备、计算机、操作系统、应用软件以及精品内容的无缝连接。这使数码技术产生了爆炸性的发展，但这一切又必须在苹果产品中才能实现。巨大的效益不断证实了乔布斯的封闭模式的成功。

第十五章

财迷？1美元年薪与2000万股期权

利益的纠缠

1980年12月12日,苹果公司在纳斯达克股票交易所上市,挂牌不到一个小时,460万股就被抢购一空,当天收市时已涨到29美元。当日苹果公司便产生了4名亿万富翁和40多名百万富翁。在25岁这一年,乔布斯的身家达到了2.56亿美元。

但是,乔布斯的挚友丹尼尔·科特基这个在大学时经常跟乔布斯泡在图书馆,饱览佛教典籍,痴迷于禅宗佛学,追寻"圣人旅途",在车库时代又与乔布斯艰苦创业的元老级员工,在苹果公司上市的时候,却没有获得任何股票。

原来,科特基加入苹果公司时,一直是时薪雇员的身份,所以无法享受苹果在首次公开募股(IPO)前奖励给员工的股票期权。他本以为自己是乔布斯的朋友,乔布斯会对他很照顾,但没想到乔布斯丝毫不关心他的利益,而且决定不给他股权。甚至有许多股票期权的设计师罗德·霍尔特提出愿意分自己的一份期权给科特基时,乔布斯也表示反对。这件事让科特基对乔布斯心灰意冷,他为此大哭一次场。他们的友谊在那一刻彻底破裂了。

而沃兹尼亚克则在处理股票期权问题上却与乔布斯有着天壤之别。在苹果公司上市之前,沃兹尼亚克就以极低的价格把200份股票期权卖给了40名中层员工,使他们能够买房子,后来又赠送了一些股份给那些他认为受到不公正待遇的员工。很多人都认为沃兹尼亚克的行为很幼稚。

比较而言,乔布斯则显得成熟多了。他在苹果首次公开募股前就与克里斯安·布伦南签订了协议。

⊙ 点评:亲兄弟,明算账

现实中,由于创业初期,大部分参与者都是从感情上支持始初者,有些甚至出钱出力,任劳任怨,一旦创业获得成功,问题就出现了,如兄弟反目、父子成仇、夫妻对簿公堂都不鲜见,即出现"共苦容易同甘难"的情况。归根到底是由于人性本身是利己的,且对事物的理解和立场是不同的,靠"良心"处理利益,恐怕像沃兹尼亚克那样天真的人真不多。所以,"先小人,后君子"应该是处理有利益关系的事情的基本准则。

⊙ 点评：创新与财富

现在大家都知道，创新是企业发展的动力，是创造财富的源泉。乔布斯流着的都是创新的血。他不但自己善于创新，而且对别人创新能力的识别也高人一筹。如他对汉布里克特·奎斯特公司的欣赏，使苹果的IPO定价从每股18美元提升到22美元，实现无本增值。作为老板，在利用外部资源时如何使其效用最大化？乔布斯的回答是："提高自己的素质最关键。"

发财后的乔布斯

1980年，无论对于苹果公司，还是对于乔布斯个人都是一个历史性的转折点。当初乔布斯心有不甘地离开了他倾注太多心血和梦想的"丽萨"研发组，接受了董事会主席的任命。但让他始料未及的是，在短短的一周时间，他居然身价亿万，衣食无忧。乔布斯成为了迄今为止登上福布斯美国富豪榜最年轻的人，而且乔布斯是白手起家的。他俨然成了美国最年轻的千万富翁，他的照片频繁出现在各大杂志的封面上，他的创业经历也成了积累财富的神话。

毋庸置疑，乔布斯是一个营销高手，他分毫必争很会赚钱。但是，在生活中，他很俭朴，甚至自己开车，他还经常很激烈地与供应商讨价还价。乔布斯并不热衷慈善事业，也不喜欢乐善好施，直到病入膏肓后，他才和科技界的人分享智慧。但他也不太看重金钱，1997年他重新担任苹果公司CEO，此后3年他坚持只拿1美元的年薪。

尽管乔布斯已身价不菲，但他还是将自己视为一个颠覆主流的孩子。有一次在斯坦福大学课堂时，他脱下自己的外套和鞋子，盘腿坐在桌子上和学生们调侃。

⊙ 点评：吝啬

史蒂夫·乔布斯一生对待财富的态度虽然很复杂，但本质上就是吝啬，更俗一点说，就是守财奴。在财务还没实现自由时，斤斤计较地用好每一个铜板，精打细算无可非议。但当财富对他只是一个数字时，依然对亲友、员工、社会和自己都如此冷漠苛刻，真是让人难以苟同。说实话，看到他对待科特基的态度，我的感觉像掉下冰川一样，透心凉。

⊙ 点评：本性难移

话说回来，尽管乔布斯已经名利双收了，但他的举止还没脱离嬉皮士的作风。也许他的所作所为可能是他真性情的表现。他的贡献是如此巨大，所谓"一白遮百丑"，遮盖了他的许多瑕疵。但这不等于乔布斯的阴暗面是对的，后来人不可盲目学习。

金钱观

乔布斯自1997年7月回归苹果后，苹果股价已从14美元涨到了2000年初互联网泡沫时期的102美元。但是，乔布斯坚持只拿1美元的年薪。这两年来，他实际上总共只拿了2.5美元的薪水，且没有要股票期权。他不希望苹果的人认为他是为了钱才重返苹果的。现在苹果已东山再起了，毫无疑问，乔布斯功不可没。乔布斯考虑去掉"临时"一词，成为苹果全职、全方位的总裁，并领取期权。他还想要一架飞机，这样就可以和家人去夏威夷度假了。

苹果董事会当然欢迎乔布斯"转正"，他们爽快地答应送他一部湾流V型飞机。在期权上，双方一时争执不下。董事会送给乔布斯1400万期权，他们本以为乔布斯会对此很满意，没想到乔布斯却说自己要2000万期权。伍拉德说："你当初不是说只要一架飞机吗？不要别的吗？"乔布斯说："我从没有在期权问题上坚持过。但你曾说，我最多可以拿到公司5%的期权（2000万份），现在我想得到这些。"最终苹果公司表示分两期给乔布斯2000万股的股票期权。一部分他可以立刻出售，一部分则待日后再售。

⊙ **点评：赚钱**

每个人创业的动机不一样，对钱财的态度也不一样。乔布斯本身没有享受物质的欲望，对慈善也不感兴趣，所以，我们很难用常人的标准去评价他的财富观。但似乎可以认为，他对赚钱这个过程本身有兴趣，因为他将钱作为对他工作成果的一个评价。所以，他可以不买太多的东西，但对期权的利益他可毫不含糊。

⊙ **点评：期权杀手**

乔布斯的回归可以令股价上涨，但戏剧性的是，两次授予他的巨额期权最终都分文不值，就仿佛他是期权杀手一般。可见，期权激励也并非总是皆大欢喜的结局，一股就灵并非必然。

第十六章

亲情,温馨曾经来过

学生时代的女友

乔布斯在高中时就与女友克里斯安·布伦南开始同居了。两人若即若离，最终分道扬镳。1974年，乔布斯从印度回来后，他们又在罗伯特·弗里德兰的农场度过了一段时光。但到了洛斯阿尔托斯后，他们再度分手。

1978年5月17日，布伦南刚20岁出头的时候，她怀孕并生下了他们的女儿丽萨·布伦南·乔布斯。乔布斯过去看望时，给女儿起了个跟自己毫无关系的名字：丽萨·妮科尔·布伦南。

乔布斯最初矢口否认丽萨是自己的孩子。迫于生计，布伦南只得依靠社保自己抚养女儿，生活异常贫苦。两人为了女儿的抚养费甚至对簿公堂，即使这样，乔布斯也不愿承担起抚养丽萨的责任，他甚至在法庭上称自己"无生育能力"。直到丽萨1岁的时候，乔布斯终于同意进行亲子鉴定。结果显示：乔布斯和丽萨的亲子关系可能性为94.41%。法庭据此判决乔布斯每月向丽萨支付抚养费，但乔布斯依旧坚称孩子也有可能不是自己的。直到丽萨8岁时，他们的关系才逐渐改善。丽萨14岁时，她搬来和乔布斯夫妇同住。那时的乔布斯心里想做个好父亲，但却表现得很冷漠，故意疏远丽萨。丽萨的很多学校活动都是她的继母去参加的。多年以后，乔布斯对自己当年的行为悔恨不已，他说，那时候自己还没准备好如何做一个父亲，没有勇气去面对。如果一切能重新来过，他相信自己能做得更好。

⊙ **点评：性格扭曲**

按照常人的做法，女方怀孕后，男人即使奉子不成婚也会负起对孩子的责任。但乔布斯的激情、聪明和邋遢、冷酷一样鲜明。在女友怀孕时他不照顾；生产后不承认；甚至法院进行亲子鉴定后还继续歪曲事实。这种不负责任的扭曲性格，很难跟一个英雄式的人物联系在一起，但确实在乔布斯身上发生了。人无完人，金无足赤，当你的成就远远大于你的过失时，这种过失尚可被视为瑕疵。而对普通人，这样的行为无疑是恶魔所为了。

⊙ 点评：成熟

　　人在成长过程中，IQ与EQ未必能同步。乔布斯在中学时代就对电子学充满激情，在耳濡目染下很快就成为专家级的人物，并能以兴趣作为生意，创立自己的公司，可以肯定其IQ胜人一筹。但经历以上官司后，他才改变过去的不修边幅，从对迷幻药、绝对素食和禅宗的过分沉迷中走了出来。虽然他本性难移，毕竟开始与主流世界接轨，从而向利于事业的方向发展了。我们可以猜想，这也应该是物质决定精神的实例，苹果的初步成功使他有时间、精力和金钱从封闭的自我世界冲了出来，意识到只有融入世界，遵守游戏规则，才能更好地生存与发展。

歌手女友

　　1982年，27岁的乔布斯和芭芭拉·亚辛斯基的恋情渐渐接近尾声。就在这时，他邂逅了著名民谣歌手、鲍勃·迪伦的前情人、41岁的琼·贝兹，乔布斯喜欢琼的特立独行，两人的感情很快升温。一次，乔布斯和琼一起到斯坦福购物中心，乔布斯对琼说："那儿有一件非常漂亮的红裙子，你穿上去肯定好看！"到了商店后，乔布斯买了一大堆衬衫，又将那件红裙子指给琼看，他说："你应该买下它。"可是，琼表示自己买不起。没想到乔布斯什么也没说，转身离开了。琼大惑不解，乔布斯会送自己计算机，但这个世界上最有钱的男人说了一整晚的裙子却没给自己买下来。

　　有人认为乔布斯之所以迷恋琼，是因为她曾是鲍勃·迪伦的情人。乔布斯也想过和琼结婚，但琼年龄太大了，而乔布斯还想要很多孩子。这段恋情磕磕绊绊持续了三年左右便结束了。

⊙ 点评：意识决定行动

　　乔布斯带女朋友去著名服装店买衣服，两人都爱的裙子他却不愿意为女朋友买，只能说明乔布斯并不一定是真的爱她，只不过因为琼是自己曾经的偶像迪伦的前女友而暂时性的爱屋及乌而已。

生母和妹妹

　　就在乔布斯满怀信心地创建NeXT公司时，乔布斯的养母克拉克被发现已经是肺癌晚期了。在她的弥留之际，乔布斯终于打探到生母的下落。他担心会让养父母不快，因此始终未跟他们说。乔布斯通常很少顾及他人的感受，因此在这件事情上，乔布斯的敏感对他来说实属少见，从中也可以看出他多么在乎养父母。1986年克拉克去世后，乔布斯将此事告诉了养父保罗，保罗表示自己不介意他和生母取得联系，乔布斯这才联系到生母乔安妮·席贝尔。

他生母的家在洛杉矶，当乔布斯第一次去时，乔安妮激动不已。她满怀愧疚地道歉，同时又为自己当年的行为找理由。即使乔布斯一直安慰她说他能理解。生母还告诉乔布斯，他有个同父同母的亲妹妹，名叫莫娜·辛普森，是个小有名气的小说家，现在在纽约曼哈顿。生母给莫娜打电话，说她有个哥哥，但没说他的名字。莫娜的同事们进行了各种猜测，其间有个人说了句"也许是苹果公司那几个创始人之一"。

与此同时，兴奋的乔布斯立刻前往纽约，和莫娜相认。二人见面后，乔布斯惊喜地发现妹妹与自己有很多共同之处。比如，他们的艺术品位都很高，都善于观察周围的环境，都是那么敏感。他们之间的感情就是在这一瞬间得到了加深和升华。莫娜喜欢把哥哥保护起来，乔布斯见妹妹不善于打扮自己，就主动送她很多非常漂亮的、尺码和颜色都合适的衣服。

⊙ **点评：骨肉情**

尽管乔布斯对自己被遗弃的身世耿耿于怀，但他还是在努力寻找亲人。在看到妹妹不善衣着打扮时，还主动买很多好衣服寄过去。这和他对女朋友琼的态度截然相反。能在乔布斯身上看见凡人的骨肉情，的确难能可贵。就像他为了避免养母不快，在其生前隐瞒找到生母的事实一样。

⊙ **点评：笑话成真**

世上有些事情很奇妙，当你用一些小概率事件开玩笑时，它真的会出现。莫娜的同事们猜测她哥哥"也许是苹果公司那几个创始人之一"时，恐怕做梦都没想到这是事实，但它成真了！这才是真正的"现实扭曲力场"吧。

生父

乔布斯的生母乔安妮·席贝尔当初因遭到家人的反对，不能与其生父詹达利结婚。生下乔布斯后遂将其送人，在乔安妮的父亲去世后，他们终于结为连理，

还生了莫娜。但仅仅过了5年，他们的婚姻就走到了尽头。后来乔安妮与一个滑冰教练乔治·辛普森结婚了。因此，乔安妮和莫娜都以辛普森为姓。

莫娜很想找到父亲，他寻到父亲的下落后，欣喜地通知了乔布斯。但乔布斯冷漠地说，自己对此不感兴趣，还让莫娜以后再也不要提到他。

莫娜的生父詹达利说，自己曾经在圣何塞北部经营一个地中海餐厅，"那里经常有很多科技界的成功人士关顾，甚至包括史蒂夫·乔布斯……"这时莫娜惊呆了。"是啊，他给小费时非常大方。"莫娜差点脱口而出——史蒂夫·乔布斯是你儿子！在那次交流后，莫娜把事情讲给乔布斯听，乔布斯也吃了一惊。他回想一下，自己不止一次见过生父，还与他握手。即便这样，乔布斯还是不想与他相认。"那时我有着巨额财富，我担心他会敲诈我或是跟媒体乱说。"乔布斯回忆道，"我告诉莫娜，让她在我的生父面前别谈起我。"

莫娜本以为乔布斯早晚都会与生父想见，没想到，直到乔布斯去世，他们也从未相认。而乔布斯与他的生母乔安妮相处得却越来越融洽。一年的圣诞节，乔安妮又谈起过去的那些往事，并真诚地说对不起乔布斯，乔布斯还安慰她说："不要担心，我的童年过得很好，我也健康快乐地长大了。"

⊙ 点评：有缘无分

乔布斯的生父做梦都没想到，他所敬重的顾客中就有他的儿子。有缘千里来相会，无缘相见不相识，无缘无分即使亲生也相见不相认，这也是乔布斯的命运特征之一了。

⊙ 点评：子亲母，女恋父

令人不解的是，乔布斯雇人寻母，且关系良好；却对送上门的生父毫无兴趣，不想相认。这莫非就是"子亲母，女恋父"的极端例子？

私生女

与乔布斯相比，他的私生女丽萨·妮科尔·布伦南的童年就没那么美好了。在前文我们已经说过，乔布斯很长时间都不认女儿，甚至被告到法庭上时还辩称自己没有生育能力。尽管他已经很富有了，但对处于贫苦中的这对母女仍不闻不问。丽萨小时候，乔布斯从来没有看过她。一直到1986年，那时丽萨已经8岁了，乔布斯看她的次数才多起来。他看出丽萨很聪明，又有艺术天赋，尤其在写作上有着超出同龄人的创作功底。她朝气蓬勃，还继承了乔布斯的叛逆气质。乔布斯听从了霍夫曼的劝告，想努力做一名好父亲。

还在很小的时候，丽萨就开始意识到父亲的饮食癖好反映了一种人生哲学：苦行和极简将会让人心旷神怡，对周遭事物保持高度的敏感度。丽萨与乔布斯的关系充满着层层怨恨，时好时坏。

◉ 点评：别样父亲

明知道自己是丽萨的父亲，但又不负责任，这也反映了乔布斯冷酷无情的一面。但还算不错，在丽萨变得聪明可爱时，乔布斯听了霍夫曼的劝告，努力做一个好父亲。尽管父女感情不稳，但丽萨也算得到了一些父爱并有机会受到良好教育。

旧爱

1983年夏天，乔布斯感到他与琼不可能走到一起了，他在硅谷参加一个晚餐聚会的时候，结识了坐在身边的珍妮弗·伊根。当时，伊根是宾夕法尼亚大学的一名学生，她之前根本就不清楚谁是乔布斯。但乔布斯对她一见钟情。他们约会了一年。1984年1月24日，美国苹果公司发布继丽萨之后的第二部图形用户界面电脑麦金塔电脑。这让乔布斯一夜成名。一天，伊根的母亲和客人们突然发现大名鼎鼎的乔布斯站在伊根的家门口，他们极为震惊。乔布斯还带来了一台尚未拆装箱的麦金塔电脑，他直接将其拿到伊根的卧室去安装。

1984年秋，伊根跟乔布斯说，自己还年轻，还不到谈婚论嫁的时候。他们之间的感情开始逐渐变淡。

1985年，乔布斯在别人的办公室里见到了蒂娜·莱德斯并喜欢上她，她是一个平面设计师。几个月后，她就搬进了乔布斯没装修也没有什么家具的房子。他们喜欢在公共场合表达对对方的感情，也曾在大庭广众之下因为琐事发生激烈的争吵。但乔布斯不时表现出的冷漠让她伤心欲绝。乔布斯曾向她求婚，但被她拒绝了，她认为乔布斯给不了自己想要的生活。1989年，他们和平分手了，以后一直保持联系。

蒂娜在与乔布斯分手后，曾读到过一本关于"自恋人格障碍"的精神病之手册。对比一下，她发现乔布斯也具有很多相似的特征，比如，"期待他更友善或别那么自我，简直是妄想"。她还说："这也解释了乔布斯为什么对女儿丽萨很冷漠，我认为，他缺乏怜悯能力。"

⊙ 点评：浪漫的乔布斯

很难想象，冷漠的乔布斯也会有浪漫的一面，竟然可以拿着自己至爱的产品不声不响地跑到女朋友家。在压力缓解，意气风发，心情舒畅时，再冷酷的人也会透露出一些温暖，闪过一阵浪漫。所以在工作中善于进行压力管理也是职场人士的必备技能之一。

⊙ 点评：人格障碍

俗语讲，"世界上没有无缘无故的爱，也没有无缘无故的恨"，一旦有时，就一定是某个环节出了问题。乔布斯看来也算是"天才疯子"一类的代表，幸运的是，他只是自恋人格障碍而已。否则，世界可真要为他而改变了。

妻子

1989年冬天，乔布斯受邀去斯坦福大学给商学院的毕业生做演讲。在讲话时，他发现坐在前排的一个女孩很特别，她长得很好看，气质高雅，举止得体。演讲结束后，他看到女孩走出教室。"要不要去追？"乔布斯很犹豫。"假如这是我生命中的最后一天，我是愿意开一场商业会议，还是与这个女人一起度过？"想到这里，他心中已有答案。他跑到停车场，优雅地问这个女孩是否乐意与自己一起去吃有机蔬菜餐，女孩想了想同意了。乔布斯和她在素食餐厅里聊了四个小时。

这个女孩就是劳伦·鲍威尔。1990年的一天，乔布斯向她求婚了，她接受了。但她感到自己有时候是乔布斯关注的中心，有时则被遗忘。比如乔布斯向她求婚，之后却很长时间避而不谈。同年9月，她不想再等了，从她们同居的房子里搬走了。10月，他送给她一枚钻石订婚戒指，她又搬了回来。12月，乔布斯和鲍威尔到她最喜欢的度假地——夏威夷的康娜度假村。他们的爱情终于修成正果。圣诞节前夜，他再一次公开表明自己想娶她。

⊙ 点评：命里有时终归有

风光无限的事业和孤僻怪异的性格，注定了乔布斯的感情生活不会一帆风顺。但命里有时终归有，命里无时他也不会强求，终于有一天，一个合适的结婚对象就这么出现了。这就是生活，大千世界，无论生活或是工作，只要不放弃努力等待和寻找，总会在适当的时机遇到合适的伙伴。所以，当机会还没来临时，做好当下，提高自身的综合价值才是正道。

奉子成婚

虽然乔布斯早在1990年年初和年终都向劳伦·鲍威尔求过婚，但后来他又犹犹豫豫。他问了一百多人，蒂娜和鲍威尔谁更好看，他该娶谁。很多人都说，二人看上去有很多共同之处，其实不然。比较而言，鲍威尔更坚韧独立。在天然食品方面，鲍威尔跟她丈夫的兴趣一致。她也是一位素食主义者。乔布斯也很清楚这些，虽然他在感情上时常不稳定。

1991年3月18日，36岁的乔布斯与27岁的鲍威尔在美国国家公园的阿瓦尼酒店举行了婚礼。该酒店有着半月石山和瀑布，风景优美。大约有50个人参加了这场婚礼，乔布斯的养父保罗和妹妹莫娜也来了。婚礼的主持是一位佛教禅宗僧侣，叫乙川弘文。婚宴严格按照素食标准制作的，没有蛋、奶或任何精炼的食品，但婚礼的场面热闹非凡。

⊙ **点评：修成正果**

乔布斯自称，一生中他最爱的是两个女人——蒂娜和鲍威尔。实际上，灵魂深处他最爱的是蒂娜。但蒂娜更理智，不认为自己可以长期忍受乔布斯喜怒无常的怪脾气。而鲍威尔是包容心较宽或者说性格线条较粗，不会在意乔布斯的冷漠粗鲁，而其他条件也令乔布斯倾心。于是她成为乔布斯的结婚对象，双方修成正果也就水到渠成了。

扎寨

乔布斯所拥有的伍德赛德那座豪宅占地面积达到17250平方英尺，建于1926年，是加利福尼亚州著名建筑师乔治·华盛顿·史密斯为美国矿业大亨丹尼尔·考恩·杰克林设计建造的。结婚之后，乔布斯从这幢格外冷清空荡的大房子里搬了出来，在帕洛奥图老城居住。那个房子造型好却又不显张扬，没有高大茂密的树篱或长长的车道把别人的视线遮挡住，而是一栋挨着一栋地排列在马路两边，路边有人行道。他们有好几个赫赫有名的邻居，例如眼光独到的风险投资家约翰·杜尔、谷歌创始人拉里·佩奇、Facebook创始人马克·扎克伯格，还有安迪·赫茨菲尔德和乔安娜·霍夫曼。"我们想住在一个孩子们能够有很多伙伴玩的社区。"乔布斯说。

他们的房子太普通了，这让曾经到那里做客的比尔·盖茨夫妇十分不解。那

时乔布斯已经重回苹果，身价亿万，但他没有专门为房子请保镖和佣人。他经常白天都不锁后门。

偶尔，乔布斯会用他在伍德赛德的宅邸开家庭派对。比尔·克林顿当总统时，每当他和夫人看望到斯坦福上学的女儿时都会住在乔布斯位于伍德赛德的家。由于那里没有家具，克林顿一家来的时候，鲍威尔会找来家具和艺术品供应商临时性地装饰一番。

⊙ 点评：物以类聚，人以群分

社区是开展社交的重要场所，尤其是独立屋（别墅区）社区，选择邻居其实就是选择孩子们的玩伴。从理论上讲，我们不应有阶级之分或高低贵贱之别，但不同阶层的人的爱好、习惯、思维方式和兴奋点都不一样。如果你想聪明，那就要和聪明的人在一起；如果你想优秀，就要和优秀的人在一起。

⊙ 点评：物质追求

乔布斯信奉禅宗，因此对物质享受的态度与他所拥有的巨大财富形成了鲜明对比。他不喜欢在物质上投入过多精力，不但自己的家朴实无华，甚至作为总统的度假屋，家具还需临时租用，这倒是有点过了。另一方面，这也反映了他为什么对别人显得这么"吝啬"：乔布斯只是纯粹地热爱事业本身，物质享受根本没进入他的思维。

回家

丽萨14岁时，八年级刚上一半，校方就建议乔布斯和她一起住。丽萨也愿意与乔布斯住在一块儿。于是，她从妈妈家搬了出来。但是，住下来之后，他们之间的矛盾不断。她上高中的四年就与乔布斯和鲍威尔住在一起，也开始使用"丽萨·布南伦·乔布斯"这个名字。在高中时，她申请去读哈佛大学，她在申请表上模仿了乔布斯的签名并被哈佛录取。

乔布斯试图尽到做父亲的责任和义务，但他像对待所有人那样，对丽萨也忽冷忽热。丽萨性格执拗，也爱跟乔布斯耍脾气。两人经常冷战，有时甚至几个月都不搭理对方。而鲍威尔尽力给予养女温暖，她经常参加丽萨的大多数活动。

当然，也有让丽萨倍感温馨的时刻。有一年，丽萨参加电子前线基金会举办的慈善音乐会，乔布斯当时就站在后排，抱着刚一岁的女儿埃琳看她表演。

⊙ 点评：血浓于水

当乔布斯得知丽萨的母亲对她前途有不好的影响时，他尽到了父亲的责任。这种血浓于水的亲情也得到了鲍威尔的大力支持。由于丽萨自小对乔布斯有所不满，他们的父女关系一直不太平静。但丽萨终于还是顺利地成长，还考上了哈佛大学。对于乔布斯而言，这也算是迟来的一个小小安慰了。

儿女们

乔布斯与鲍威尔婚后育有三个孩子，两女一男。1991年，乔布斯和鲍威尔步入了婚礼的殿堂，而6个月之后，他们的第一个孩子——里德·保罗·乔布斯就呱呱坠地了。长大后的里德在很多方面与乔布斯相似，比如睿智、有远见、有魅力等。但与乔布斯的冷漠、反复无常相比，他则友善和气、谦虚有礼。他的创造力很强，喜欢钻研科学，从小就卓越超群。

他们的第二个孩子叫埃琳·锡耶纳·乔布斯，生于1995年。她比较文静，对设计和建筑的兴趣浓厚。乔布斯有时对她较为冷淡。在与乔布斯相处时，她喜欢刻意地保持一段距离，以免自己被伤害到。

他们最小的孩子叫伊芙，生于1998年。她特立独行，脾气暴躁，豪放爽朗。她懂得如何左右乔布斯，跟他讲价。乔布斯开玩笑说，她将来会把苹果掌控在手中，倘若她没当美国总统的话。

⊙ 点评：青出于蓝

乔布斯与鲍威尔所生的三个孩子都非常优秀。他们各有特色地继承了父母的优点，还扬弃了乔布斯天性中的残酷。在这里，我们不得不赞赏劳伦·鲍威尔的贡献。正是因为有了母亲的教导，他们才规避了乔布斯那残酷天性和诡异魅力的影响。当然，我们也不得不佩服乔布斯那"战略性"的择偶观。

第十七章

友情,纯粹的真挚

乔布斯的至爱

随着iPod越来越热，上到国王、总统，下至平民、学生，无不以拥有它为时尚，甚至于连iPod的白色耳线都成为一种时尚的象征。

如果说你的歌单所暴露的不仅仅是你的爱好，而是你是一个怎样的人，那么，乔布斯的iPod里到底藏着什么？乔布斯最爱20世纪60年代的老歌，2003年5月，乔布斯还曾下载过一些艾米纳姆的歌曲，但他认为对艾米纳姆的歌很难产生共鸣。乔布斯的一个2004年的iPod里装了鲍勃·迪伦的所有6张私制专辑，还有15张迪伦的其他专辑，从1962年的《鲍勃·迪伦》到1989年的《噢，仁慈》。

他还收集了7张披头士乐队的专辑：《一夜狂欢》、《艾比路》、《救我！》、《顺其自然》、《魔法神秘之旅》、《遇见披头士》、《佩珀中士孤心俱乐部乐队》；6张滚石乐队专辑：《情感救援》、《闪光点》、《跳回去》、《一些女孩》、《手直冒汗》、《为你纹身》。此外，他还收录了前女友琼·贝兹的一些歌曲，以及其他一些流行歌曲。

乔布斯的iPod里还有马友友的专辑，乔布斯曾说过，马友友的音乐让他相信上帝的存在。

⊙ 点评：流行

什么是真正的流行品？上到国王、总统，下至平民、学生，无不以拥有它为时尚，这才是真正的流行。iPod作为一代时尚天骄，老少皆宜，通杀各阶层。它的产品设计和营销策略都值得我们好好研究。

⊙ 点评：三岁定八十

俗话说："三岁定八十。"讲的是人的兴趣、习惯、喜好、性格自小就会养成，小时候的环境影响人的一生。所以社会、家庭、学校对少年儿童的影响绝非仅限于童年；教育的责任不仅仅该由学校来负，更应该由全社会来负。

⊙ 点评：喜爱

乔布斯一直将自己视为反主流文化的代表人物，他钟情的艺术家也是特立独行的人。也许反主流本身就包含着创新，创新就必须充满激情，有激情才能与他产生共鸣，产生共鸣才真正获得他的喜爱。否则，他只会"欣赏"。

鲍勃·迪伦

可以说音乐家鲍勃·迪伦是乔布斯一生当中最崇拜的人，他的iPod里收录了迪伦1965年至1966年音乐会的唱片。鲍勃·迪伦是音乐界的传奇人物，被誉为"解放了你的思想"的20世纪摇滚教父、民权经典之声，惟一一位获诺贝尔文学奖提名的音乐家。乔布斯第一次见到他的时候紧张得说不出话来。乔布斯曾直言不讳地说，自己越来越倾向于像鲍勃·迪伦那样去思考。

后来，乔布斯想在iTunes商店推出一套迪伦的打包专辑，里面收录了迪伦的歌曲，大概700首以上，乔布斯将其定价为199美元。但迪伦唱片的所有者——索尼公司的安迪·拉克对这个合作兴趣不大。2006年拉克卸任索尼BMG的CEO之后，乔布斯给迪伦寄了一台iPod，里面收录了迪伦所有的歌曲。之后，他联系到迪伦的助理罗森，向其介绍了苹果的营销计划。8月，他公布了这次合作。作为合作的一部分，迪伦还为iPod拍了一部电视广告，并借机宣传他的新专辑——《摩登时代》。在iPod刚面向市场时，乔布斯也想让鲍勃·迪伦为产品做宣传。可是，随着iPod销售的火爆，双方的地位居然发生了置换。很多明星反而希望借助iPod吸引人们的眼球。在这则广告的推动下，迪伦的新专辑在发行后的第一周就跃居"公告牌"排行榜的榜首。

⊙ 点评：立场

原索尼音乐公司的总裁安迪·拉克由于不满乔布斯的控制欲，拒绝与苹果开展任何合作。虽然这在某种程度上维护了索尼的利益，但从结果来看却是双输。这种感情大于理智的决策方式只有一个结局——领导人下台，把机会留给后来者。

⊙ 点评：主场

一般而言，产品想要提高知名度就会付费请明星代言。在iPod刚推出市场时，乔布斯也希望借助鲍勃·迪伦能提升它的知名度。但随着iPod的火热销售，双方的地位发生了逆转。明星们反而希望通过iPod来吸引年轻一代的观众。在产品与明星的互动中，双方都收获了想要的人气和财富，这点值得国内企业学习和借鉴。

⊙ 点评：气场

强大的苹果品牌将几乎过气的巨星迪伦重新推向世界，这再次说明即使处于生命周期的衰退阶段，只要有创新的营销方法，产品依然可能枯木逢春。

披头士

英国著名的摇滚乐队"披头士"乐队(The Beatles，也译做"甲壳虫")是摇滚史上最伟大的音乐家之一。它成立于1960年，乐队在流行音乐史的商业和艺术上都取得了巨大成功。乔布斯曾将披头士的创造精神与苹果自己的创造精神相提并论。他珍藏着一张披头士自制的CD专辑。专辑中收录着十几个版本的《永远的草莓地》——约翰·列侬和披头士的名歌。听着私制的披头士录音实况CD，乔布斯说："他们每一次录音都下了很大功夫。他们不停退回录音棚，直到他们感到接近完美为止……我们在苹果创造产品时也是这样。"乔布斯要求自己按照披头士的原则行事。他说："他们不停演变、进步、精炼他们的艺术，这是我一直尝试去做的：保持进步。"

乔布斯是披头士的忠实粉丝，但他却与披头士之间有着超过30年的恩怨。披头士跟苹果都有一个叫做Apple的公司，1968年，披头士同样在欧洲成立了一家名为"苹果"的唱片公司。披头士成立的唱片公司使用的商标是一只没有被咬过的青苹果。苹果公司（Apple Computers）成立于1976年，因此两家公司在为争夺商标及一系列附带权益展开拉锯战。

早在1978年，苹果迫于压力向披头士发出承诺，永不进入唱片产业。而披头士同意不进入计算机产业。但自从iPod和iTunes面世之后，苹果却日益成为唱片产业中的新生力量。

1989年，披头士再次将苹果送上了法庭。经过两年的法律诉讼，苹果再次败诉。

2003年，披头士上诉苹果，原因是苹果电脑上增加了播放音乐文件的功能。

2007年，双方达成和解协议，披头士的绝大多数商标权被移交苹果公司，两家公司旷日持久的商标纠纷终于落下帷幕。

乔布斯在一份声明中说："我们热爱披头士乐队，围绕这些商标和他们打官司让我们感觉很痛苦。"

⊙ 点评：欢喜冤家

苹果与披头士的恩怨结了30年，但乔布斯依然欣赏披头士追求完美的精神，甚至连与之打官司也没有影响他对披头士的敬重。这种精神上的尊重，与他对斯卡利的态度完全不一样。所以乔布斯所谓"爱憎分明"的个性也并不特别。当他喜欢你时，就可以包容你的一切；讨厌你时，就否定你的一切。从这个角度看来，乔布斯倒是凡人一个。

⊙ 点评：规划

很多职业规划师、创业导师都教导我们做事要有长远规划。原则上来看这没有错，但更重要的是短期计划的制定和执行。苹果30年前也保证不涉足与音乐有关的行业，谁能预计到今天的苹果竟以音乐产品为主业呢？

波诺

波诺是爱尔兰摇滚乐队U2乐队的主唱，也是诗人、活动家和虔诚的信徒。他对苹果的营销策略非常欣赏和钦佩。2004年，U2成立了30年，他们制作出了新专辑。波诺想给一首名为"摇滚乐之母"的歌做一些宣传推广活动。U2乐队拒绝了很多广告商的邀请，但他们想免费为乔布斯拍iPod广告。因为与苹果公司合作成了摇滚乐队贴近时尚、吸引年轻一族的最佳方式。最终双方达成了协议。

广告片的设计是U2乐队成员各自的近景镜头配合部分的剪影，同时苹果还将制作一批黑色的特别版iPod。考虑到联合品牌推广的共同利益，苹果同意U2从其销售中分得版税。U2的新专辑在发行第一周就卖出了84万张，并且在"公告牌"占据第一名的位置。

乔布斯与U2乐队的主唱波诺不仅是产品合作伙伴，而且还是好友。2006年，波诺邀请苹果参与一项名为"红计划"的公益活动。苹果通过出售红色外壳的产品来募集善款，成为慈善组织RED的最大捐赠者。乔布斯和家人偶尔会去法国里维埃拉的尼斯，到波诺家里拜访。2008年，乔布斯租了一条船，划到波诺家附近。他们一起吃饭,波诺还为乔布斯播放他和U2乐队计划放进新专辑中的歌曲。

即便是好友,乔布斯也"公事公办"。他曾拒绝了波诺要其为《穿上你的靴子》做广告和特别发行。

⊙ 点评:惯例

U2不为广告公司做广告,这是30年来的惯例。但现在他们想免费为iPod做广告了,因为他们想借iPod吸引年轻听众;同样,乔布斯从来不让别人从他的产品中分账,但考虑到联合品牌推广的共同利益,他也妥协了。公司在某个阶段,会为保护自己的利益而设立一些规定,规定慢慢就形成惯例。但聪明人只是把惯例当成保护自己的挡箭牌,而不会让它变成阻碍前进的绊脚石。

⊙ 点评:偏见

偏见往往是由误解造成的。当有深入的了解后,"魔鬼"就成为了"天使"。尤其在各种的合作过程中,由于双方背景不同、立场不同,导致工作习惯不同;在误解的作用下,双方都成了"魔鬼"。最有效的化解方法,是在共同利益的基础上通过不厌其烦的沟通来增进了解,增强互信,彼此欣赏,杜绝相轻,从而形成方向一致的合力。

⊙ 点评:朋友与生意

良好的个人关系能促进组织间的合作,但朋友关系并不意味着在生意场上也必须是合作伙伴。所以,当我们与朋友无法建立合作关系时,也没必要损害私人关系。因为局部的合作要符合组织的长期利益才有价值。

马友友

马友友是大提琴演奏家,法国出生的华裔美国人,曾获得多个格莱美奖。乔布斯在1981年结识马友友后即成为他的乐迷。乔布斯结婚时曾邀请马友友为他们演奏,但当时马友友在外地,因此未能如约表演。后来,马友友到乔布斯家中做客,并为他们演奏了巴赫的曲目。演奏结束后,他诚恳地对乔布斯夫妇说:"我本来想在你们的婚礼上演奏这个曲子。"乔布斯感动得热泪盈眶,说:"这是我听过最动听的,恍若置身于仙境一般,因为我认为凡人是不可能演奏出如此美妙

的音乐来的。"乔布斯得知自己患上癌症后，他请求马友友在他的葬礼上为他再演奏一次。

⊙ 点评：君子之交

马友友因故不能在乔布斯的婚礼上如约表演，给双方都留下了遗憾。但他们的君子之交是那样的真挚，令人感动。工作时无比严厉的乔布斯，在面对艺术家朋友时还是有感性的一面的。

奥巴马

2010年初秋，乔布斯公开表示美国正在失去竞争力优势，这一观点引起了白宫极大的关注。不久，鲍威尔的一个在白宫工作的朋友跟她说，奥巴马总统将于10月访问硅谷。这个消息激发了鲍威尔想让乔布斯与总统见面的想法。因为苹果公司的发展离不开政府的支持。这个建议经由朋友传回白宫，奥巴马很快答应了。

可是，当鲍威尔跟乔布斯说这件事的时候，乔布斯却坚决不同意见面。因为他认为奥巴马政府对商界不友好，所以不愿主动与奥巴马见面。最终，鲍威尔让儿子里德去说服乔布斯。里德劝父亲应该当面对奥巴马说出不满，那样或许还能有意外的收获。儿子的话让乔布斯动心了，他决定如约见面。

乔布斯个性很冲，跟总统讲话也毫不留情，他一见面就跟奥巴马说："你这么走下去，只会做'一届'总统。"奥巴马愣住了。乔布斯举例说，美国的管制和不必要的成本开支增加了做事的困难，与之相比，在中国建工厂更容易一些。

接下来，乔布斯又强烈批评了美国的教育体系，说它过于迂腐陈旧，还抱怨了美国的金融政策等。面对乔布斯直截了当的指责和批评，奥巴马未做任何辩解。

2011年2月，奥巴马再次来到硅谷，点名要见乔布斯。这次乔布斯反复强调美国迫切需要大量训练有素的工程师。他说，苹果在中国的工厂雇用了70万名工人，需要3万名工程师去作技术支持。"假如你能培养出这些工程师，我们可以把更多的制造厂搬回来。"

会面结束之后，奥巴马一个月内三次在白宫会议中提到"我们必须想个办法，培养出乔布斯说的那3万名制造工程师"。看到自己的意见得到了奥巴马的高度重视，乔布斯十分高兴，他表示愿意帮助奥巴马制作2012年的竞选广告。

⊙ 点评：墙内花

当我们为政府在企业的创办和发展上少作为、多阻碍而抱怨的时候，乔布斯却向奥巴马说在中国建立工厂是多么的容易。这真是墙内开花墙外香——不管它是真花还是假花。我们不完善的制度、为吸引外资而给予的照顾政策，在乔布斯眼里统统成了优越性。作为企业家，当然觉得政府的监管越少越好；而作为政府，自然要在保护环境、维护劳动者权益方面监督企业。如何在发展和监管之间取得平衡才是关键问题。

⊙ 点评：墙外花

我们在盲目崇拜美国的教育时，乔布斯在向总统猛烈抨击美国的教育体制，说它如不彻底改革，就难以承担培养工程师的责任。看来家家都有本难念的经。但乔布斯有一点是对的，就是任何事物都需要不断创新，无论是产品还是制度，无论是工业还是教育。只有创新，才能满足社会不断进步和发展的需求。

温情

2011年，乔布斯病休公告发出后，各界都感到乔布斯的病情可能更严重了，乔布斯的女儿丽萨一年多没跟他联系过，这次听到消息后也急忙从纽约飞回来看望他。众所周知，乔布斯与丽萨的关系一直很僵，有一次，因为乔布斯拒绝支付他前女友（丽萨的亲生母亲）的一笔医疗费用，丽萨好几年没跟乔布斯说话。此类事件不断发生。她对父亲充满了怨恨，在她人生的前10年，她不被父亲认可，也得不到一点儿父爱。即便那时乔布斯已是个富豪，但他对丽萨及其生母弃之不顾，以至于母女俩过着穷困潦倒的生活。这次丽萨回来看父亲，父女之间的心结算是打开了。乔布斯对丽萨说："我真希望回到你5岁的时候，那样的话，我一定学会如何做一个好父亲。"他还建议丽萨搬到帕洛奥图来陪自己。

乔布斯还接待了一个来访者——谷歌联合创始人拉里·佩奇。那个时候，施密特卸任CEO，拉里·佩奇接替他，负责谷歌的产品和技术战略及日常运营。他问乔布斯，自己是否可以过去向他请教怎样才能做好一个CEO。乔布斯仍对谷歌气愤难平，他的第一反应就是"去你的"。但他又仔细想了

想，自己在年轻的时候曾得到过很多人的帮助。因此，他给佩奇回复说"没问题"。

佩奇来到乔布斯的家，乔布斯向他生动地讲述了如何缔造出伟大的产品，以及怎样让公司基业长青。在专注方面，乔布斯说，切勿把摊子铺得太大，你要清楚自己应专注的产品是什么，然后扔掉其他的，因为它们会拖累公司的发展，让你推出的产品凑合但不伟大。佩奇认为乔布斯总是寥寥数语就能道出他人想不到的事情。乔布斯对用户体验的无上专注对他深有启发。

比尔·克林顿也来看望乔布斯，并和他讨论从中东到美国政治的所有事。

最让乔布斯意外和感动的是盖茨的来访。他赞叹乔布斯是个绝世天才，居然能创造出那么多让人感到不可思议的东西，而且在苹果存亡之际，力挽狂澜，并转败为胜，将这个快破产的企业发展成为市值全球第一。盖茨承认是苹果打造了平板电脑概念，而微软没有做到。盖茨还惊叹于乔布斯对设计的感觉、对品牌概念的理解以及对产品营销的那种超出常人的直觉。盖茨坦言道，自己曾认为那种开放的、横向的模式会胜出，但事实证明乔布斯的一体化的、垂直的模式也很成功。他们还谈到了彼此的经验以及家庭。

当竞争的感觉逝去，硅谷的两个传奇人物能平心静气地交流，虽然所言多是关于产品、事业，但却让人如此伤感。

⊙ 点评：宽容

乔布斯正式宣布病休，性格方面开始趋于包容，对很多问题也开始释然。尤其是自小就关系紧张的女儿丽萨的来访，使他有机会弥补曾经的过错，才搬开了这一块心头大石。人生在世，对别人的憎恶与愤怒，回头细想都不过是浮云。除给自己带来不快外，什么好处也没有。因此，宽以待人跟严于律己同样重要。

⊙ 点评：分享心得

谷歌开放性的安卓系统是苹果封闭的 iOS 的强大竞争对手。对年轻的谷歌联合创始人拉里·佩奇，乔布斯也放下了由竞争引起的怨恨，以过来者的姿态分享自己的创业心得。这既体现了乔布斯进步的一面，也体现了佩奇甘于在前辈面前"居下游"的"容百川"的胸怀。其实，不管新锐企业家有多大的冲劲，在前辈身上吸收一点养分是百利而无一害的，尽管佩奇探望乔布斯的原因可能只是出于对他的尊重。

⊙ 点评：一生的对手

　　老对手、同龄人盖茨的到访倒是像书写一本美国IT发展回忆录。他们的发展思路、经营模式完全不同，但30年来在竞争中都取得了辉煌的成就。与佩奇不同的是，盖茨历来就是乔布斯的痴迷者，而乔布斯虽然不屑微软的产品，但对盖茨的商业运作能力却十分钦佩。术业有专攻，英雄惜英雄就是这种情形吧。

第十八章

病魔之战,直面生命的轮回

发病

2003年10月，乔布斯在检查肾脏时，被诊断出患有胰腺癌。幸运的是，这种肿瘤生长缓慢，只要及时进行手术切除就可以治愈。但无论亲友如何劝说，乔布斯就是不肯接受手术。他坚持用自己的方式与病魔对抗。首先他严格控制饮食，每天摄入大量新鲜的胡萝卜和果汁，不吃其他食物。他还尝试过针刺疗法、各种草药疗法。

乔布斯认为自己的"现实扭曲力场"亦能让病魔望而却步，在工作中"现实扭曲力场"确实为乔布斯带来了很多突破，但这次它未能再发挥强大的作用。

2004年7月，CAT扫描结果显示肿瘤已长大并可能扩散，乔布斯不得不接受外科手术。手术第二天，他就在病房中给朋友和同事寄了一封邮件，其中有这样的一段话："我将于8月静养休息，希望能于9月回去工作。我不在的时候将由库克负责苹果公司的日常营运。我确信我8月份会常常打电话给你们中的一些人。另外，我从医院寄这封信，用的是17英寸的PoweBK笔记本电脑和AiRon Express无线上网设备。"

在这次手术中，乔布斯被切掉了大半的胃和全部的胰脏，这将导致他的消化系统紊乱，因此应多食用各种肉类、鱼类蛋白质以及全脂牛奶。作为素食主义者，乔布斯拒绝这样做。因此，他的身体很虚弱。

乔布斯在医院住了两周后就要求出院。回到家里，他连路都走不了。一个礼拜后，他感到自己有了些力气，就硬撑着到街区里走动。半年后，乔布斯的身体恢复了一些，他觉得自己终于可以到苹果上班了。

⊙ 点评：度

"现实扭曲力场"实际上是乔布斯以自我为中心的个性体现，他在事业上的成功更强化了他的自我意志。心理上强大，可以在精神上打败对手；但意志的坚韧未必能战胜科学。执著多走一步就是固执，自信往前一点就是自负。乔布斯用生命证明了凡事都应该有个度，超越了这个度，前面就是万丈深渊。

⊙ 点评：挑战

人们在一生中会面临各种各样的挑战，对于乔布斯而言，最大的挑战竟然是在于为配合治疗而要改变素食习惯。这也证明一个事实：人不分阶级，也不分高低贵贱，都是为了迎接挑战而来到这个世上的。当挑战来临的时候，只要怀着包容、接纳的心情去面对，就不会被它所干扰；相反，挑战还能激发我们的斗志，帮助我们进步。

真诚

2005年，乔布斯接受了斯坦福大学的邀请，在2005年毕业典礼上发表演说。为了演讲，乔布斯还亲自操刀，撰写了一篇非常亲切简洁且气势如虹的演讲稿。同年6月，即乔布斯做完手术的一年后，他发表了这个演讲。他给大学毕业生讲了三个故事。

第一个故事是关于把点连成线。这是乔布斯公开讲述他被收养的故事，讲了当工人的养父母倾其所有供他读大学，但他却认为大学里学习的知识没有任何意义，因而决定退学。之后，他开始去旁听一些在他看来更有意思的课。他也是在那个时候爱上书法的。当时这些东西在他的生命中好像都没有什么实际应用的可能，但是10年后，当他们设计第一台Macintosh电脑的时候，他把当时学的那些东西全都设计进去了，让计算机的字体变成了世界上最美丽的字体。"我在大学里不可能把当时的点向前延伸，连成一条线，但是现在回过头去看，那条线却无比清晰。"乔布斯说。

第二个故事是关于好恶与得失。乔布斯讲述了自己在20岁时和沃兹尼亚克在车库里办起了苹果公司。10年后，这家公司发展成为一个市值20亿美元、拥有4000多名员工的大企业。可后来，他被赶出了苹果公司，为此很长时间不能释怀。但最终他突破了瓶颈，决定重新开始。此后，他成立了NeXT公司和Pixar公司，遇到了生命的另一半。NeXT被苹果公司买下后，他又重返苹果。

第三个故事是关于死亡的。乔布斯谈到自己年少时对死亡的看法以及自己被诊断患了癌症后的一些故事和想法。乔布斯说，"记住你即将死去"是他一生中最重要的箴言。时间有限，死亡也许明天就要到来，因此没必要去成为他人，也不要让别人观点的聒噪声淹没自己的心声，应该有勇气走自己的路，抓紧时间去做那些想做还一直未做的事情。你想成为什么样的人，就去成为什么样的人，其他的都不重要。

那天，乔布斯在斯坦福大学共讲了三个小故事，如今看来，这三个故事足以显示他对生命、对商业都有着超凡的理解，也正是他一生心路历程的完美总结。

⊙ 点评：由心而出

我们为了让工作尽善尽美，经常会寻求专家的帮助。在很多情况下这是必要的，但未必所有事情都需由专家学者来处理。尤其是当要表达自己的情感的时候，专业也许会降低你的真诚，也可能会减少你的纯朴和感染力。因此，乔布斯由心而出的简单演讲成了一出不朽的篇章。

⊙ 点评：演讲秘笈

"没有人喜欢听说教，但人人都喜欢听故事。"真正打动人的演讲不在于你措辞有多华丽，语调有多激昂，而是你能否与听众产生共鸣；而产生共鸣最容易的方法，就是同听众分享你的心路历程、你的体会、你的感悟，而不是说教。

老当益壮

在乔布斯病休期间，库克暂时接任了他工作，并将公司管理得井井有条。乔布斯病假结束回到苹果后，库克又默默做回自己以前的工作，同时也依然平心静气地面对乔布斯的怒气。

2005年秋，乔布斯直接告诉库克，要任命他担任首席营运官。那一年，乔布斯50岁。

乔布斯的管理团队里的人才行事风格迥然不同，但极少与乔布斯发生争议。例如艾弗脾气暴躁，但表现力强，库克遇事冷静。一方面，他们很尊敬乔布斯，一方面，他们又经常需要反驳乔布斯诸多荒诞无稽的想法，否则也会被乔布斯所轻视。这个度虽然很难拿捏得好，但他们都做得不错。

乔布斯在每周一上午都要举行管理团队会议，那时他们可以畅所欲言。但乔布斯也不允许主意满天飞，他始终强调每次会议的重点是什么。他喜欢把精力集中于几件事情上，拒绝其他的事情。所以，他坚持苹果公司每次只重点考虑两三个优先项目。

乔布斯虽然很难让自己不发脾气，但他越来越成熟了。2007年，乔布斯在一个新闻发布会上妙语连珠，宣称Windows个人电脑用户使用iTunes等音乐软件，

"这就好比给地狱正受大火煎熬的人送去一杯冰水"。那是在他跟盖茨联合露面的前一天。

盖茨抵达会议现场之后，听说了乔布斯的这番言论，自然感到很生气。在两人同台亮相接受采访正式开始之前，盖茨对乔布斯说道："我猜我就是来自地狱的那个人。"乔布斯露出了自己招牌式的顽皮微笑，递给盖茨一杯冰水。两人间的僵局就此打破，随后的同台采访活动很成功，乔布斯和盖茨都像气度非凡的政治家。

⊙ **点评：生存之道**

在乔布斯的极权统治下，库克依然能与他和平共处。他所特有的耐心、耐力、耐性和精湛的管理水平深得乔布斯青睐。最重要的是，他理解乔布斯，并能主动配合乔布斯的需要，做到取长补短，形成战斗力。在乔布斯通过各种形式来考察库克的能力与技巧后，他赢得了乔布斯的信任。尤其是他与乔布斯配合时娴熟的"补位"技巧，值得所有经理人学习。

⊙ **点评：明星效应**

旧木桶理论说木桶的容量由最短的木板所决定，所以要把短板补长。新木桶理论则说如果木桶中有长板存在，就能制造把柄，容易提升木桶的水平，这就是团队的明星效应。就像在篮球、足球等集体项目中，如有杰出的球星，就能大幅度提高球队的水平一样。苹果团队在乔布斯这位耀眼的明星统领下，创造出一个又一个的奇迹正是明星效应的体现。

⊙ **点评：焦点**

乔布斯不断强调专业专注，而且在战术上也坚持聚焦重点。这种专注精神十分值得我们借鉴。在公司资源有限的情况下，目标过多就难以集中精力解决问题。只有提炼出焦点问题，集中力量去解决，才能使目标落到实处。

⊙ **点评：微动作**

乔布斯的情商确实随着年龄一起增长了。在与盖茨明争暗斗后，他还能一改过去的固执，用调皮的微笑缓和气氛，用一瓶冰水去清除障碍。在社交或团队工作中，误解、误会时常出现，严重时甚至会妨碍工作的开展。这时，如一方有高超的"破冰"技巧，就能将矛盾化解于无形之中。这些技巧可能只是不经意的一举手、一投足而已。

⊙ **点评：适者生存**

我们都知道"适者生存"的道理。每个公司所采取的竞争战略，都要适合自己的条件和资源。苹果致力于打造端对端一体化的产品成功了，微软则将自己的软件开放授权给硬件厂商也成功了。这很难分辨谁劣谁优，只是适者生存而已。

⊙ **点评：领袖文化**

苹果的一体化理念说到底是源于乔布斯的极端控制欲。乔布斯的思路决定了苹果的道路。在后乔布斯时代，这种理念是将被传承还是将被放弃呢？又有谁能将乔布斯的理念继续发扬光大呢？恐怕乔布斯已意识到他留给来者的难题了吧？！"合作"将是新的方向！

决斗

2008年初，乔布斯的健康状况继续恶化，癌细胞逐渐扩散到他的肝脏，他感到浑身疼痛，加之癌症治疗、大量的止痛药和他的饮食习惯等，让他难以吃好，这年的春天，他的体重骤然下降了40磅。

2008年3月，《财富》杂志刊登了一篇题为"史蒂夫·乔布斯的麻烦"的文章，令他的健康问题再度引起各界的高度关注。虽然乔布斯向《财富》总编施压，但这篇文章还是被刊登出来。

2008年6月，乔布斯出席iPhone3G的发布会，面容消瘦。苹果谎称乔布斯体重减轻是因为感染上了一种"传染病"。当年7月21日，面对各界的质疑，苹果公司重申乔布斯没有离开的打算，说乔布斯的健康属于个人事务。但该声明并没有打消投资者的疑虑，导致苹果股价当天下跌10%。

5天后，《纽约时报》记者Joe Nocera在其专栏里透露，他与乔布斯聊过，并被告知后者的健康问题已经不仅仅是小事，"但不足致命，癌症也没有复发。"

2008年9月9日，在旧金山市举行的一次活动当中，乔布斯推出新iPod，由于此前有媒体误发乔布斯已去世的消息，当时乔布斯还开玩笑称：有关我死了的报道太夸张了。

就在外界以为乔布斯真的只是开玩笑的时候，2008年12月16日苹果宣布乔布斯不出席次年1月的Macworld演讲。这是乔布斯首次缺席。

2009年1月5日，乔布斯称自己荷尔蒙失调，导致体重下降。他还表示，在

进行治疗期间，他仍将担任苹果CEO。当天，苹果股价涨了5%，显然投资者认为，在经历了数年前胰腺肿瘤手术后，乔布斯的身体会逐渐痊愈的。

2009年1月14日，乔布斯发表声明称，由于病情比想象中的要复杂，他暂时将苹果日常运营管理大权交给库克，但仍然担任CEO，继续参与重大决策。

⊙ 点评："公开信息"与事实

对乔布斯个人来说，他的健康确实是私事。但乔布斯的健康问题决定着苹果公司的未来，更是影响公司股价的重要因素。所以乔布斯于公于私都必须尽力隐瞒病情，哪怕冒着违法的风险。可想而知，公开信息只是在法律范围内说必须讲的话，甚至是一些比外交语言还令人摸不着头脑的措辞，而不是毫无保留地公开全部事实。我们要学会领会它们的言外之意，才不至于被忽悠太多。

⊙ 点评："过山车"

当年乔布斯被赶出苹果，股价以大涨来欢送；1997年乔布斯在苹果陷于低谷时回归，股价也以大涨来欢迎；现在对乔布斯健康的忧虑，也使股价惨遭腰斩。股价的过山车行为，本质上揭示了乔布斯在苹果的核心作用。一个股民的眼光可能是模糊的，但千万个股民的眼光是贼亮的。谁也不可能欺骗大众，否则，他们就只能用钱投票。

品格

在治疗团队的反复劝说下，乔布斯终于答应做移植肝脏的手术了。2009年1月，乔布斯被纳入加利福尼亚州肝脏移植候诊名单，不过那里没有足够的肝脏，所以他在加利福尼亚能得到一个可移植的肝脏的希望渺茫。

医生建议乔布斯参加田纳西州孟菲斯的一个移植项目，那里的肝脏供需比例好于加州。一天，乔布斯接到了一个来自孟菲斯的电话，说有个死于车祸的25岁左右的年轻人的肝脏。乔布斯和鲍威尔马上飞到那里。2009年3月21日，乔布斯成功进行了肝脏移植手术，但医生发现癌细胞已经扩散到乔布斯的整个肝脏，以及其他内部器官的隔膜。

手术之后，乔布斯开始重新练习走路，他用那瘦得似乎难以撑住身体的双腿慢慢地站起来，手紧紧抓着椅背。每天他都努力多走一小段路。

2009年5月底，乔布斯出院回家了。6月初，他开始在家里开会。人们以为乔布斯去了趟鬼门关，脾气多少有所收敛，没想到他还是一如既往地暴躁。6月底，乔布斯到公司的第一天就因为工作上的事发了一通脾气。

当与同事讨论产品时，乔布斯就热情高涨，浑身似乎有使不完的强大力量。在与库克商量给新一代iPhone命名时，乔布斯甚至滔滔不绝地讲上一个小时。

⊙ 点评：规矩

尽管乔布斯富甲天下，但他在生命攸关的时候，并没有像平时那样以反主流的风格去争取"救命"的机会，而是遵守规矩去轮候肝脏移植。他在工作上惯于使用"现实扭曲力场"去实现目的，但在事关自己的生命的时候反而没越雷池半步。这种高尚的价值观更值得我们敬佩。

⊙ 点评：生命意义

乔布斯大难不死，却没有像人们期待那样变得温和。当谈到工作时，他依然力量倍增。实际上，乔布斯的生命意义完全在于他所热爱的工作，在于他所痴迷的创新。他创业之初如此，现在也如此。这是凡人所难为之处，也是他成功的关键。

回归

2009年5月底，乔布斯一家从孟菲斯归来。但当他回到帕洛奥图之后，他突然悲哀地感到，他对苹果公司并非不可或缺，他的职位也不是无人能替的。在他病休期间，苹果股票从82美元涨到140美元。

蒂姆·库克在上任苹果CEO的第一天，便给所有的苹果员工写了一封信，表示将接续乔布斯所设立的苹果原则和价值，与员工共同在未来的美好时光里，维持苹果这个"神奇的"地方。他说："我们的目的就是缔造伟大的产品。我们始终专注于创新，提倡简约，反对复杂。我们要拒绝成千上万的项目，如此才能真正专注于那些有意义和价值的少数项目。苹果公司的每一个团队都在不断地追求完美，而且，我们坦诚地对待自己，勇敢地面对困难、失败和错误，并有勇气去改变。这些原则和价值已经在苹果公司扎下根来，苹果将表现非凡。"

这段话看起来像是出自乔布斯之口，可是媒体把它命名为"库克教义"。乔布斯对此有点嫉妒，因此，他坚决要回到苹果，继续工作。

2010年初，乔布斯的身体恢复得不错，他立刻投入到紧张的工作中去。自从推行苹果数字中枢战略以来，他只亮出了两把利剑——iPod和iPhone。现在，他又该出手了。

⊙ 点评：平凡人

乔布斯在科技领域取得的成就举世瞩目，自己也为世人所崇拜。但他也有一颗平凡人的嫉妒心。当听到库克帮他总结的"库克教义"——实为苹果宣言时，他也会打翻醋瓶子。这场大病没有减弱他的控制欲，反而激发了他的斗志，他要继续亮剑，战斗到底。

⊙ 点评：嫉妒

我们不要忘记，老板也是人，他们也有一颗平凡心——嫉妒心。嫉妒心理实际上是一种严重束缚领导者手脚、阻碍领导者创新、影响正常领导活动的思想情绪。它的特征是害怕他人胜过自己，憎恨他人优于自己，将别人的优越之处视为对自己的最大威胁，因而感到害怕和愤怒，于是就通过贬低甚至诽谤攻击他人的手段来摆脱心中的恐惧。经理人要想获得老板的信任，就一定不能功高盖主，要甘于当助手。像库克一样做人，方能成事。

别样家庭

乔布斯的儿子里德·乔布斯对父亲的行事风格颇有继承，他与乔布斯的关系很亲密。每当乔布斯闷闷不乐时，看到里德总能令他振奋。对于儿子的学校活动，即便再忙，乔布斯都会想方设法出席。乔布斯一直希望能参加2010年6月儿子的高中毕业典礼。他曾说："这个信念支撑我挺过了2009年。"有人看到乔布斯在参加里德的高中毕业典礼上流下眼泪。他在给朋友的邮件中说："今天是我最快乐的一天。里德就要高中毕业了，就是现在。我抛开了一切杂务，就在现场。"

乔布斯跟两个小女儿的关系则有些疏远。他不太关注埃琳，埃琳认为可能是父亲太忙了，难免有兼顾不到的地方，对此她能理解。乔布斯的小女儿伊芙则自信勇敢，很有主见，并知道如何说服乔布斯。乔布斯也乐于与其争辩。

乔布斯的妻子劳伦·鲍威尔是个善解人意、恬静温柔的女人。她鼓励乔布斯走出低谷，支持他重回苹果，与他一起对抗病魔。鲍威尔也知道乔布斯身上有很多缺点，她曾说："跟很多有非凡天分的人一样，他并不是在所有方面都那么优秀。他缺少社交风度，不会换位思考，但懂得如何发挥人性的作用使人类进步以及创造先进的工具。"

⊙ 点评：感情

感情真的很奇妙，不管是凡胎还是圣人，都会不自觉地受到感情的左右。它是人各种的感觉、思想和行为的一种综合性体验，是对外界刺激所产生的心理反应，以及附带生理反应的综合。感情还是个人的主观体验和感受，它常跟心情、气质、性格和性情有关。无论乔布斯的性格多么粗暴，工作多么繁忙，但与儿子里德相比，什么都显得那么微不足道。在健康状况最糟糕的时候，里德就是他的强心剂；他还有意无意地把这种感情寄托在他的电影中。

⊙ 点评：疏忽

尽管女儿埃琳是个懂事聪明的可爱女孩，乔布斯却疏忽了埃琳对父爱的渴望，甚至可以认为是忽视了她的存在。这一方面可以理解为感情的魔力在乔布斯身上发挥了作用，亦可能是乔布斯内心的"二分法"（非黑即白）就是不喜欢这个女儿，因为隐藏个性从来不是乔布斯的长处。

⊙ 点评：人非草木

人非草木，孰能无情。乔布斯的小女儿伊芙面对乔布斯的冷淡，采用天不怕地不怕的主动战术，反而赢得了乔布斯的喜爱。感情虽然是那样神秘莫测，但有一点是肯定的，就是"越走越亲"。在家里就是交流越多，感情越融洽，关系越密切；在工作中，想要建立密切的合作关系，保持畅通的沟通渠道是非常重要的。

⊙ 点评：夫妻

乔布斯从来就不是容易服侍的人。幸运的是，他在众多追求者中发现了鲍威尔。她不但能欣赏他的激情和聪明，更重要的是能包容他的冷淡和粗鲁，所以他们才能走到最后。

力不从心

2011年初，乔布斯的癌细胞进一步扩散，这让乔布斯食欲不振，浑身疼痛，身体更加虚弱。乔布斯终于支持不下去了，他不得不再次向董事会提出了病假申请，并提议由蒂姆·库克全权负责苹果公司日常运营工作。这是他自2004年来第三次因病离职。苹果员工再次收到他的请假邮件，其中说："根据我的请求，公

司管理层允许我休病假。因此我可以专注于自己的健康问题。我非常热爱苹果公司，希望能尽早回来。"乔布斯说，"我的家人和我深深感谢（同事们）尊重我的私事。"邮件中并未说明他休病假的具体原因。消息一披露，苹果的欧洲股价一度挫进10%，公司市值在一天之内就蒸发掉310亿美元。

一个周末，乔布斯让鲍威尔将他的医生们都召集到一起，商讨新的治疗方案。医生们运用最尖端的科学，让乔布斯身体里的癌细胞扩散得慢一些。乔布斯是世界上最早接受癌症肿瘤基因和正常基因作排序治疗的20个人之一。当时这项治疗耗资超过10万美元。

有位医生跟乔布斯说，癌症没有那么可怕，在医疗技术高速发展的今天，癌症很快就会实现从"绝症"到"慢性病"的转变，而且可以得到遏制，直到人因其他问题而死亡。乔布斯说："我要么就是最先跑赢癌症的人之一，要么就是最后死于这种癌症的人之一。"

⊙ **点评：循环**

乔布斯坚守他的端到端一体化封闭系统，使电脑、数码产品、应用软件、移动电话、音乐、新闻出版甚至动画电影都在苹果公司内部形成了一个良性循环。但不幸的是，他的健康状况却令他的身体进入了一个恶性循环，大大加重了他的痛苦。可见，良性循环的建立对企业发展过程至关重要，恶性循环的破坏力也难以预料。所以，我们不但要致力于良性循环的建立，更要把恶性循环扼杀在萌芽时期。

⊙ **点评：一步之遥**

"不是最先上岸的，就是最后被淹死的。"这句戏言，充分说明了"战争"中时间的重要性。尤其是新的医疗技术使每个身患"不治之症"的病人都处于这种充满期待又极度无助的状态。如果新技术在病情恶化前得到突破，"不治之症"就变成可治之症，病人就成为"最先上岸的人"；但如果病情在技术突破前恶化，难免成为"最后被淹死的人"。这一步之遥可有生死之别，但又无可奈何。

避无可避

乔布斯追求完美和誓不罢休的激情使个人电脑、动画电影、音乐、移动电

话、平板电脑以及数字出版等六大产业发生了颠覆性的变革。追求创新的他觉得自己还有很多想法没有实现，比如准备为iPad开发电子教材和课程资料，设计新的数码技术，提高像素水平等。但到了2011年7月，他的癌细胞已经扩散到骨骼和身体的其他部分，医生也束手无策。乔布斯不得不接受一个残酷的现实——他不可能再回苹果做CEO了。

2011年8月，随着健康状况的急转直下，乔布斯意识到自己需要完成权力交接了。8月24日公司董事会的例会上，乔布斯宣布辞去苹果CEO职务。他大声读出了辞职信："我总是说，如果有一天自己无法继续履行苹果CEO的职责，无法满足大家对这一职位的期待，我会第一时间告诉你们。很遗憾，这一天到了。"他同时建议由库克来接替他，并提出自己继续担任董事长。

当有人说惠普突然放弃平板电脑一事时，乔布斯并未因竞争对手的退出而高兴，而是感到非常遗憾。他很严肃地说："休利特和帕卡特从车库白手起家，把一个小企业发展成为世界著名的跨国公司，他们以为把它交到了可靠的人手里，殊不知它正走向分裂和毁灭。这是件让人悲哀的事。希望那样的事永远不要在苹果身上重现。"

有朋友问乔布斯，当他因为健康的原因不得不放弃一手创建的公司的控制权时有何感想。乔布斯神情木然，眼中满是不舍，他说："我有过很幸运的事业，有过很幸运的人生，我已经做到了我所能做到的一切。"

⊙ 点评：壮志未酬

"数字中枢"战略的成功实施，不但证明了乔布斯的伟大，还成就了苹果公司，更改变了世界。随着数字技术的继续飞跃，乔布斯再次预见到提高的空间。但天意弄人，乔布斯不得不面对现实。虽然壮志未酬，但苹果已成为他生命的一部分。他还是用新的角色关注着苹果的发展。就像盖茨评价的那样：乔布斯即使在生病期间都如此专注于寻找方法去不断改进，这太令人惊讶了！

⊙ 点评：留恋

具有极端控制欲的乔布斯走下权力的高峰时，不但留恋过去的奋斗历程，更留恋过去的竞争对手。正是在与惠普、IBM、微软、谷歌的竞争中，苹果不断地超越自我，才成了一家真正的创新型科技企业。在谈到惠普的衰落时，乔布斯对它现在和苹果曾经的"所托非人"，流露出了深深的遗憾。

第十九章

一生无憾,极致的精彩

创新之路

现代管理之父彼得·德鲁克有句名言:"当今企业之间的竞争,不是产品之间的竞争,而是商业模式之间的竞争。"苹果坚持采用封闭模式,这种模式又可以被形象地形容为"端到端模式"。乔布斯坚信,外表美观、使用方便的电脑和电子设备要想真正地实现无缝衔接,那么硬件和软件必须出自同一家公司之手,因此对苹果的每一件产品都会进行端到端的监控。他们自己做硬件,自己做软件,自己做服务,甚至连零售都自己做。

微软则采取了截然不同的策略,他们将自己的操作系统授权给了所有的电脑生产厂商,包括IBM、惠普和戴尔。这种组装模式帮助微软统治了操作系统行业数十年。

因苹果不愿意将自己的操作系统许可给其他硬件生产商使用,苹果的市场份额一度缩小,给了微软的Windows独霸天下的机会。这曾是乔布斯在PC市场上惨败的原因,也曾不被业界看好。但正是由于乔布斯近乎偏执的坚持,这种封闭成就了苹果独特的商业模式,在相对封闭的环境中,盈利和开发都更容易实现。虽然苹果电脑上的所有配件都不能与市场上的其他产品兼容,但有了数亿的iPhone、iPad和Mac用户,以及围绕在苹果平台建立的全球连接,苹果也拥有了非常强有力的竞争地位。

⊙ 点评:极致

乔布斯的性格特征是极端,导致他的做事原则是极致。他的极致要求成就了苹果,但这种原则未必能让大多数人学习。因为企业任何事情都需在TQC(期限、质量、成本)中找到最适合的解决方案,这种平衡能力比起追求所谓的极致更有现实意义。

⊙ 点评:封闭VS开放

苹果的封闭使其获得了"垄断利润"。正如盖茨所述,乔布斯时代的苹果

可以这样，因为乔布斯"人机合一"，但后乔布斯时代却难以保证。这一年多苹果的表现也始露疲惫。无论苹果的封闭系统，还是微软、谷歌的开放系统，他们加起来才是一个完整的生态系统。在这个生态体系里，"萝卜白菜，各有所爱"。消费者各取所有需，也未必是坏事。一旦整个产业被某一方垄断，吃亏的还是消费者。

⊙ 点评：奇迹

　　作为硅谷的创业英雄，其实乔布斯并没有真正的"伟大发明"。他的iOS的灵感来自惠普；iTunes来自盗版音乐软件；iPad来自微软平板电脑；iPhone来自诺基亚智能手机，但他的伟大之处在于纵观全局地用人文与科技的磁撞，聚变出巨大能量；在于把握细节，挖掘出消费者的潜在需求。乔布斯的成功再次说明，一个伟大的事业，就是把很多鸡毛蒜皮的小事做到极致。利用加减乘除创新法，把设计师当专家，把消费者当"傻瓜"，奇迹将随时可能在你身上出现。

遗言

　　乔布斯永远地留在了2011年10月5日，但给我们留下的是一笔丰厚的遗产。以下为乔布斯谈到他希望自己留下什么样的遗产的原话节选：

　　我最大的热情在于创办一家可以传世的公司，这家公司的人动力十足地创造伟大的产品。其他一切都是次要的。当然，能赚钱更好，但动力来自产品，而不是利润。

　　有些人说："消费者想要什么就给他们什么。"这绝非我的方式。我们的责任是提前一步搞清楚他们将来想要什么……我们的任务是读懂还没落到纸面上的东西。

　　如果你对生产伟大的产品充满激情，它会推着你去追求一体化，去把你的硬件、软件以及内容管理都整合在一起。假如你想放开硬件或软件，只能舍弃掉一些愿景。

　　唯有努力打造一家真正的公司，才能真正有所贡献，为前人留下的遗产添砖加瓦。

　　我一直试图做的事情是不断前进。否则，就如迪伦所说，如果你不忙着求生，你就忙着求死。

　　……以上是乔布斯自己的想法和说过的话，这些理念可以视作他留给世界的

精神财富。或许我们每个人都可以成为他精神遗产的继承者。

⊙ 点评：市场调查

乔布斯的伟大之处在于挖掘消费者的潜在需求，并整合一切资源满足他们。所以他不屑也不做市场调查。如果说这是他自述的一个重要遗产，个人认为，作为凡人，我们还是不要继承为好。毕竟我们绝大部分时间都在努力满足消费者的需求，而鲜有创造需求的能力。

⊙ 点评：跨界

人文和科技的整合成就了苹果，但学科跨界、行业跨界也能产生无穷的力量。尤其在研究工作中更是如此，用甲学科的原理和工具研究乙学科的机制和理论，也有机会产生新的边缘学科。在实体工作中，新材料的替代和应用、新技术的替代和应用、洋技术的汉化、进口产品的国产化，都可以为我们留下巨大的想象空间。

⊙ 点评：质量

营销固然是企业发展的龙头，但脱离产品，忽视质量的营销是无源之水、无本之木。大部分企业在业绩增长的过程中，质量控制严重滞后，很容易卷入"质量与产量成反比"的怪圈。曾经有个报道（2013年4月），苹果有800多万台iPhone 4因质量问题需回厂返工。看来乔布斯的提醒和担心不无道理。

⊙ 点评：持续创新

人类的进步有赖于持续创新，一个长青的基业也必须要持续创新。持续创新不仅贯穿在产品中，也贯穿在营销、管理、赢利模式中。在知识和信息增长速度倍增的今天，已经没有一本可以念到老的经书了，这就是"不求新，只有死"了。

⊙ 点评：动力

我们可以说，当乔布斯处于"一览众山小"的地位时，当然可以高姿态地表示自己工作的动力是对前人的"感激"和对科技大厦的"添砖加瓦"的愿望。但对于大多数创业者而言，工作动力都是养家糊口，改善生活。也许对于乔布斯而言，物质享受真的没有意义。笔者相信他的动力完全是源于他对事业的激情和专注。当然，在成功后怎么说都是合理的了。

特别致谢

本书能在繁忙的工作之余得以按时完成，有赖于写作过程一直得到企业管理出版社总编辑孙庆生先生的关注和鼓励，编辑部主任赵琳先生的协调工作更功不可没。感谢三一集团董事长梁稳根，三一集团总裁唐修国，三一重工总裁向文波，奥飞动漫董事长蔡东青，真彩文具董事长黄小喜，金利华电气董事长赵坚，暨南大学管理学院副院长吴菁博士，《中外管理》杂志社总编辑杨光先生在百忙之中细心阅读了全文并为我们写了序或书评。感谢夏海钧的博士导师黄德鸿教授，朱献文的MBA导师暨南大学校长胡军教授，朱献文的博士导师暨南大学副校长宋献中教授、左小德教授，管理学院书记兼创业学院院长张耀辉教授，管理学院院长谭跃教授，管理学院副院长韦海英教授，博士导师李从东教授，刘汉民教授，王国庆教授，王宵教授，三一集团总裁办黎伟主任和暨南大学出版社教材分社张仲玲社长，暨南大学新闻传播学院研究生陈曦凡对我们的支持和帮助。我们更要感谢我们的贤内助何坤（夏海钧太太）和周小娟（朱献文太太）对我们写作的全力支持。

特别鸣谢

特别鸣谢

以下单位和个人对暨南大学E慈善会的大力支持

（排名不分先后）

广州市耀辰影视文化传播有限公司法人　陆远贵
深圳市艾华邦科技有限公司　李宝焰
广州德诺物流有限公司　刘凡军
广东长荣科技公司董事长　朱伟浩
钧泰集团有限公司　朱方青
广州市港鑫地产顾问有限公司董事长　许晓玲
广东胜伦律师事务所主任　肖胜方
深圳盛隆兴业投资公司董事长　林文生
清远市源河房地产开发有限公司董事长　蔡燕飞
香港大新银行（中国）总行副行长，广州分行行长　曾金贤
珠海瓦特电力设备有限公司　李耿
广州华狮知识产权代理有限公司　莫丕向
东莞市隆城酒业有限公司董事长　罗沛根